沈定濤著

文學叢刊

無牙王哥

上冊

文史哲出版社印行

國家圖書館出版品預行編目資料

無牙王哥 / 沈定濤 著. -- 初版 -- 臺北市：
文史哲, 民 106.03
頁； 公分 （文學叢刊；376）
ISBN 978-986-314-360-4（全套：平裝）

857.7 106004350

文學叢刊 376

無牙王哥 (全二冊)

著作者：沈定濤
出版者：文史哲出版社
http:// www.lapen.com.tw
e-mail：lapen@ms74.hinet.net
登記證字號：行政院新聞局版臺業字五三三七號
發行人：彭正雄
發行所：文史哲出版社
印刷者：文史哲出版社
臺北市 100-74 羅斯福路一段 72 巷四號
郵政劃撥帳號：一六一八〇一七五
電話886-2-23511028 · 傳真886-2-23965656

上下冊定價新臺幣七六〇元

民國一〇六年（2017）三月初版

ISBN 978-986-314-360-4 09376

序

今日，回顧來時路，文史哲出版社無疑是我創作的家。待在這個家裡頭，自由自在。因為它無吝地提供一個創作上極大包容空間，容許我努力耕耘文學園地、維持創作熱情、無需媚俗。

走出家門口，何其有幸，文訊文學雜誌一路上默然相伴，因而書寫不怠，至今。

過去兩年來，卸下教職後悠悠歲月中，過著不同的生活。晝夜提筆鋪陳、梳理「無牙王哥」，一則關乎每一天生活，一則關乎生命的活現。收筆之際，喋喋字句，卻讓執行編輯彭雅雲女士疲於整理。對她，內心深處一直懷著濃濃歉意，又感激萬千。

過去，一直深恐提及過去曾經在我嘗試文學創作道路上，伸手遞了一杯及時涼水的師長們。一為恐被誤解為借用他們盛名，一為深怕辜負了他們當初那杯涼水。

今日，略想，如果無常生命只剩下今天，不再表達謝意，更待何時？於是乎，此刻，我要誠摯地感謝彭正雄發行人、王文興教授、陳義芝教授、封德屏教授，以及一度為我寫序的方鵬程教授。

無牙王哥

目次

DAD

THE LOST WORLD

MERRY
CHRISTMAS

無牙王哥

An Old Man with No Teeth

王哥，是一位寂寞老人。

對他而言，這是一個寂寞的，世界。

王哥，原先殷勤地在陽台上養了一窩小鳥十二隻，全是淺黃色和白色相間的十姐妹。然而，每隻鳥羽毛的茶褐色斑紋都不同。最初，一公一母兩對鳥，共四隻。之後，雙雙對對接連生下八顆鳥蛋所致。

有天，不敢公然揮拳揍老人，碧眼義大利青年轉而對鳥兒出氣，硬是大手一揮把鳥籠給打翻了！

眼看著一手豢養長大且深受驚嚇鳥群，卻未趁著鳥籠門戶大開而飛走，這使得近八十歲中國老人王哥深感欣慰。

最終，老人家心事重重又傷心欲絕、百般無奈地搬離那一度原本屬於自己跟兒子馬克所居住的家園。

於是，九月第一天，二〇一二年，老人搬進了名為雲雀（**Meadowlark**)巷內一間民宅。門牌上住址，令人忍不住想到河邊低草地上雲雀鳥，這種別名「草地鷚」北美產野雲雀。放眼望去，屋前寬闊巷道兩旁，家家戶戶門前全種植高大楓樹。聽聞，當初建築設計這片住宅區是位加拿大人之故。從此，春夏，楓木枝葉萌芽繁茂。秋季，繽紛多彩楓葉飄落滿地。冬日，則針刺毬果告別楓樹而紛落。

說來，雲雀巷，亦是名符其實楓葉巷。

民宅後院有兩棵衝上雲天的雲杉，樹幹直筒筒，直立抖擻！

新居為北加州南灣地區陽光谷市一間平房內，底樓被切割為八間獨立房間，均出租給來自各路英雄好漢和奇女子。加蓋出來一角二樓天地，僅能被隔間為兩間套房。別忘了，後院小角落，房東膽大地蓋起違章建築，它是一棟粗具套房規模的小木屋。

如此說來，這棟外表看似平凡無奇的美式屋宇內，終年都住有十位或以上男女房客。定居下來一段時間，無牙王哥用兩片嘴唇透風透風地自我解嘲：

「我住在加州人民公社裡！有時候，大家搶著使用公共衛浴間、廚房、洗衣機、烘乾機的時候，就不得不分秒必爭。」換言之，偶起紛爭，可想而知！

如果以公社為中心，經其他室友指點，果然不假，陽光谷城市這一區確實是鳥區。瞧！住家附近走一遭，縱橫街道上被豎起眾多名牌上，明白清楚地寫著：

夜鶯、金鶯、鸚鵡、鵪鴣、蜂鳥

金翅雀、孔雀、烏雀、五十雀、金絲雀

黑鷹、烏鴉、老鷹、蠟嘴鳥、蒼鷺

燕子、紅翼鶇、信天翁、鸕鷺

其中一位女室友：「每條街名，都是不同種類小鳥的名字。整個鳥區的房地產可是炙手可熱，居高不下！同一個城市，僅隔一條街，如果不在鳥區，房價差二、三十萬美金。」復言：「咱們住在雲雀巷，這隻鳥，讓人想到一齣西洋戲劇。」劇中，熱戀中，少女對少男驚愕曰：「聽！雲雀歌聲揚起。清晨了！時候不早了！」

少男爭曰：「那鳥聲是夜鶯啦！別走，愛人！多待一會兒吧！」

初春來臨，老人於後院種下桃樹，且心中預計著不久將來，樹枝幹上會結出桃子。至於前院，三月中旬，憑窗角落，被王哥挖出一口深洞，栽植蘋果樹。四月，再添植山楂樹一株。五月中旬，山楂附近被王哥掘個更大深坑，種下房東最愛家鄉果樹芭樂。花圃中，老人和房東又協力栽種櫻桃、李子、石榴、無花果各一棵。

如今，石榴已開紅花，蘋果已開白花。

日前，房東：「老王，咱們以後等著吃果子。」開車載王哥去救世軍領取救濟食物路上，開口對一旁老人勾勒出一幅美麗希望。

「以後吃得到？吃不到？都還不曉得！我已經快八十歲的人了！」

「希望你能多活幾年！長生不老，活到一百歲、兩百歲！」

「等我走了以後，你們看到這些果樹，希望會想到我老王！」

話說王哥原生家庭

王哥聲稱，年幼時，父親即為國民黨員。當年國民黨政府撤退來台之前，王爸在上海市政府管理冷凍廠。撤退前，年輕時王爸留學過日本。王家爺爺早年在上海曾為水產學校創辦人之一，它後來發展成省立水產學校。四十多歲，爺爺肝病去逝。政府遷台後，王媽的哥哥的女兒，即表姐家夫妻倆一度登門造訪台北寓所，將曾經留學日本祖父照片、肖像瓷盤帶回大陸，捐贈給海洋水產校區內校史紀念館作為典藏文物。

出生於上海，老年王哥微薄記憶裏，至今仍泛出上海租界地三層樓房印象。一樓，客廳、飯廳。三樓，由表姐居住。二樓，前面為貯藏室，後面是房間和陽台，年幼時，一家人就住在此樓層。至於三樓之上，那是閣樓。

記得，童年，被抱到陽台乘涼，一個球體物撞上頭部，留下疤痕。

小時候，瑞士華達藥品吃完，空鐵盒被祖母塞進鈕扣當作鈕扣盒。那天，父母出門，祖母在家拿出鐵盒給幼年王哥當作玩具。玩著玩著，鐵盒從小手中滑落。年幼男娃要撿它，沒站穩，一失足，跌倒在盒蓋鋒利處，流血。祖母急忙託人去催促王爸王媽返家，速將幼子送醫。醫生在鼻樑上方縫了五、六針，留下那道疤痕，至老仍在。

居住在上海花花世界，年輕父母常出去應酬、跳舞。

自幼，男娃獨自睡在主臥房裡的一張小床上。

父母跳舞，深夜歸返。晚上，男童拉屎拉尿沒人管，沒人來換尿布。雖然當時白天祖母會照顧孫子，可是到了晚上，祖母也就寢了。尿布吸不住尿水，於是幾次，尿水會流到嬰兒床上。父母回來，發現尿床了！年輕母親異想天開想用鋼絲刷的刷頭打小屁股，促進新陳代謝，打到有疤痕。祖母發脾氣，怒曰：「妳自己出去玩，不管小孩。小孩尿床，妳回來，還打他？以後，我來管，你們不要管！」自此，嬰兒床搬至祖母房間。同時，還有一個女傭睡在隔壁房間。祖母警覺性高，只要孫子尿床，就喚來家中傭人急忙換尿布。

早年，居住在上海， 王媽模仿外國人洋派，也推著娃娃車，前往法國公園公眾場合遛躂遛躂，寄望每個動作細節蘊含了法式優雅自然。年邁祖母反對，深怕幼孫會被傳染上腦膜炎，因為王爸朋友之子，得了腦膜炎，導致講話講不清楚，手還會抖。果然，一天，回到家，孫子發高燒。日後，幼童前後三次受腦膜炎困擾，常昏頭。祖母怪王媽。王哥印象中，祖母常在耳邊口述，幸虧姨丈，媽媽妹妹的丈夫，是位醫師，幫忙「用針抽了三次脊椎積水」才挽回小命。

大舅於上海經營牛皮廠，日新製革廠。當年，王媽擔任總務工作。男童逐漸長大，開始進幼稚園時，常被其他小男生欺負，例如常被推倒在地，或被推進水溝裡。性情方面，有孤僻傾向。

抗戰勝利，不久政府撤退來台，民國三十九年，男孩隨著父母、祖母先抵台灣。隨後，姨媽姨夫才幫忙隨身帶著五歲的王家小妹，王妹，來台團聚。

幼年王哥來到新環境後繼續上幼稚園，就讀高雄港務局幼稚園，位於西子灣，從市區得穿過一個山洞，方至。山洞口這一頭，兩名憲兵站崗，山洞口另一頭，西子灣，那兒有老蔣總統別墅。欲通過山洞，人車得接受憲兵檢查。王爸時值公務員主管，配有一部公務車。每日送男童上幼稚園時，公務車減速慢行，好讓站崗憲兵瞄一下許可證。

男童此時成長過程，於王哥年事漸長時，王爸憶往且口述：當年，高雄家中經歷了一段難忘往事。二二八悲劇發生那年，引發社會動盪、騷動、恐懼與反彈。至於王家，一日，王爸帶著年幼王哥及王媽，一家三口躲身在本省人司機家，掩身於日式房子榻榻米下屋底空隙。司機家大門外，急促敲門聲。開門。外人：「你家有外省人嗎？」屋主回應：「我們跟你們一樣，是台灣人，不是外省人啊！」外人而謂左右曰：「好啦！好啦！這家無外省人。走啦！走啦！里長家無外省人。」

至於尿床，男童一直到五、六歲才改善。

開始正式上學，進入高雄港務局小學。算數這科始終表現欠佳，不及格，不是二十分，就是三十分。小學畢業前，王爸調職，新單位是台灣省農林開發處，舉家搬遷至台北。男孩轉學至女師附小，位於總統府對面，公園路上，緊鄰女子師範學校，附近還有小南門。

在台北讀小學最後一年，印象深刻往事：

「號外！號外！我們的空軍軍刀機在台灣海峽上遇到共匪米格機，我們把對方擊落。」以及當年，喜歡同班一個女生，名叫陳正美。小男生不但常拽她長髮，也常送她新鉛筆。

關於陳正美，多年後，考上政治大學。適巧王家姑丈任職政大俄文系教授時，陳正美選修俄文，名符其實成了姑丈的學生。話說那年，政府機關農林處將信義路東門市場附近，即臨沂街日式老房子賣給住戶王家。王爸想和投資者合建一棟三樓洋房，王家出地皮，建築商送兩層給王家。雙方達成協議後，日式老房子面臨被拆命運，原地將蓋起洋樓。王家搬到姑丈家借住。姑丈家，位於新生南路大排水溝、仁愛路附近的台灣航運公司員工宿舍。台灣航運，也就是後來的招商局。適巧，有天，陳正美來探望俄文系教授。姑媽拉大嗓門，叫小王哥不要待在房間裡，譏曰：「趕快出來！你以前小學喜歡的女生來了！」男生誓死不敢踏出房間一步。那次，兩小無猜沒相見，只留童年回憶於心版。

初中階段，唸台北東方中學，學習成績變成英文、數學這兩科從未及格過。再轉學到強恕中學，學業表現如昔。

王爸公職再度異動，被派往高雄冷凍廠擔任主管，舉家再搬回南部。進入青年期的王哥，高中唸高級水產職業學校。此時，家中有個鄉下小丫頭幫傭，來自彰化種田人家，讀過小學、初中。由於身為鄉下家中大女兒，下有弟妹，因此非常會照顧旁人。受到王媽、一般上海女人習慣，「喜歡穿旗袍」影響，小女傭也一直穿著旗袍，差別只是質料好壞。王哥暗思：「穿上旗袍，顯出身材中間腰小，好身材，還蠻漂亮的！」這時期，王哥也發展出上海人「一句話！」重承諾的精神。

就讀高中時，晚上，腦部作怪，半夜，會起床，拍床且大叫。

從小，和父親關係較親，母子關係則較有距離。父親講話有道理，王哥都會聽。不像母親成天嘰咕數落他：「你不好好讀書！」「你不好好做事！」

印象中，父親為人較實在，熱心待友，且常待在家中房間裡設計冷凍廠房，埋首於工作檯上比例尺與長、寬線條之間。除此之外，家中大小事都以聽太太意見為主。

看電影當中，王哥會嘔吐。記得有次去國際戲院看洋片「哈泰利」，就吐過一次。起因可能在於戲院內人多、空氣悶熱所致？不得而知。就在唸高職階段，有天，母親催促青年王哥去台大醫院腦神經科做腦波檢查，並好奇地詢問醫師：「為什麼他和妹妹在課業上表現，兩人如此天差地遠？」

王哥事後總對人講，醫師解釋：「腦門中間有條縫溝，可能脊椎水抽得太多。他不會像妳女兒那樣會讀書。讀高職畢業，就已經不錯了！妳別指望他讀大學，但他有兩樣專長會很好。只希望他長大發育的時候，腦縫能長好！」但沒明說王哥到底會在哪兩種領域表現出色？那時，還是會無故昏倒。不過，當別人規定要做什麼，青年王哥總會聽話，而且做得很好。

兄妹成長過程中，妹妹讀北一女，直升台大，留學美國。明顯地，王媽長久以來，總是帶著女兒外出應酬。

腦海印象中，王媽愛面子。從小，青年王哥深刻感受到：「媽媽不喜歡我！因為我不愛讀書，不像妹妹，北一女畢業，保送台大植物病蟲害系。」舉個例子，當年，爸爸任職的公家機關常舉行聖誕節派對、新年團聚，或者同事舉辦宴會，母親都會對兒子罵曰：「你不會讀書，不要跟隨我們去！」

況且那些年，王媽常呼朋引伴來家中打麻將，牌友們三不五時登門砌磋牌技。王媽推派王妹應門、接客。王哥則被母親限制待在房間，不准跑到客廳看媽媽打牌，或見客。妹妹書讀得好，出現眾友面前應對、倒茶、奉上點心，不但體面，同時藉機炫耀一下就讀名校的光彩。

因此，有天，王媽一位朋友路過，臨時起意前來敲門，年輕王哥應門。訪客認為走錯門，按錯鈴，驚訝疑問：「你是誰？」

「我是王太太的兒子啊！」

進屋，訪客問王媽：

「妳為什麼不帶兒子出來？他有禮貌，而且長得很好啊！」

王媽興嘆曰：「他讀書讀得不好！」

對方不以為然，故曰：「手上十根手指，沒有那根指頭長得一樣長。妳應該帶他出來。他沒做犯法的事啊！讀書讀不好？沒什麼嘛！」

通常，如果悶在房間太無聊，喝點雞湯後，年輕王哥會「跑去三軍球場看籃球賽。」要不然，放學回家，「扔下書包，直奔仁愛路空軍總部前球場，和空軍士兵打籃球。」打完球，太熱。不是在外買涼，喝一杯冰紅茶咕嚕咕嚕下肚，就是返家後，打開冰箱拿出一瓶玻璃瓶裝橘水軒汽水，痛快暢飲。見狀，祖母常叮嚀孫子：

「慢點喝！別嗆到了。」

打從一開始，青年王哥對家傳冷凍廠經營事業無啥興趣。然而特殊家庭背景，卻使他不得不去讀水產職業學校，成天浸泡在漁撈、製造、養殖、輪機等專業環境中。其實，年紀輕輕的他照相技術屢被肯定，以致於王家親友婚禮上，常被邀請擔任攝影師拍攝婚宴照。

當兵前，某日，王媽看到兒子和家中同齡彰化小女傭講話，一驚，深怕年輕男女相互吸引，故毅然決然地把不但將家事做得很好，而且對王家祖母亦孝順有加的小女傭給辭掉：「我們是好人家！妳還是去找個門當戶對的人家吧！」

當兵前，腦子就不痛了！看電影，不吐了！醫師宣佈：「發育時期，腦溝長好了！」體格檢查，甲等體位，王哥當憲兵。

當完兵，二十二歲時，王哥曾私下和朋友商議投資創業，成立一家照相館，或婚紗照攝影社。當兵之前，跑去中國小姐選美現場拍攝了很多選拔活動黑白相片，集結一大本。其間，王哥當然捕捉不少馬維君、李秀英、劉秀嫚美麗倩影。另外，憲兵退伍後，王哥還拍過老蔣總統閱兵照片。印象中，依稀記得地面部隊踢正步前進受閱時，三軍樂隊站在總統府前演奏軍樂。當輪到裝甲兵部隊上場之際，其先鋒為演奏軍樂的吉普車隊。每輛吉普車上，有三位年輕軍人拿著樂器演奏，另一位則專心駕駛。振奮人心軍樂車隊緩緩經過閱兵台向老蔣總統致敬後，車隊駛向閱兵台正對面廣場上，車頭再轉個頭，開始面對閱兵台，軍樂車隊繼續演奏，提振裝甲部隊如虹士氣！另一頭，三軍樂隊緩緩退場。

二十二歲的年輕人仍未忘情攝影、汽車駕駛，乃個人興趣所在。無奈，母親反對：「我們是冷凍世家，要去開冷凍廠。」

這讓王哥深刻體驗到：「媽媽都不接受我的好意見，總是說，我的主意都不對。」母親堅持王哥學習冷凍技術！於是，經由王爸認識一位經理介紹下，兒子被家人送到日本一家罐頭工廠實習三年，學習漁業、冷凍蔬菜及魚蝦製造、水產冷凍罐頭的知識技術。同時，王家父母在台灣計劃開一間冷凍工廠。

王哥以前水產高職同班同學，嘉義人，住校生，專愛拍老師馬屁。當這位同學得知王哥家世在水產界顯赫有名，王爸不僅是冷凍專家，而且在農復會擔任漁業相關要職。加上，王媽有意要跟人合夥開設冷凍廠，這位同學於是找機會、攀關係，終於拜王家父母為乾爸乾媽。尤其，趁王哥去日本實習、王妹去美國深造留學之空檔，這位同學大獻殷勤，頻頻向獨守家園老人家表白：

「你們兒女不在國內，讓我來孝敬你們！」

從此，常買高級水果、禮物，登門取悅二老，此舉深獲王家父母歡心。

當時，王家幫傭忍不住：「煩死人！每天開門，就見到他！」

過後，王媽果真和別人合夥投資開設了一間冷凍廠。王媽將廠長頭銜、整個廠都交給乾兒子經營。

至於親生兒子，遠在異鄉日本獨自住在一個小房間內。聖誕節有一個禮拜假期。元旦，大月，全日本歡渡整個星期年慶。中國農曆新年，小月，再歡渡佳節七天。前後加起來共三週，工廠人去樓空，獨留王哥一人顧廠。無伴，王哥窩在宿舍裡看電視節目、觀賞棒球賽實況轉播。街上，食堂歇業。這時節，王哥寫家書盼王媽從台灣寄泡麵和魚罐頭來日本。冷清街道上，僅零星小店開張，王哥則走進店家，坐下來，呼拉呼拉吃碗熱騰騰拉麵。幾次，前去鎮上探望日本同事。二十五歲，王哥才返回台北。

王家父母投資台灣冷凍廠之業務及市場，主要以外銷美國夏威夷為主。工廠將顧客群愛吃的鬼頭刀魚去頭、去骨，兩片魚肉冷凍包裝。除此之外，還有冷凍紅魚、蝦仁或整隻蝦，外銷美國。

回到台北家沒多久，王哥即發現媽媽太信任在台灣的乾兒子，遠遠勝過自己。

王哥返台休息沒幾天，立即投身家營企業。王媽管得緊，願兒子儘快上軌道。但是，乾兒子向乾媽告狀，埋怨王哥「什麼都不懂！公司報表都不會做。」

出人意料之外，王媽相信乾兒子，不相信親生兒子。乾兒子這時才再親手製作冷凍公司財務報表，兒子只能擔任管理員一職。

王哥實際工作了一段時間，親身體驗和觀察工廠運作。魚骨、魚頭，壓碎後，可餵鰻魚，增加鈣質。魚骨磅秤時，兒子都老老實實壓平，五十公斤，就是五十公斤。乾兒子謊稱三十公斤，偷斤減兩。二十公斤差額，交給買家，抽佣金。同時，乾兒子把部份成品偷偷賣給別家冷凍廠。例如一百公斤成品，偷賣十公斤，然後騙稱：「那些是不好的蝦，壞掉。」非正當手段獲利的私房錢都塞進乾兒子自己口袋。

王哥將實情透露給母親。

乾兒子辯稱：「你兒子不懂。」

王媽仍舊選擇相信乾兒子。

一氣之下，王哥辭去管理員一職，離開冷凍廠，轉行開起計程車。

這下子，乾兒子在毫無後顧之憂情況下，召喚自己親弟弟來擔任冷凍廠管理員。結果，僅任職一個月，弟弟竟有經濟能力購買一輛嶄新 Suzuki 機車代步。

離開自家經營冷凍廠房三個月後，王哥對母親說：

「我不幫妳管理工廠，我也不開計程車了！我去別家冷凍廠當管理員。」

新東家老闆，是王爸以前學生。進入工廠沒多久，王哥認清整個廠務實際上由老闆娘在掌控，且對員工太摳。例如剝蝦女工很苦，工時過長，臉皮皺起絲絲皺紋。小孩吃奶，女工們邊餵母乳邊剝蝦工作。另外，接受公司命令，女工還要為蝦灌水，往鮮蝦表面滴點水加工處理。

基於同情，每當女工把一、兩個魚頭帶回家，王哥都假裝沒看見。回到家，魚頭煮鹹菜湯，有營養，且豐富了母親奶汁。

當冷凍貨櫃出口前，必需先經過檢驗局派員來檢驗。除了抽查尺寸，還打開一包漁產成品秤重量。通過，才製發檢驗單，冷凍廠憑單，方可運貨至海外。

貨船，有時停靠基隆港，有時高雄港。

生活在那個沒有南北高速公路、檳榔西施年代，工廠準備押貨至港口時，王哥事先會準備好咖啡和收音機，交給貨車司機，以免駕駛員打瞌睡、壞事。因為冷凍廠大都於半夜時分，雇用新竹貨運來載漁獲成品至港口。有次，北上縱貫線行車途中，貨車司機對王哥笑曰：「你現在幫我帶收音機、咖啡來提神，回去的時候，就不用了！因為回程，我們會停靠休息站，進入小酒吧內吃吃喝喝。然後找小姐上車，坐在旁邊，一路隨車作陪，摟摟摸摸。有時候車子開到公園，停車，銷魂，爽一下。回到高雄後，小姐下車，我就會給小姐錢。」被好奇的王哥問到價碼？「如果來回兩趟算，一趟，五百塊，共一千。小姐姿色不夠的話，每趟算兩、三百。」

晨曦，貨車抵達基隆港。

負責將冷凍貨櫃交給碼頭收貨員，貨櫃被吊上漁船後，雙方當場簽了字。緊接著，王哥跑去銀行拿錢。銀行給了支票，王哥現場再將支票轉入公司戶頭帳號。

交貨工作完成，王哥從基隆坐火車返回台北住家，睡覺。

這下子，貨車從基隆返回高雄。這時，新竹貨運車僅剩車頭被停在高雄停車場，而駕駛大哥回家休息一、兩天，等待下次上工，再次奔馳於南北縱貫線公路上。

傷心乾媽

多年後，王家大小全都移民美國，留在台灣的，僅有祖母墳地。

移民初期，縱使太平洋分隔兩地，王哥高中水產職校其他同班同學和住在高雄縣岡山鎮王家表舅，時有所聞有關王媽乾兒子在高雄市發展近況。乾兒子能與表舅相識，全拜當初王母擔任介紹人。

王媽有年決定從加州返回台灣。停留期間，念舊，想去看看乾兒子。出乎意外，乾兒子卻避不相見，另乾媽十分傷心！

日後，聽聞乾兒子除了利用當年從王家冷凍廠挪移不法金錢所得外，還慫恿自己太太娘家親戚們出資，並找到一位投資者合夥買條舊漁船。後來黑心乾兒子還為這條船跑去保險公司買份保險。出海抓漁，船員被授命，故意將漁船弄個洞，沉入海底，詐領保險金。事後，保險公司調查報告，真相大白，故決定不理賠。太太方面親戚登門索錢，乾兒子被逼得差點自殺。

直到成年兒女要從台灣來美國前夕，乾兒子才主動寫信向乾媽道歉，期望人在美國的乾媽能接待兒女。但是王媽均未收到來信，因爲信件全被王哥偷偷扔掉。當乾兒子家兒女們飛抵美國後，還是打通電話去王家。適巧王哥接到電話。一聽說他們是某某人的兒女後，王哥裝扮成另一個人聲音：「王老先生剛過逝。王老太太現在也不在家，因爲老先生去逝後，她去北卡羅萊納州她女兒家，散心去了！」其實，王媽待在加州灣區聖馬刁市女兒家，哪兒也沒去！

半年後，那對兒女跟其父親三人結伴一起來美國。又是一通電話打到王家：

「我爸來了！要見你。」

王哥一聽，即刻掛斷電話，不予理睬。

此後，聽說，乾兒子的太太過逝。

再過不久，乾兒子也因喝酒過多，罹患肝病亦離世。

青春少年台灣夢

窩在加州人民公社，老年王哥只要憶起青春年少，瞬間，台灣南部港都高雄早期印象浮現：第一碼頭、第二碼頭。至於海軍碼頭，有海軍軍艦停靠，旁邊偶有商船相依。西子灣山洞以及蔣公別墅、港務局幼稚園、前金區、日式房子榻榻米。早年，公車司機有女司機，沒車門，僅一條鐵鏈圍起。引擎裝在車內，但沒蓋子。木頭車殼。公共汽車行駛時，轟隆轟隆聲雷鳴。車掌小姐站在鐵鏈旁收票。

那時，有錢沒錢，男女都穿木屐，因為受到早年日本人習慣穿木屐影響。

司機送童年王哥上學，穿過山洞，從鼓山區穿越過去就是西子灣。鼓山這邊，有憲兵守衛。

青少年王哥唸台北強恕中學。王媽哥哥的兒子，即年紀相仿表弟，住在永和眷村，年少就加入竹聯幫。當時，本省人，組四海幫。表弟慫恿表哥加入幫派，王媽得知消息，緊忙幫兒子辦理休學一年，且送他到岡山鎮燕巢鄉的表舅家，遠離是非一年。順理成章，青少年王哥樂得在南部打球一年。表舅當時任麻繩工廠廠長。

一年過後，回到台北，鄰居小男孩幫小王哥也填寫了一份香港邵氏電影公司演員報名表。青少年王哥：「好！去玩玩！去試試看！」

口試那天，首先被要求來一段情境表演。王哥即興演出，扮演一位老頭，彎腰，左手模擬拿根手杖，右手伸出，一付討錢狀，顫抖乞錢：

「老先生，老太太，給我一點錢，我要去吃飯。」

然後，被要求唸一段簡單劇本。

面談後，就是等待電影公司最後通知。

錄取通知單寄到家，年青王哥得前往香港受訓、住宿、簽約。

王媽反對：「大老遠跑到香港去受訓！你要跟那些女人鬼混啊？自己開公司做老闆，不是很好嗎？」

與王哥同齡姓林的朋友也被錄取。不過，他那位立法委員媽媽亦不准，勸道：「爸爸年紀大了，況且，立法委員兒子跑去當電影明星，不是太扯了？！」

後來，林家男孩考上警察學校，當警察。

王哥唸高職時，一度就讀高雄高級水產職業學校。當時校區在旗津，因此每天上課得從高雄市區渡船至對岸。由於愛打籃球，如願成爲籃球校隊球員，且曾和高雄中學比賽過球技。有年，學校網球隊榮獲全省吳鳳盃高職組總冠軍。校長帶領師生齊赴高雄火車站迎接選手載譽返校。那時刻，最前頭，由高雄市警車開道，接著，王哥和另一位同學擔任左右掌旗官，雙手高舉紅布條燙金字，雄赳赳氣昂昂走在最前頭：

「歡迎高雄水產學校網球隊
榮獲全國冠軍」

喜氣洋洋紅布條打前鋒，校長跟隨其後，接著才是敲鑼打鼓樂隊行列、球員、學生團體。慶祝遊行隊伍浩浩蕩蕩，從高雄火車站前，行經五福四路商圈，鼓山，再渡船返回旗津校區。沿途，一些熱情商家亦燃放鞭炮慶賀。返抵校區大門，學生代表列隊獻花，歡迎選手凱旋歸來。

高二，轉學到基隆高級海事職業學校就讀，此刻，乃王爸公職異動被派往台北政府機關農復會上班之故。當時，該校採取單獨招生方式，校區靠近八斗子。王哥應考，雖然考得馬虎一點，幸好仍被錄取。

從此，早起，趕火車上學。晚上，趕往台北市青年會舉辦的籃球訓練班練球。一天，午休時，暈倒，就沒繼續籃球訓練班活動。康復後，再回到訓練班。高三時，集訓班教練賞識王哥表現優異，介紹他到聯勤總部的飛駝乙隊去打球，但言明無薪。

當時，最流行三軍球場，亞洲盃籃球比賽曾在那兒舉行。難忘由每個軍種籃球隊精英所組成「台灣七虎隊」，即三軍聯隊代表，其威力無法擋，一度擊敗菲律賓、日本強隊。某天，熱愛籃球王哥再度無故暈倒。王媽：「去玩玩混混，可以。你不用去打球了，又沒錢領。算了！別想當球員了。身體不好！」

當時，教練看好王哥，原本想將他再介紹到甲隊，先坐冷板凳，吸收經驗，再上場打球。除了聯勤總部飛駝隊，其他軍種，包括空軍大鵬隊、海軍海光隊、憲兵憲光隊和陸軍陸光隊。那時，王哥認為打中鋒、勾射漂亮、人高馬大名將，霍建平莫屬。

熱愛運動，想當然耳，王哥對足球比賽亦非常關注。早年，台灣足球隊一度靠香港球員撐場，尤其他們踢角球，會彎進，漂亮得分。那年，敦化南路，台視對面，中華體育館剛建造完工，亞洲盃足球賽隆重揭幕。當中華隊槓上日本隊那場球賽，雖受颱風影響，但是風雨無阻，照常恭逢盛會。只不過王哥和姑丈這兩位球迷紛紛穿上雨衣，冒雨觀賽。中華隊贏了！

至今，王哥依稀記得，年少通勤就學時期，那棟位於台北永康街附近，東門，臨沂街上的家。一棟日式平房，早期曾為日本官員住宅。那年高二，在北部求學，清晨六點起床，先騎單車去火車站，再搭七點鐘往基隆火車。爲了搶位子，普通列車尚未停妥靠站，小伙子們早已紛紛跳上火車。列車一路上停靠松山、汐止、七堵、八堵。七點四十五分，火車普通列車方抵達基隆。學生再轉搭基隆公車，奔向水產學校。

服兵役時光

時光倒流。王哥追思二十歲時，打開信箱，接到兵役抽籤通知，入伍當大頭兵，憲兵特種兵，光榮不已！

據同梯次阿兵哥轉述，早年，雲林屬較偏鄉地區。連日，各處親戚朋友會請吃飯。熱情純樸鄉親父老邀請披戴「為國爭光」彩帶少年郎，坐在電動耕耘機前座，浩浩蕩蕩熱熱鬧鬧前往火車站。一待來自四方役男統統集合於火車站廣場時，敲鑼打鼓，更有年輕美麗女郎獻花。

北上列車抵達台北火車站，憲兵訓練中心派有專人等候，迎接新兵。軍車駛進營區，新兵報到完畢，不久，已有新兵因為數日以來在家鄉大吃大喝，拉起肚子來。

木頭造營房，連部與連部之間均鋪上石頭路。

雨天，待在營房內，坐在床沿邊吃飯。晴天，拿小凳子到戶外，坐在凳子上吃。訓練中心，夏天洗澡，只有冷水供應。冬天，一班一班排隊，井然有序地走路約五分鍾到達和平東路上一間澡堂，阿兵哥每人利用十分鐘洗澡。

當時，林口山上墳墓群，是新兵出操打野戰區。

王哥自新兵訓練中心結訓後，二等兵，先被分發至憲光藝工總隊搬道具。當時康樂隊中，劉秀嫚歌聲似周璇，唱「夜上海」。想不到，她後來不但選上中國小姐，還代表國家競選世界小姐，入圍且摘下第三名。印象深刻，則為年幼鄧麗君在陸光康樂隊駐唱，常去金門勞軍，其黃梅調歌曲餘音繚繞。

憲兵司令部身家調查後，下道命令給憲光康樂隊，王哥被授命去保護老蔣總統，當憲兵，值勤站衛兵。記得，老蔣上下班時間大抵十分準時。上午十點鐘，總統座車經過王哥站崗地點。中午十二點，座車駛回官邸。下午一點半至兩點之間，座車再駛向總統府。有時，下午，老蔣不去總統府上班。通常，每次總統車隊要經過，一輛哈雷重型機車為前導車先行出現。隨後，才是總統座車駛過，其後，尾隨著三、兩部護衛隊車輛。護衛人員均身著黑西裝、白襯衫。多年後，王哥腦海中對老蔣老年身影依然維持風度翩翩，更為驚嘆！當兵時，從未與老蔣總統有任何近距離感受。

服完兵役後，王哥卻握到小蔣總統，蔣經國，胖胖的肉手。那時候，人在高雄工作，剛好碰上省運會在高雄體育場舉行。王哥進場，坐在第一排觀賞開幕式及比賽。當小蔣步入運動大會現場主持省運之際，司儀宣佈：「省運會開始！」

然後，小蔣總統開口：「各位同胞們好！」

人山人海齊聲回應：「總統好！總統好！」

不久，小蔣走下司令台，繞場一週並不時地親民，熱情地伸手與民眾握手互動。王哥終於握到領袖的手。不過，那次省運會後，小蔣受糖尿病牽累，較少露面。就算露面，都得坐在輪椅上了

告別光桿生活

二十九歲，漏夜排隊購買一張票價高達一百元黃牛票，售後可賺上兩倍錢。王哥歡喜地和王爸一位朋友各買四張票，兩張留用，其他六張全賣掉，賺上一筆。叔侄輩兩人再一起作伴去中華體育館觀賞亞洲影展晚會。香港影星包括葛蘭、林黛、林翠、陳厚。每位大明星都上台開口唱歌。台灣影星則有魏蘇、孫越、葛香亭、歸亞蕾。節目精彩，回味無窮。

隔年，三十歲那年，祖母想抱孫子。

碰巧，王爸一位學生任職冷凍船長時，去趟越南，當時東南亞對方廠長代理人告訴船長，女兒想到台灣玩。熱心的船長介紹越南華裔女子，年紀小上王哥三歲，給王哥認識。

年輕男女去南部墾丁遊玩，男人跌跤，女子竟袖手旁觀：「我媽說，婚前，不要碰男人手。」雙方認識一個月後，由於女子台灣簽證快到期，於是男女決定結婚。

婚後，王家父母來訪，只要見到兒子睡在客廳沙發上，推測原因：

「小夫妻昨天吵架了！」

這時，王哥說分明：「太太囉唆不停，我受不了！跑出來，睡沙發。」

再度走入光桿生活

王爸王媽稍早即以依親方式辦理移民，追隨獨生女，王妹，和女婿定居北加州。在台灣，朋友、親戚家有人離婚，兒女抱著離去母親大腿哭天喊地，難分難捨！王哥三個兒女，沒有一個孩子強留即將離家遠走高飛的母親。其實，孩子們還挺高興父母離異如此結局，尤其六歲小女兒愛美麗。

王哥淚流縱橫，面對孩子們喟然嘆息，曰：「弄得你們沒有媽媽了！」六歲愛美麗竟天真地安慰父親：「爸爸，沒關係！我們會有個更好的媽媽！」

離婚後，仍舊很多女同事不解？咸曰，王哥這個人，「很好搞定的啊！只要摸順了他的毛，他什麼事都會全力以赴。搞不清楚，他越南太太為什麼不懂呢？」

王家十分慶幸趕上雷根政府新移民政策，視離婚兒女亦算未婚子女。因此，具有合法美國公民身份父母可替尚未進入婚姻內、或即使離婚兒女，為他們申請依親移民。王哥在台灣離婚後，太平洋彼端王爸王媽基於兒孫家中已無女主人照料，加上台灣小學惡性補習風氣盛行，於是開口：「為了孩子將來的教育！」興起找律師準備幫兒孫四人辦理移居美國念頭。

回想，早在離婚前，王哥一度在政府機關，台灣冷凍協會，上班。當時，身材高瘦女同事趙小姐驚訝王哥錢包內沒錢。於是獻計，要幫王哥開個銀行戶頭，或是要他把私房錢存在她們女同事那裡。

離婚後，公務所需，王哥和趙小姐常騎摩托車一起外出辦公。下了班，這對男女同事也常會各自攜帶女兒相偕看電影、逛百貨公司或上館子吃飯。大女兒麗莎口中的「趙阿姨」忍不住對王哥表示：「我們早點碰到，就好了！」

同時，辦公室內靜宜英專畢業、未婚會計小姐，有天她也說出類似情境：「現在男朋友，好。你也好。我們早點碰面就好了！」

台北女房東

一天，王媽專程從美國回台灣，心中盤算著，先把老大男孩十二歲的馬克、老三八歲愛美麗帶離王哥身邊，以「探望生病的爺爺」名義，跟隨奶奶赴美。這項決定是王家母子商量結果：「大孫子，王家的根，當然去美國。小孫女，年紀小，將來學英文又快又好。」

王哥向母親表示：「一個孩子留給我，解悶。」

跟馬克年紀相差僅一歲，排行老二，大女兒麗莎就這麼被留在台灣伴隨父親，靜待王哥移民簽證核發之後，父女兩人才計劃飛往美國，全家三代同堂團圓。

留在台灣等待移民簽證空檔期間，相依爲命父女在台北松山機場旁，民權東路上找到一間出租雅房，開始寄人籬下。屋主房東夫婦也姓王。房子，是房東先生的母親所擁有。房東夫妻正養育一名幼兒。年輕房東先生在新光人壽保險公司上班，專職拉保險外務員。房東太太婚前，自商科畢業後，一直任職於新光會計室工作，直至結婚。出租客房前，為了謹慎行事，房東仔細過濾登門租屋者背景，以策安全。因為，屋主老太太知道房東兒子不常回家。面談當天，年輕房東夫婦、屋主老先生老太太，四人一起會審未來租戶，王哥。雙方見面，留給王哥第一印象，尤其年輕房東先生帶付金邊眼鏡，英俊、漂亮，實屬少見。

王哥向會審房東們表示：「我還有兩個孩子在美國。一年半載後，我帶在身邊的大女兒，她也會跟著我一起移民到美國去。」

四人見王哥老實模樣，且帶著女兒麗莎在側，甚安心，雙方當場簽訂一年租約。搬進門，父女被安排住進飯廳廚房後面的那間房。這時，王哥頓然明白，房東先生為何不常回家！拉保險，衝業績，得常應酬，固然是一回事。後來真相大白，原來，年輕先生天天在外喝酒、玩女人、花天酒地，錢也不拿回家。有時候，甚至向客戶收到的公款，也膽敢未拿回公司報帳。後來演變成，帳都懶得去向客戶一一收取，太太只好背著幼子挨家挨戶收款，再把款額如數繳回公司。每次收款工作完成後歸來，女房東只有向王哥訴苦。王哥傾聽、安慰外，而且善解人意地在客廳沙發上提供女房東按摩，期盼對方抒解疲累、減壓。

保險公司後來終止先生收款工作。

平日，女房東有時帶小男娃來到客廳玩耍，王哥和麗莎父女會逗著小孩玩。周末假日，王哥如果亦在家，女房東主動相約外出，兩人一起走去傳統菜市場買菜。她背幼兒，王哥牽著麗莎，相偕而行。街頭上來往行人，八成準會誤認眼前成年男女是對夫妻。

老同事開王哥玩笑：「房東放心你和他太太住在同一個屋簷下啊？」

王哥想：「如果我不老實，真有可能跟女房東搞在一起！」並同樣納悶：「女的先生怎麼放心我和女的同住在一個屋簷底下？」

每日，王哥燒飯給麗莎吃。女房東也每天弄吃的給快兩歲兒子吃。

女房東是雲林人，姓廖，人很好。她常燒一葷一素的菜，邀王哥和麗莎共食。飯後，她在餐桌上教麗莎做功課。餐畢，有時王哥洗碗，有時她洗碗。然後，各自回房看電視。

有天，女房東：「我幫我先生辛辛苦苦去收錢。先生外面可能有女人了！」「當初，公公婆婆也贊成我們找房客。」

某夜，王哥和麗莎關門，正就寢。

睡夢中，驚傳女房東又哭又叫聲響入耳。王哥起身，關心地打開女房東房間門，查看有何差錯？見到王哥，女房東不顧一切地抱住對方，埋首於男人肩頭上痛哭，好像王哥是她丈夫。

女子哭訴，年輕老公在外玩女人、喝酒、打牌徹夜不歸。「我先生不知道跑哪兒去了？」。王哥暗猜：「房東先生夜晚不歸，跑到別的女人那裏睡覺！找到一個女人，搭上她，索性不回。」的確，王哥見房東先生「偶而回來，停留片刻，找個藉口，又出門，就不見人影好一段時間。」

麗莎在一旁哄著小男娃。

王哥則哄勸女房東：「妳現在不要想太多！想死他，他也不會回來。你現在又哭又叫。這一次是大叫，太委屈了！我代替妳先生安慰妳。先睡。明天，妳再打電話到鄉下給媽媽，叫她上來台北商量一下。是把妳帶回？還是把孩子帶回鄉下？要不然，妳媽來台北再和先生的媽媽連絡商量，兩歲小孩交給誰扶養？如果男方媽媽要，妳就一個人回中南部。之後，再思考，是否找律師提出離婚？」

經王哥安撫後，女房東睡下。王哥坐在床邊櫈子上不敢離開半步，深怕她再哭再叫，會吵到鄰居。當時，王哥已無法再入眠。不一會兒，傷心過度女房東開口，要王哥躺睡在她身邊。

日後一連幾天，女房東吼叫又啜泣，有點想自殺模樣。幸虧，王哥天天準時下班回家。吃完女房東煮的菜飯，頻說好吃。王哥也常安慰勸她。

當生活看似步入常軌時，女房東拎著菜籃去菜市場買菜，回到家，常燉雞湯。

一天，女房東讚美王哥曰：「你下班準時回家，還看著孩子做功課。你是一位好爸爸！」並問了一下王哥工作背景內容。王哥如實以報，曰，曾經開過計程車和公路局金馬號。也曾就職於一家冷凍廠，就是將魚去骨，兩片魚肉裝箱銷往美國。冷凍蝦仁也銷往美國。另外，菲律賓、越南、泰國、日本、韓國，人家領海擴大捕漁區域劃定。「我們漁船過界，就會被抓。」「台灣經濟部所設計規定的冷凍廠管理方式，不同於工廠實際運作及需要。」云云。

上班同事開王哥玩笑話：「你住在現在的房東家裡，還蠻享受的嘛！你雖然和太太離婚，你旁邊還是有個女人！」

王哥移民簽證其實早已批准寄出，但是王家已賣掉木柵老房子的新屋主，不識王哥名字，導致移民文件遺失。久無音訊，有天，美國律師好奇地問王媽：「妳兒子來了美國沒有？」這才發現移民文件遺失。王媽趕緊托台灣一名律師查明，再往美國在台協會辦理相關補救手續。

一段日子後，女房東媽媽果真北上，待上一個禮拜。男女雙方家長坐下來長談，結局以離婚收場！雲林媽決定把女兒接回家鄉。臨行前，雲林媽慽曰：「幸虧王先生，你老實。你是好人！我女兒當初瞎了眼，找錯郎！」

王哥和女房東同住屋簷下已半年，女子離婚後返回鄉下老家。然而王家父女兩人基於租約，下半年，可繼續住在更寬敞房子裏。

由於租屋離中華體育館近，當年，四國五強籃球賽舉行時，下班途中，王哥跑去買了兩個便當後，帶麗莎進館看球賽。有場球賽，父女搶位子，挑上電視轉播機下方，它是居中好位置。

遠在美國加州王媽寫信給兒子：「你天天在看打球啊？因爲我們在加州中文電視台報導台灣新聞時段，播報四國五強籃球賽。電視螢幕上，看到你和麗莎。鏡頭上，麗莎還在吃便當！」

孫子孫女赴美探親後，王媽決定辦理移民簽證。大兒子馬克和小女兒愛美麗得從美國再返回台灣，因為依照規定，拿到移民簽證小孩，必需由親生父母攜帶入境美國。這下子，王哥和三個兒女同住民權東路上租屋。這一來，喜愛看球賽父親騎摩托車，載三個孩子全家福，浩浩蕩蕩騎到台視對面中華體育場看足球賽。愛美麗坐在油缸上，王哥往前面坐一點，剩下機車位子空間則塞進馬克和麗莎。看完球賽，一家大小去吃自助餐。

一九八二年，夫婦離異後，王哥的前妻於光華商場租了店面開家委託行。得知三個孩子團聚台北，她央求王家舅媽跟王哥商量，讓母親與孩子們能見到面。王哥答應了。父子四人即將赴美移民之前，前妻如願前來民權東路房子，高興地與孩子們相處一個禮拜，但不夜宿。

一九八三年，王哥攜兒女搭機，正式移民美國。

到達美國後，前妻從台灣僅捎來唯一信件給兒女們：

「爸爸媽媽兩個人個性不合，分開了！你們要聽爸爸和奶奶、姑姑的話。」

自此，母子未再有隻字連絡。然而，王哥每逢過年過節，都會鼓勵兒女從加州寄卡片給前妻。結果，每每石沉大海，音訊全無。

如今已屆年老體弱之年，此際，王哥偶思：「如果我和孩子們沒來美國，說不定，我和女房東兩人會在一起。」再思：「即使現在，回想起來，女房東還是比麗莎的媽好！女房東，她個頭 16○多公分，比我矮些，賢妻良母型。如果那時候，我和女房東結婚，我拿了綠卡，先到美國，然後再申請她來美國。」再次不堪回首：「結婚那幾年，我下班回到家，孩子媽還沒回家煮飯、照顧家中小孩。她日日晚歸。我們夫妻天天吵！」

定居美國

王哥移民加州第一年，基本上，王家兩位老人家和兒孫均住在女兒位於聖馬刁山丘上的家。不多時，王哥獨自南下在聖荷西一家 IBM 電子工廠上班，租屋且買了一輛二手汽車代步。周六、周日，開車北上，回妹妹家，享受三代同堂。周日晚上，再開車回聖荷西租處。

王媽代兒子王哥幫忙照顧十五歲孫子馬克、十三歲大孫女麗莎、十一歲小孫女愛美麗多時。王哥在華人老闆所經營電子工廠上班，兩、三年期間，因工作需要，單手得各抓取五根粗壯厚重電纜來回搬運，因意外而扭傷背部。謀生工作因而停擺下來，休息一陣子，不得不跑去申請殘障手冊。從此，孩子成長花費均由政府補助，直到他們十八歲成年為止。

當時，王家認識一位住在 Palo Alto 市低收入戶住宅區（Palo Alto Garden)友人，居中牽線，連絡上住宅區非洲裔經理。妹夫送瓶酒給經理，經理把申請順序移前。王哥終於遷離聖荷西租屋，住進三房一廳寬敞公寓。這時，王爸王媽也從王妹家搬來王哥家住。王哥做些臨時工以餬口，像是去中國超市當補貨上架員工。

壽司先生

居住 Palo Alto Garden 低收入戶社區時，有份差強人意臨時工作。身為全美大學足球迷一員，王哥有兩年時間都是史丹福大學足球場常客，為史丹福球隊加油。下雨天，照樣使用足球季票出席觀賽。當年，每次進場前，驅車前往 Safeway 超市購買一盒壽司，好邊觀賞球賽邊充飢。多次下來，座位旁史丹福大學教授、校友常見王哥隨身攜帶壽司充飢，故奉送他一個外號，壽司先生。可惜，馬克不愛體育，故從未陪父前往球場看球賽。

臨場看球賽美好時光，僅維持兩年，後來因為腳痛，王哥不得不放棄。

管教小孩

王哥相信：「小孩要打，要管教！」

他十分贊同對孩子要管教，唯大女兒麗莎沒被打過，她傻傻的，不犯過。

小女兒愛美麗則被父親修理過三次，而且都是移民美國加州以後。第一次，王哥在聖荷西上班時，住在姑姑家的愛美麗把姑姑女兒一付鑽石耳環拿走，悄悄地放在自己抽屜裏。

「這對鑽石耳環，是女兒的男朋友送給她的訂情物。放在家裏，怎麼會丟掉？」王哥的妹夫困惑不已。

奶奶找著，告狀給兒子知曉。王哥震驚，決定處罰愛美麗：「我帶妳來美國，是叫妳讀書的！不是來偷東西的！雖然妳還不懂事，才八、九歲，但是為什麼要動別人的東西？」

王哥把女兒托到樓上，拉進奶奶房間，命令她趴在奶奶床上，掀開裙子。王哥用手打內褲小屁股二十下後，復言：

「打在兒身，痛在父心！」「爸爸自己的手都打紅了！」

第二次，是愛美麗九、十歲那一年。妹夫把色情錄影帶鎖進鐵箱裏。那把打開鐵箱的鑰匙，不知怎的，被愛美麗找著。基於好奇，她把錄影帶拿到學校去。老師打電話給奶奶和姑姑。結果，妹妹和妹夫大吵一架。這次，愛美麗挨打三十下。王哥警告：「以後，妳再犯一次錯，加十下！」

最後一次，愛美麗十五歲唸初中那年，有天，不願做飯，賭氣地把圍兜猛摔向微波爐。圍兜上鈕扣竟砸裂微波爐玻璃門，微波爐報銷，得花錢買新的。王哥罰小女兒：「跪下，自己反省，直到自己知過，再站起來。」

至於獨生子，老大馬克，挨父親教訓，是在台灣，當時爸媽尚未離婚。讀小學五年級那年，放學卻未歸家。要是平常，他會結同大妹麗莎一起走回家。

王哥詫異，追問返抵家門的大女兒麗莎：「哥哥呢？」

麗莎：「打鋼珠。」

王哥果然看見兒子在雜貨店打賭錢小鋼珠，那種打中了，就獎賞糖果的遊戲機。追問零錢由來？馬克回覆：「我在媽媽口袋裏偷的錢。」

到了家，王哥二話不說，用乒乓球拍打兒子屁股。

臨老境，王哥總覺得：「孩子要打，要管教，他們長大，反而比較孝順、有發展。像麗莎，沒挨過打，她現在待我，像是陌生人，漠不關心。不像愛美麗，挨過打罵，長大，雖然不是很貼心，但還是比姊姊孝順點。」相較之下，「愛美麗算是挨打管教次數比哥哥姐妹多。不過，高中畢業申請大學，愛美麗在校成績表現大都得A，哥哥姐姐有B有C。暑假，她去百貨公司工讀賺錢、充實履歷。結果，小女兒不但申請上Santa Clara大學，同時，獲得政府就學貸款。進入大學，謀得校內工讀賺錢機會。大學畢業，被聘入蘋果電腦公司就業。其他兩個大孩子，申請政府貸款唸大學未通過。大女兒只停留在高中文憑，大兒子後來總算進了兩年制學院就讀。」

朱老太太

Palo Alto Garden 為擁有兩百多間樓上、樓下住宅社區，原本以一般低收入家庭住戶為主。早些年，大家經濟環境好，申請入住者不如預期熱烈，有段時間，反而好像變成低收入老人去申請入住，儼然成為老人公寓之姿。

十六、七年前，低收入戶公寓 Palo Alto Garden 裡，有家姓朱一對老夫婦住在兩房一廳空間。他們獨子遠住在南加州洛杉磯，大女兒定居加拿大溫哥華。小女兒居處雖離父母不是那麼遙遠，不過小女兒家中有個講話講不清楚的外孫女得照顧，因此無法常伴年邁雙親略盡孝道。老先生日漸年邁，有時行動不便前往教會崇拜，教友們不放心兩老在家無人照顧情況下，央求鄰居王哥協助看顧。王哥慨允會常派遣兒子馬克去陪老人家。一天，馬克在看電視，老先生拿東西，不小心，滑了一跤。王家父子幫忙扶起。滑跤意外，老人家遠在洛杉磯兒子特別回來探視父親，並又當面託請王哥照顧家中二老。

遵守承諾，王哥早、晚各探望老夫婦一次。其間，朱老先生過逝。

老太太於是搬到一房一廳住處。王哥勤於早、晚登門關心一下。政府已僱人幫行動不便的老人洗衣、煮飯。下班後，王哥仍趨前探望老人家可安好時，順便舉手之勞，例如幫她在窗上裝置聖誕燈泡，或代勞跑一趟商店買份禮物給社區經理，並包裝好。

好幾次，老人身體違和，王哥會打電話給朱家小女兒。她匆匆趕來把老母親送醫，留下傻女兒在王家。

朱老太太喜迎 102 歲生日之際，兒女特別找餅店為她訂做壽桃，欲分送賓客，分享喜氣。年年喜上加喜，因為每年生日過後沒幾天，就是聖誕節。

某天，老太太迫不及待請王哥早早掛上聖誕燈泡。

「聖誕節還有半個月。裝燈？還早！」

「早點把窗戶、樹上的燈裝好，讓我多看看。怕我看不到！」燈閃，煞是好看。「你陪我看一會兒聖誕燈。」

王哥：「好啊！」

又一天，朱老太太昏倒，幾乎透不過氣來。

這時，朱家小女兒趕至，呼叫救護車。

「朱婆婆，我們等妳從醫院回來過聖誕節。」王哥送上祝福語。

朱家小女兒後來回報王哥，救護車將老太婆送至史丹福醫院就醫，就再也沒醒過來。當日下午五點，閉目辭世。

當朱家兒子前來整理母親遺物，發現聖經內夾著一〇〇塊錢，並付上一張便條：

「謝謝王先生每天不間斷來看我。

他每天來看我，只穿同一件夾克。

這一百塊錢，給他買件新夾克穿，做為生日禮物。」

洋人老太太

Palo Alto Garden 社區內，住著一位洋婆婆，離王哥家住處僅隔壁棟的底樓。有天，洋婆婆意外跌跤，於是躺在床上無法動彈。湊巧，隔天，王哥和兩個女兒黃昏散步。途中，另一位鄰居洋老太太問王哥：「這兩位是不是你女兒？」

王哥點頭。

「住在我隔壁有位老太太摔斷腿，不能動。你女兒放學後，是否可以幫她打掃清潔，弄點水給她喝？放個水瓶在旁邊，老太太可以自己倒水喝。不是每天。因為老太太自己有女兒，她偶爾也會常來照顧自己的媽媽。」

王哥：「可以！」

次日，麗莎、愛美麗姊妹倆放學後結伴去照顧老婆婆。

晚飯時間到了，王哥告訴行動不便長者：

「我每天送飯給妳吃。我們吃什麼，妳就吃什麼。」基本上，晚上五、六點送飯菜過去。洋婆婆要付錢，遭王哥婉辭：「我是來幫妳忙。不收錢。」

早晨上班路上，王哥登門問候：「需要什麼協助？麵包夠吃？」

如需補充，黃昏下班時，王哥順便帶著麵包過去。

老太太感激莫名：「台灣，真好！」

三個月後，老婆婆康復。聖誕節，王家喜獲巧克力。洋婆婆隨附三份小禮物分送給王哥的兒女們。

乾孫女，安潔莉卡

某段時日，王哥早上七點半到下午三點半，在華人老闆工廠內工作，它是一個代客加工廠。王哥下班後，開車去接三個孩子回家。

期間，小女兒愛美麗上小學，對門五歲長得像洋娃娃小女孩安潔莉卡，其母為墨西哥未婚單親媽媽。當初，小女孩親生父母為一對情侶越過美墨邊界，偷渡來美定居，欲建立新家庭。一家之主四處尋找糊口工作，但困難重重，令人沮喪，大喊吃不消，故返墨西哥老家。為了子女將來能接受美國教育，墨西哥男子百般無奈地留下三名幼子，即大女兒、兒子、小女兒於身後，由孩子母親獨自照料。

年輕單親媽從聖荷西搬進由加州政府補貼的低收入戶公寓 Palo Alto Garden，月租僅三、四百元。房子門牌號碼和王家相連，201、202，都在二樓，彼此為鄰。兩戶均為主臥房、外加兩個房間之格局。

某天下午三點多，王哥見小女孩安潔莉卡孤獨地坐在二樓階梯上。

「媽媽呢？」

「晚上才回來。」單親媽每日打三份工以餵飽孩子們。當她回到家，見到兒女，也都已是晚間十一、二點！

王哥於是把小女孩帶回家。

夜晚，聽到墨西哥母親返家聲，王哥開門相告：

「妳女兒在我家。我們吃什麼，就給她吃什麼。也有給她喝水。」王哥同時發現，其他兩個八歲、十歲孩子：「妳三個孩子當中，哥哥姐姐吃墨西哥食物，不吃中國菜。這樣吧，妳早上燒好小孩要吃的食物，放進冰箱。他們回來，兩個大的，叫他們自己去熱來吃。小ㄚ頭喜歡吃中國東西，就待在我們家。」

自此，哥哥姐姐放學回家，先在家裡吃完東西，再帶毛毯，前往王家看電視、睡地板，等媽媽下班。累了，小ㄚ頭安潔莉卡倒頭睡在王哥懷裡，要不然橫躺沙發上，但非把頭睡在王哥大腿上不可。媽媽午夜十二時回歸，叫醒兩個大的，走路回家睡覺。然後要抱走小女娃時，她不要媽媽抱，要王爺爺抱她回家上床睡覺。王哥將她放置床鋪上，小ㄚ頭還勉強睜開兩眼，看中國爺爺是否在身旁？這時，王哥輕拍墨西哥女娃屁股，慈曰：「爺爺在這兒！」她這才安心入眠，這情況一直延續到小女孩讀小學。

那時，墨西哥單親媽媽在工廠內結識一位老美男朋友。

每當男朋友來訪，母親就把三個孩子全都打發到王家看電視。

爺爺：「你媽呢？」

男女孩皆曰：「我媽和男朋友關在房間裡，關了門。叫我們來看電視。」

改天，安潔莉卡的媽媽如往常喊王哥「爹地！」時，中國爸爸相勸：「現在不要急著再結婚。等妳把三個孩子養大，自己再找伴。否則，各方都會成為夾心餅乾，大家日子都不好過。」

過些時候，三十七、八歲媽媽肚子大了！這次，依舊是未婚生子，產下男嬰。王哥無怨地也開始手抱新生奶娃。幾個月後，再補婚禮，安潔莉卡擔任媽媽小女儐相。同母異父小弟弟一歲時，母親又生下小妹。從此，王哥下班回家，又開始抱小妹妹。

墨西哥母親和白人男子共組家庭後，一下子，一家共有五個孩子盛況。婚後相處，兩個最小的犯錯，都推給安潔莉卡他們三個大孩子，且遭繼父痛罵。安潔莉卡頭上兩個大的兄姊不服，起而反抗。家中，一直因為孩子管教問題，不得安寧。最終，男女走上離婚一途。這次夫妻離異，安潔莉卡的媽媽向王哥承認：

「爹地，我當初應該聽你的話，不該結婚的！」

小丫頭長大讀初中時，王家也搬離低收入戶公寓，**Palo Alto Garden**，搬遷至山景城。王哥常打電話給小丫頭：「要來看爺爺！」

幾年下來，王哥自己大女兒麗莎搬離父家，搬進男朋友家。小女兒愛美麗大學畢業，找到工作後也搬離父家。當王哥再度搬家，這回搬到陽光谷城，面臨 **CVS** 藥房正對面，中間隔著大馬路 **El Camino Real**。這時，王哥與兒子兩人同住了一段時間。

大女兒麗莎的婚禮

麗莎唸高三那一年，在 **Round Table Pizza** 比薩店打工，結識店內墨西哥男孩湯姆。年輕男女約會。

女兒經常遲遲凌晨三點才回家。

王哥：「妳現在住在我家，就得遵照這裡規矩。」

受到父親訓斥後，麗莎是準時回家了，但和男朋友講電話講到凌晨兩點半。

湯姆，在家中身為獨子，上有兩位姐姐，排行老三，深受父母溺愛。

麗莎，十八歲，戀愛中，選擇要搬出去，和湯姆一家人同住。

女兒告訴父親：「不讓，我就報警。」

王哥無可奈何地讓步。然而不忍親見大女兒正在用大塑膠袋塞進衣服、用品，準備遷出，他帶著難過、生氣混合情緒出門，散心，透氣。

此後一年半，父女避不見面。雖然如此，大女兒和小女兒姊妹倆私底下仍會碰頭。一天，愛美麗勸父親忘懷，王哥聽進耳，父女三人才再齊聚一室。

麗莎生下老大，是兒子，湯姆父母將大孫子抱去養。

湯姆這時，喝酒、交女朋友。

麗莎生下老二，還是個男娃。

某天，大女兒麗莎難過地向父親訴苦：「湯姆不愛我！」

父親：「他當然不愛妳！否則，也不會在妳為他生下兩個兒子後，仍然沒有要和妳結婚的打算。」

不過，湯姆父母對未正式過門媳婦麗莎不錯，像是麗莎過生日、王哥過生日，男方家長都會出面張羅慶祝一番。

湯姆愛喝酒，沒節制，得了肝病，醫藥費昂貴。

湯姆父親本身領取政府發放低收入戶社會福利金度日，母親擔任清潔工。湯姆姐姐在醫院當護士，出錢為家人買了移動房屋 Mobile Home。

經年累月，麗莎大兒子終於高中畢業，待在麥當勞漢堡店工作。

湯姆依舊未婚，獨自住在一間公寓內。

麗莎交到一位洋人男朋友，對方也是擁有三個孩子。此時，麗莎二兒子也回到墨西哥爺爺奶奶家住。只有老三，小女兒，陪伴麗莎，母女倆相依度日。

大女兒麗莎從未正式踏入結婚禮堂，當然也就沒有所謂的婚禮可言。

獨子馬克的婚事

馬克唸高中，父子倆還曾結伴同遊黃石公園十天。記得，兩人在黃石公園山腳下一家飯館，初嚐熊肉湯，王哥吃兩塊肉，讓兒子吃三塊肉。旅途中，又共嚐美味牛排。父子兩人足跡還踏及賭城拉斯維加斯、洛杉磯、大峽谷、環球影城、狄斯耐樂園。然而，為父最懷念卻是父子同遊黃石公園一路上山光水色，尤其是沿途美國西北部農業州蒙塔納州，看到小鎮、大牧場、牛隻、牛仔和農夫，看到整片麥田，玉米田，或甜菜田。

幾年過去，兒子在 Foothill College 兩年制學院攻讀攝影。畢業後，考取富士、柯達兩張專業執照。順利先後進入 Walgreens 和 CVS 兩家連鎖藥房的攝影照相部門工作，最後在 CVS 攝影部門擔任經理。這讓王哥頗感欣慰，因爲大女兒麗莎也在 CVS 化妝品部門謀得一職：「兒女工作總算都穩定下來！」

一次，王哥去 CVS 找馬克。走在兒子身後，父親親眼目睹藥房一位男同事模仿兒子走路扭屁股模樣。另一位同事提醒模仿者，馬克父親就在後頭。王哥亦覺尷尬，教導兒子：「男人走路，昂首闊步。幹嘛屁股扭來扭去？」

兒子馬克四十二歲那年，某晚，從山景城家中突然偷偷地離家出走。第二天早上，王哥照舊敲兒子房門催促上班。無人應聲，推門一看，床上沒人，衣櫃裏衣服統統不翼而飛，僅留幾件丟在床上未帶走。

發現門上留張紙條，英文信。由於看不懂，王哥打電話給小女兒愛美麗。聽到電話，愛美麗趕緊從辦公室趕到父親面前。老父拿著信跑去問小女兒：「信上寫什麼？」愛美麗捧信唸著：「爸、愛美麗：我在高中的時候，就是 gay，一位同性戀者。非常抱歉，我現在走了，飛去洛杉磯找網交的男朋友。他會從聖地牙哥開車來機場接我。現在藥房副經理也是 gay，他也喜歡我，但是我們兩個人沒有在一起，因為怕被解雇。在家裡，爸爸也不准，所以，飛去洛杉磯找我男朋友。」

兒子從北加州灣區遠赴南加州聖地牙哥，奔向令他快樂的人懷抱。

令兒子快樂對象是一位馬來西亞青年，在聖地牙哥 SONY 公司上班。

唸完大哥寫的信，愛美麗無奈說出：「好了！爸爸，你現在一個人住了！」

王哥無奈神情：

「好吧！只要聖誕節到了，他把同性戀朋友帶回來給我們看看！」

得知兒子性向，王哥內心實則十分生氣，難以撫平。即使小女兒愛美麗都已上班去，為父者仍然氣沖沖。傷心之餘，出門給自己買了一瓶陳年紹興酒回來。整瓶灌下，想藉酒澆愁！

喝完，未料，人更愁。

靈機一動，撥個電話給妹夫。幸好，他未出門打麻將，難得獨自一人待在家裡，王妹不在家。不多時，妹夫開車來到山景城王哥家中安慰一下。他帶王哥去市中心街上一家名為元寶中餐館，進去吃碗牛肉麵。

妹夫勸曰：「馬克在母胎的時候，你太太常跟一位海員太太躺在你們家大床上，兩人嗑花生，說說笑笑。馬克的情況是胎教！」後來，「你和孩子從高雄搬到台北跟奶奶住，你太太也搬去同住。這下子，她不敢公開帶女人回家吃花生。」所以，「你兩個女兒就不會有gay傾向！」

王哥適時憶往：「就在那個時候，我太太竟然把相片簿裡所有我們兩個人的結婚照片，統統抽掉，一張不留。以致於完全沒有我和她雙人合照留下來。」當時，氣憤不已，找她質問。她找藉口：「我要寄回越南。還有，我船員太太朋友說，她要這些照片。」爲此，夫妻大吵，王哥吼道：「我可以洗相片給妳啊！」

馬克離家事件後，清明節，王哥和兩位女兒及王妹、妹夫和他們家的兒子，相偕上墳祭祖。王家父母葬在半月灣附近，聖馬刁山丘上的百齡園。

王哥站立雙親墳前，默唸致歉：

「爸、媽，對不起，我把兒子教得不好！害你們沒孫子，我也沒兒子。」

那天掃完墓，小女兒愛美麗對父親進言：

「你現在自己走不動路，又路遠，以後，你就別再來掃墓了！」

好景不常，過段時間，SONY公司裁員，馬來西亞青年被解雇，經濟無援。這時，馬克才心不甘情不願地返回灣區。由於無處可去，所以打電話給父親，說，要回家住，且會照顧老爸爸。當時，王哥低收入老人公寓申請案已排在等候名單，且被通知，快到遷進入住階段。

「能夠和兒子住在一起，他又說，回來照顧我。」這當然令王哥非常期待。於是，撤銷低收入老人單人公寓申請案。

誰知，馬克與父親住了沒多久，在山景城認識了大他兩歲義大利男子，四十四歲，兩人開始交往。

此時，妹夫再次對王哥強調：「你大兒子馬克同性戀絕對是胎教。」

王哥再度被勾起部份令人不愉快的回憶，情景倒也吻合妹夫所言。婚後，前妻照顧孩子不力，卻成天將心思放在一位越南女人身上，兩個女人坐在王家夫妻睡床上，曖昧地嗑花生。那位越南女子其夫為海員，常赴越南等地出海。當時，王哥下班回家，常看到花生殼弄髒夫妻睡床，大為不悅，說了她們多次。

現在，成年兒子工作地點，CVS 藥房，其越南裔副經理愛上馬克，但雙方緣盡，由於義大利男子介入。副經理對馬克講氣話：

「你有什麼了不起？我已經找到一個女朋友。」

當時，馬克多麼希望對方能被調走。

不過，馬克也故意氣副經理：

「我也交上一位義大利男朋友。」

有天，馬克在家首次提到義大利愛人給父親認識：「他曾經去過伊拉克當救護兵。」其父以前在義大利混黑道，幫派成員中，位居老二。後來，老大死了，他爸和其他成員競爭大位，結果被人開槍打死。他媽拿了錢，跟別的男人遠走高飛。他四歲時，由祖父帶至美國。成年後，本來他都不肯認親生母親，最近，「他妹妹和我勸他，還是和母親相認吧！他這才打開心結。義大利媽媽喝酒不停，耳朵也聾了，以往住在別州，現在搬來加州。」

那天，來自不同文化背景老少，終於在王家第一次見面。對王哥而言，始終記不住對方青年名字，不像約翰、湯姆這類取名朗朗上口，而是拗口難記，印象裡只認知到他是同性戀，目前，他是兒子馬克喜歡對象。

其實，這個男人名字在義大利，在歐洲，甚至在全世界，可是大名頂頂，十三世紀中世紀、誕生於佛羅倫斯的但丁（Dante Alighieri）。該名字常在台灣出現，街角路邊隨處可見咖啡連鎖店招牌上，被譯為「丹堤咖啡」。

一天，熱衷觀賞奧運電視實況轉播，王哥順便用中文問了身邊兒子有關其他轉播時間與比賽項目。無端惹煩但丁，一旁哇哇叫表現不悅。

王哥當眾中文脫口：「他媽的！你才來我家，我跟我兒子講話，你插在裡面，插什麼嘴！幹嘛？」

馬克被要求翻譯，譯成：「我爸說，fuck you！」

但丁伙大，破口罵王哥：「閉嘴 Shut up！」並表示要離開。

王哥想，你要走就走，於是說出：「You go out！」說完，調頭走向廚房途中，未料，但丁丟鞋砸王哥背後。雙方不歡而散。

第二次，義大利青年又來王家，這次，卻邀王哥去館子吃牛排。王哥主觀上篤定「顯然跟錢、遺產有關。」因為，日前和馬克提到，爺爺奶奶留下遺產五萬美金。但沒講清楚這筆錢，主要提供緊急情況例如生病、住院、意外發生所需。另外，這筆錢是由王哥和三位兒女，父子四人共分。王哥猜測，大概但丁誤認「馬克和父親同住，父子兩人可共得十萬，所以貪婪之心泛起。」「看在錢的份上，他想拍馬屁！」王哥心底始終認為。

那次吃牛排，乾孫女安潔莉卡也被一同邀請。起頭，但丁講說要請客，吃完飯，其實都還是兒子馬克付帳。此後，但丁又帶王哥外出吃飯幾回。王哥總是認為，這舉動全是看在金錢份上。

義大利人竟然問馬克：「你爸爸墳地買好了嗎？」

老人聽起來，「他怕我是不是會挪用五萬塊錢去買墳地嗎？」

但丁原本住在聖荷西，不料，住宅區被市政府規劃要改建成大樓。

自此，父子為了是否准許但丁搬進家來住，吵了一架。王哥不願居住情況異動，尤其多了位粗魯無禮傢伙，將情何以堪？吵完架，帶著怒氣，王哥走到住宅社區游泳池畔散心，消消怨氣。趁王哥剛好不在家空檔，但丁堂堂搬了一張雙人床進王家。眼看生米煮成熟飯，縱使百般不情願，只有無奈地默認事實。畢竟，但丁是兒子所愛。

市街上 CVS 藥房對街公寓內原本父子二人行，從此變成三人行。這時起，王哥每晚睡客廳沙發上。

白天，但丁總是背著包包走出門，一付上班模樣。

愛美麗當著父親面前猜測：「他搞不好去圖書館混一天。」

下班回來，晚歸，但丁重重地關門。

但丁留在廚房吃飯時，亮著燈，害王哥無法入眠。

兒子馬克月入一千八，扣除所得稅、健康保險、退休儲蓄金，只剩一仟五左右。接下來，支付房租一仟二，再加上水電費、菜錢、保養汽車總總花費，所剩無幾。

王哥每個月補貼年輕人三百塊錢房租，但義大利人嫌少。

生活已經如此拮据，王哥想不通年青人不但常外出購物，兩人竟還養條狗！

一度不同意家裡多出養狗開銷，對兒子馬克抱怨：

「乾嘛養狗？牠也不會報答你。給狗買保險、給狗打針看病，有時候，一個月還要額外花費三、四百塊錢。不如去領養小孩。我幫你們看小孩。」舊事重提：「為什麼不找個太太，給兩個妹妹找個大嫂？過年過節，妹妹們回家團圓，多好！」

有天，馬克從對街 CVS 藥房走路回家吃中飯。當他再回藥房上班前，他已在爐上小火燉了一鍋排骨湯，未關火。然而，出門前未提醒父親那鍋湯正在慢燉中。對此毫不知情下，王哥外出。義大利男子返家時，發現小狗被熱湯噗噗滾動鍋蓋聲嚇得躲進床底下。稍後，王哥才進屋，但丁用水潑中國老人且吼道：「你要害我兒子啊？」

漫長奧運電視轉播期間，王哥又用中文詢問一旁兒子閉幕時間？

義大利人嫌煩，用手重力拍掉王哥手中飯碗。

這次，馬克看不下去：「你幹嘛這樣？我爸只是問我奧運而已！」

一氣之下，但丁回房收拾行李，準備出走前，拋出一句：「我要離開這裡！」說完，轉身進入車庫開車。

馬克：「那是我買的車！」再補上：「你走走看！你走，就永遠不要回來！」

停頓片刻，但丁這才再度轉身，走回主臥房。隨後，馬克跟進。

此刻，王哥出門散步散心，並自語：「好了！好了！老的讓小的吧！」

想不到，小狗又成爲日後吵鬧導火線。

某晚，但丁賴在床上，不是睡覺，而是忘情地敲打電動遊戲機。

狗也跳上床。洋人罵狗，遣狗下床：「Go away！」

王哥：「講話輕點。鄰居在睡覺。」

老人好意叫狗下床，義大利人誤認他在罵狗。

另外，當狗要跑出房間，王哥用雙腳擋狗，狗主人更誤認王哥踢他狗兒子，因此發飆。馬克幫忙解圍：「我爸爸只是用腳擋一下！」

老父告訴兒子：「你跟洋人講，不要對爸爸講話這麼兇！」又補上一句：

「我都在讓他。如果，忍無可忍，到時候，既然你喜歡他，我就搬出去。」

想到，如果自己真搬走，年輕人連三佰塊錢房租錢也沒了，不是更窮？因為但丁窮到沒錢給車加汽油。有時候，還託馬克跟老人借二拾塊錢。

王哥忍不住問兒子：「借錢，他會不會還？」

兒子：「我們沒錢。」

老父：「算了！算了！這算送給你們的。」

某日，但丁約他乾媽、乾弟弟，還有王家父子及安潔莉卡，浩浩蕩蕩一行人光顧一家墨西哥餐館。席間，王哥對舉止女性化且亦是同性戀、但丁的乾弟弟開玩笑：

「你去演戲，扮個 女人，扮相一定不錯！」

當場，但丁的乾媽斥責兒子：「少裝女人樣。」

餐後，王哥獨自走出餐廳，坐在室外野餐木櫈上。

隨後，馬克和愛人同志、乾弟弟三個人亦走出餐廳，來到戶外。

見狀，王哥轉回，又走進餐廳內跟洋人乾媽聊一下。

白髮乾媽欲離席，在王哥和安潔莉卡兩人摻扶下，離開餐廳。

但丁乾媽上車，走了。乾孫女安潔莉卡也開車遠離。

王家父子及但丁也開車回到家。

想起冰箱內牛奶已用盡，故問兒子：「牛奶買了沒？」

但丁把冰箱打開，將兩加侖塑膠桶裝牛奶狠狠地丟在老人面前。

「你幹嘛？」王哥說完，轉身走向戶外。

但丁追出來，馬克隨後緊跟著。

義大利青年怒罵老人：「你污辱我乾弟弟！你是不是不喜歡我的乾弟弟？」

吼罵聲過大，惹得一些鄰居開門探頭，一看究竟？

王哥回嘴：「我沒有！我不是 **gay** 同性戀，幹嘛不喜歡他？為什麼罵我？」

鄰居一旁靜默觀注下，馬克力勸但丁熄怒，快進屋。

日後，老小三人同居時日，時有衝突。雖是如此，當得知他們兩人已經欠下一個月房租一仟二未繳，老父仍然撥通電話給小女兒愛美麗求助：

「房東叫我們準備搬家！」

小女兒第二天，跑去銀行購買一仟兩佰塊錢銀行匯票給哥哥馬克，付房租。另外，加上哥哥所欠信用卡九百塊錢利息，愛美麗一併還清。兄妹見面，妹妹抱怨：

「為什麼那個義大利人不去找工作，共同分擔房租？」

兄妹因此吵起來，埋下日後兩人不睦、避不見面之因。

兄：「都是我在照顧爸爸！妳沒有負責任。」

妹：「你曾經去聖地牙哥找男朋友。後來，你回來，說，照顧爸爸，騙爸爸！現在你找個男朋友 **gay** 回來。爸爸現在要搬出去！」

無法忍受爭吵不斷，老人決定搬走，成全兒子愛情。

王哥整理行李，但丁嫌吵。

王哥從屋內走向室外陽台，窩身在折疊式輕便躺椅上閉目午休片刻。

年輕洋人但丁不但故意在房內和狗鬧著玩，而且大聲地開開關關陽台的門，並在樓梯間走上走下。王哥忍無可忍，責問：你幹嘛走上走下？我在睡覺啊！

「**Why you up and down? I am sleeping!**」

但丁斥責：「閉嘴！**Shut up!**」

老人想到反正要搬走，於是豁出去，口飆髒話以洩憤：「**Fuck you!**」

接下來，但丁作勢要打老人這一幕，被對門一樓印度鄰居看到。當下，印度鄰居站在門口，目睹但丁要衝上前去毆打王哥。緊要關頭，但丁碰巧亦看到印度人正在看他，所以，沒敢動手。氣頭上，但丁將怒氣轉移到王哥所豢養的鳥群和鳥籠，即王哥在陽台上所養的十二隻小鳥。但丁重力將手一揮，鳥籠被打翻。

幸好，鳥兒未飛天離去。

當時，樓下那位印度鄰居看得搖頭。

但丁渲洩完畢，離家，揚長而去。

當但丁稍後返回屋內，一切像是沒事發生過。

搬家前一天，早晨。王哥想到：「好聚好散！畢竟是父子親人。」於是開口：「爸爸九月一號搬走，今天是八月三十一號，今天晚上，我們三個人一道吃個飯。將來見不見面，還不曉得？」接著請求：

「兒子！爸爸明天就要搬走了。你沖杯咖啡給我喝吧！」

那罐咖啡，還是王哥日前購買回家。

馬克顯然無意願，沒任何動作。

外出散完步，返家。王哥再提喝咖啡一事：「馬克，咖啡沖好了沒？」

馬克靜默無言。這時，但丁剛好也回到家。經兒子翻譯，但丁朝王哥頭上潑了一杯涼水。當下，老父親忍了下來！王哥僅回頭看了一眼義大利人，無可奈何地繼續整理東西。

中午，吃完飯，內心還是感到莫名氣憤，老人於是再度外出散心。家裡兩位後輩表示，他們也要出門找房子。

老人想：「他們也沒臉在這社區待下去！鄰居都看在眼裡。議論紛紛起來！」

這時，屋內空無一人。

走著走著，一邊想到過去這些日子以來，義大利同性戀動不動就朝老人家吼叫，命令老人：「住嘴！」「走開！」「滾蛋！」，氣得血壓上升，頭昏眼花。結果，王哥先坐下後，再昏倒在公寓前青草地上，不省人事。見狀，鄰居跑到身畔叫喚，王哥無意識。見此情況，鄰居奔找社區經理。

經理打電話叫救護車時，老人醒了一下。

聚集鄰居們三言兩語：

「他很好，很和氣啊！爲什麼兒子他們要這樣對待他？」

公寓經理緊忙搜身王哥，翻找皮夾，看看是否有親友連絡電話？

經理打個電話給住在附近的乾孫女安潔莉卡。

消防隊先趕至，拎個救生箱來王哥身邊檢查一下，後來決定還是得叫救護車。

藍色救護車來了，傷心老人又醒了一下。工作人員扶著王哥坐起來，並問道：

「要跟誰連絡？」

依舊提名安潔莉卡，因為老人念及小女兒愛美麗不僅住得遠，且還要忙著上班。

乾孫女匆匆趕至，王哥已躺進救護車內。

「他好像有點知覺。」車內救護人員對老人耳語：「你孫女來了！」

「啊！在哪裏？」王哥勉強睜開雙眼，問了一聲。瞬間，整個人又昏過去。

救護車內，接受打點滴，一路送到最近醫院，國王大道上的陽光谷醫院。這家醫院，正巧是小女兒愛美麗生產外孫地方。

急診室內，抽血、消毒眼部並敷藥、挨針。

從病床上醒來，小女兒已在床邊。

醫生進入病房要抽血檢驗。

不顧身邊醫護人員，王哥看到小女兒，眼淚湧出，泣曰：

「我的心受不了！心理壓力太大。一講不對，同性戀就罵我。另外，兒子都站在他那一邊。兒子還對爸爸說，如果你不喜歡，就搬出去！」

不久，醫生告訴愛美麗，老父生理上一切正常，只是精神上受折磨、受氣。少睡、精神壓力大，導致昏倒。

醫院提供晚餐。餐後，注射鎮靜劑，老人沉睡一覺。

朦朧之中，王哥仰看天花板，愧對已逝父母：

「爸媽，我怎麼有這樣的兒子？找到這麼一個義大利人？真希望你們趕快帶我上天吧！」心情平靜下來，晚間八點左右，小女兒決定載老父回她家休息一晚，第二天，再幫老父搬家至新租處。

王哥見愛美麗則曰：「我不想看到他們兩個人！」老人並暗想：「自己年輕一點，就會跟他們打起來！」

老先生安寧地在小女兒家睡個安穩覺。

晨起，九月第一天。愛美麗載老父回兒子那兒拿行李時，兩位年輕人都出去了。

王哥發現一紙箱金幣不見了，那些是歷屆美國總統紀念金幣。

猜疑：「兒子他們把它藏在自己房間。現在，不去問他們，否則，又要吵架。」馬上自言自語：「無所謂！給他們吧！反正遲早要給馬克的。不是純金，是K金。」同時，暗自後悔：「當初，應該把那箱東西存放到小女兒家。昨天中午，愛美麗來拿冰庫裡冷凍食品回家吃。那時候我就該想到，應該把紀念幣拿到女兒家保存。因爲搬家，清理冰箱，當然，我不想留下任何食物給同性戀吃。但誰會想到我後來會在戶外昏倒？」「不過還好，先前已經給了一箱銀幣給愛美麗了！銀幣都是紀念第二次世界大戰各種戰機，像是 B-52 轟炸機、單螺旋槳戰鬥機。」

清理好要攜帶走一堆行李家當，愛美麗開車上路，將老父載向雲雀巷新居屋。

過了第二天。

第三天，愛美麗打電話來雲雀巷：

「社工人員來找我，說，你受了精神虐待！他們應該是醫院主動去連絡的。」

再過幾天，一位非洲裔女社會工作人員來看王哥：

「我得知你們電話號碼，是經由 AT&T 電話公司中文翻譯人員協助。還有，我已經去過你之前住過的地方。兩位年輕人不在家。我就訪問附近鄰居。鄰居說，沒錯，中國老先生常被年輕人一直罵不停。老人忍耐不下去，只好搬出去。我也知道義大利人的名字了。」說完，問中國老人：「你現在住得好嗎？」

深覺委屈，老人頓時抽動臉部，欲哭。

社工人員：「你不要傷心！要幫忙什麼地方？跟我講。」

王哥：「我也不知道要幫忙什麼?你去問我小女兒。」

社工離去。王哥打電話給愛美麗。小女兒轉述：「社工告訴我，可以告義大利人，對你精神虐待！抓去坐監牢。」

王哥不加思索地回答小女兒愛美麗：「想想，馬克喜歡那個同性戀，算了！我放棄提告。」愛美麗接著說：「還有，我把房東房租證明八百塊錢印給社工，所以，你老人福利金已經從六佰漲到八佰。」聽聞此則消息，王哥甚感欣慰！

想起，剛搬進人民公社住在房租六佰塊錢的小房間，上廁所洗澡時，還得使用公共空間。如今，因為政府將福利金提高，可以換房間，搬進房租八佰但裝有暖氣及獨立衛浴間的套房。老人十分安慰：

「不但無需和別人搶用廁所，而且八佰塊錢房租，政府全額補助。」

身心暫時安頓下來。喜見行李堆中，幸好裝有集郵簿的大紙箱仍帶在身旁。

「這些將來都要給愛美麗的女兒，我孫女的。這些郵票，住在 **Palo Alto Garden** 的時候，就開始購買蒐集。」

暫時陶醉於集郵冊其中，王哥重溫滿箱蘊藏無限愛心與暖意：「英國過逝的戴安娜王妃」。例如當時，王哥從報章雜誌剪下戴安娜結婚照、戴皇冠照片、出席宴會照、王妃葬禮期間英國民眾獻花照片。順道再度翻閱世界各地發行的戴安娜王妃郵票、信封等蓋上郵戳紀念冊。王妃倩影除了出現英國本土，更涵蓋世界各地例如：

加勒比海地區：內維思（**Nevis**）、格內達、多明尼加、聖露西亞、巴哈馬、牙買加、維京群島，**Cayman** 群島以及 **Antigua and Barbuda** 共和國。

亞洲：蒙古、高棉、阿富汗、孟加拉。

西亞：亞美尼亞
中美洲：宏都拉斯、貝里斯。
南美洲：蓋亞那、烏拉圭、玻利維亞。
東非：坦尚尼亞、索馬利亞。
東南非：馬達加斯加、馬拉威。
歐洲：阿爾巴尼亞、羅馬尼亞。
中非：烏干達、中非共和國、查德、尚比亞、剛果、蒲隆地。
西非：賴比瑞亞、甘比亞、尼日、圖構
大洋洲：帛琉、西薩摩亞、密克羅尼西亞、新幾內亞
大西洋上：百慕達、福克蘭群島、聖海倫娜。
太平洋上：斐濟、南太平洋庫克群島、馬紹爾群島、東加王國、所羅門群島。
印度洋上：馬爾地夫

王哥邊回味一張張郵票，邊抱怨：

「查理王子，最沒良心！他現在的太太像個老太婆。」

邊追憶，邊讚美：「我喜歡戴安娜王妃的愛心。她會擁抱罹患痲瘋病的小孩，還有非洲小孩。不是喜歡她的美貌。」

再度封箱珍藏時，老人疼惜地看了一眼英文貼紙：「Princess Diana」

季節交替，王哥逐漸習慣定居在所謂的加州人民公社。

此後，被不知情室友問到，步入年邁景況，「為什麼不跟兒子住？」

王哥總是回覆：「我被兒子趕出來！」

後來，聽聞，馬克有天感嘆：「離婚比結婚難！」

住了好一段日子。有那麼一天，王哥還是忍不住對開車前來公社探望他的乾孫女安潔莉卡表示，想去看看兒子馬克。她立刻反對：

「幹嘛去看他？馬克的同志愛人每天接馬克上下班的。」

一聽到義大利青年，王哥立即打消念頭。

家中獨子馬克的婚禮？王哥認為：「兩個男子怎拜堂？」

王哥妹妹的兒子婚禮

王哥妹妹家獨子，大學時就讀哈佛大學，碩士唸哥倫比亞大學，一直在東岸求學。哈佛校園求學期間，不但認識一位越南華裔女同學，同時，也愛上了她。

想到王哥這位舅舅前妻也是越南華僑，舅媽卻是舅舅人生傷痛。因此，那時，外甥不敢帶女朋友給王哥看，怕他反對。

其實，最初，王哥的妹妹亦相當反感自己兒子，怎麼跟哥哥一樣？認識了越南華僑女孩？又憶當年家中兄長破碎家庭，故極力不贊同兒子擇偶眼光。不過，妹夫支持兒子交往對象。王哥也勸妹妹：「越南華僑，也有好的。況且，這女孩在美國出生長大，又進哈佛，壞不了！不要受到我的影響。」

後來，王哥的妹妹不再堅持反對。

男女雙方家長擇期見面。

之後，年輕小倆口在洛杉磯海邊一家大飯店舉行婚禮。

王哥與大女兒麗莎從聖荷西機場搭機飛往洛杉磯，欣然出席婚禮。

外甥成了家，且在銀行界做事，婚姻生活美滿。

至於外甥女，妹妹家獨生女亦在東岸唸大學名校。畢業後，亦成家立業，並於明尼蘇達州擔任公司之間併購買賣合約的專業律師。

王哥這位舅舅愉快地出席外甥、外甥女兩場隆重婚禮，內心引這對兄妹為榮。

話說大陸姨媽來加州

王媽的親妹妹，上海人，但久居北京已多年，有天，連絡上王家。當時，王爸王媽與女兒、外孫一家人同住在聖馬刁市山丘上豪宅，而兒孫則住在 Palo Alto Garden 低收入戶住家社區。

兩老將每個月領到的美國老人福利金省下，湊足旅費，王媽幫大陸妹妹購買機票前來加州探親，姊妹倆好團聚，話家常。

姨媽終於成行，飛抵加州，樂與親人團圓。王哥特地帶著三名兒女，陪同姨媽前往優勝美地國家公園尋幽探訪。

進入旅館，王哥和兒子一間房，三位女生一間房。姨媽不准小女孩大、小便。理由？因爲旅館廁所馬桶蓋上佈滿細菌傳染病。就算非得上洗手間，不准用坐姿，採跨蹲。更別提毛巾，她說：「不准用！」理由雷同。

旅遊景點，姨媽想吃水果，王哥一本孝心，驅車前往果菜農夫市場採購。下車選購時，想不到，姨媽乃曰：「在中國，好的水果會外銷，壞的，才留在國內。」王哥聽聞後，便放棄購買。萬未料到，當晚，睡前，姨媽忽然想吃蘋果。王哥一聽，十分不悅。第二天，一行人啟程直奔赫氏古堡名勝。怨氣未消，王哥快步跟上兒子腳步，棄姨媽獨自殿後，完全不顧。

由於兩個女兒跟著出遊，王哥體貼地給她們買些紀念品。

姨媽不以為然：「不要買。浪費！」

其實，付帳時，王哥也悄悄幫姨媽買了一套風景卡片，留作紀念。可是聽她老人家一路嘮叨，十分生氣，王哥決定不把那組風景卡片送姨媽。

旅遊返家，姨媽嚷著要看卡片，於是，王媽連忙敦促兒子拿出卡片來。王哥不依，仍在氣頭上，嫌姨媽囉唆、不可親。

姨媽隨著王爸王媽、姑丈姑媽一行老人家們前往北卡羅萊納州探訪表姨媽，非親姨媽。表姨媽女兒、女婿一家經營水產生意。看到活蹦蟹蝦，大陸親姨媽：

「這，我們大陸也有啊！」

那年，適巧，王妹全家返回台灣一年，期間，留下住屋空間，剛好用來招待大陸姨媽居住。居留期間，老人家管制年輕人開燈關燈，又處處嫌人浪費。由於姨媽插手諸多瑣事，惹得主人家嫌煩。

夏天，姨媽生日。王媽特別為大陸妹妹熱鬧過生日，邀請朋友來家裡打麻將，孫女愛美麗下廚做菜。這時，姨媽還是嚷著，要王哥拿出旅遊時所購買紀念品手飾、項圈、卡片給她瞧瞧。王哥倔強如昔，不依，伙氣未消：

「妳沒錢，妳就不要來嘛！」復曰：「我們給妳面子，幫妳買紀念品送妳，妳還嘮叨不停！」

記取教訓，姨媽下次跟隨王媽南下洛杉磯探望舅舅時，則拼命挑選風景卡片，反正自己不出錢。老姐妹倆返回北加州，王哥贊同地對姨媽說：「妳總要帶點小紀念品回大陸，給人家看看。」

回歸北京前夕，姨媽當面向剛自台灣安返美國的王妹請託：「做保人。我想把大陸孫女弄到美國來唸書。」

一聽，王媽對大陸親妹妹爭曰：「不能叫我女兒完全負擔經濟責任！」靈機一動：「妳何不把大陸房子賣了，不就有錢了！」

姨媽：「不！我死後，這房子要捐給國家。」

做保這件事，最後不了了之！

闖入圖畫世界

提起畫筆作畫，讓王哥安靜地面對寂寞時光。

手握彩筆，一度讓他與世界無礙地溝通交流。

繪畫創作，確實，帶領著王哥真實、真誠地與自己相處。然而，那是移民美國後無心插柳之事。之前，王哥可從未提筆畫畫過，而且對它提不起任何好奇與興趣。

話說，當年，電子工廠擔任裝配員，天天得扛起設置高壓電一條條粗索電纜。左右手各舉起五條，共十條，沉重異常。過度彎腰拿取電纜和變壓機盒，終於傷到王哥背部。公司幫忙申請醫療白卡後，離開工廠。

基於保障基本人權，對於低收入民眾，美國政府有社會保險（Social Security）、醫療保險（Medi - Cal)等福利政策。醫療保險卡，即俗稱白卡。

面臨轉換工作跑道，唯受限於英語能力，有時有工可上，有時打工沒著落，成了一名臨時工。此際，王媽與兒孫同住，老人家難免擔心兒子：

「一天到晚不找好一點的工作！」

一九九一年，五十多歲，剛退休。怕媽媽天天嘮叨：

「不找工作，整天幌來幌去！」

於是，跑出去照顧老人。要不然，不出門時，待在房間裡開始畫圖、聽收音機。

「剛開始畫畫，打格子去畫。拿卡通圖片做參考。起先，小張白紙上，先畫好格子，然後按照比例描畫。大張白紙上，也先畫上格子，按比例畫上去。第一張畫作，如今，留在兒子馬克住處。搬家，忘了帶出來。後來，愈畫愈熟練，愈畫愈進步，終於不用畫格子，只要用手量一量就心裡有數，直接下筆。」

由於王妹患有憂鬱症，王媽決定搬出兒子家，回到女兒家住下，好照顧女兒和外孫。這時，王哥自己三個兒女也已長大，共同出錢幫爸爸買了一張類似建築設計桌，可平放，也可以挺斜放置，十分適於作畫。王媽不同住了，所以王哥跑到客廳去作畫。Palo Alto Garden 三房一廳公寓裡，兩個女兒住一間套房，王哥一間，馬克一間。

同時，王哥找到照顧老人這類工作，政府給了點錢作為補助。

此外，進入成人學校讀英文，乃當初受到母親敦促：

「你受傷了，不能工作，不如去學校學英文。」

空閒時，無心插柳，靜心作畫，帶給王哥快樂！他作了很多畫。

「畫紙，是打麻將用的大張桌紙。買畫紙從五毛錢一張，漲到一塊伍、兩塊錢一張。店家老闆認為我天天打麻將。」

「作畫取材方面，參考美國報紙每星期天刊出的卡通漫畫、餐廳廣告，或電影海報。然後，把魚、貓、狗、迪士尼美人魚拼畫在一起。」「也就是說，構圖、表情、故事性，都是自己幻想出來。」

於是一幅幅畫作成品呈現出來：

潛水夫潛到藍海深處，彩色熱帶魚、珊瑚、海草、海蔘，以及小彩魚躲在海蔘裡面。多人讚賞：「這幅，畫得最好。」

其他像是孫悟空大戰牛魔王，背景為金山大橋。

嫦娥奔月。

海底世界、海底生物與潛水夫。

大嬸婆在美國搬家，她把樹上鳥窩也給搬走了。

孫悟空和紐約自由女神像。

豬年，豬先生豬太太撐開恭喜發財四個大字的春聯。

邀請卡通人物來慶祝父親節和熊爸爸生日時，熊兒子手持歡樂彩色汽球。

以舊金山市區大樓為背景，踩高翹的天官賜福手持「平安」春聯、蚌殼精、彩帶舞、兔年燈籠、舞獅，又獅子舌頭伸出「恭賀新禧」春聯。

老鼠中國傳統式娶親，老鼠們喜氣洋洋手持「如意」、「囍」、「吉祥」牌子和斗大「福」字喜帳高掛，鼠輩打鼓吹號，鼠新郎身穿中國式長袍馬褂及手持摺扇，鼠新娘待在花轎裏，一車閃閃發光元寶，轎子後面為一車嫁妝。

黃鳥媽媽向三隻寶貝幼鳥叮嚀，望向天空，指向山嶺雲朵上顆顆流星。

小飛俠在天，海面上則鱷魚張大口要吞吃海盜，飄揚英國國旗的艦艇緊追飄揚骷髏旗的海盜船。

小鹿斑比在森林裡，臭鼠、浣熊、狐狸、兔子、蝴蝶，連樹上貓頭鷹和飛鳥都來慶祝新生小鹿的誕生。

兒童樂隊幫史努比開演奏會。

加菲貓釣魚。

獅子王居高臨下，傲視天下。

阿拉丁神燈。

森林中小泰山。

成人學校英文老師寶玲 **Pauline** 平常上課時，對王哥很好。因此，下課，寶玲沒擦黑板就離開教室，王哥會主動上前幫老師擦黑板。當老師知道王哥會畫畫，有天，即曰：「王先生，我的教室給你全權佈置，什麼畫，都歡迎貼上，不限於節慶畫。」

從此，感恩節、聖誕節來臨前，王哥會畫些應景的節慶畫，供師生觀賞。

老師：「平時，你要張貼任何自己畫作在教室牆壁上，都歡迎。」

學期末，舉辦師生派對時，寶玲亦會向王哥邀畫，佈置教室。

萬聖節，王哥不但貼出畫作增添教室氣氛，還將自己打扮成海盜，服裝上身，再披上紅披風，配上兩把用厚紙板塗色後，再剪裁成的菜刀。

Palo Alto Garden 社區附設幼稚園亦向王哥邀畫，供小朋友欣賞。

至於社區住戶歡渡聖誕節或中秋，王哥和一位台灣空軍退休老先生商借村內禮堂，協力主辦活動。不但王哥應景畫作被貼出，現場亦備有卡拉 **OK** 設備。另外，家家戶戶燒一道菜與會，同樂。

中秋節，特以古老傳說「嫦娥奔月」為題材作畫一幅，交給鄰居老太太，好給六年級孫子帶到學校去宣揚中華文化。那位老奶奶是北一女退休老師，今移居美國。

最後，王妹都讚曰：「畫圖，畫這麼好！可能是天才。你當初應該去唸藝專。」

自從馬克男朋友但丁搬進家，王哥就停筆不作畫。以前，父子兩人同住時，馬克上班去，王哥自己待在家裡，安靜心情，提筆作畫。

如今，眼睛無法清亮如雪，畫不準，畫不出來，於是擱下畫筆。受困於左眼球內血管阻塞，以致失明，只看到濛茫微光。

搬來大雜院，就再也沒提畫筆過！心情常受攪擾，定不下心來，應是主因。

駕駛先生

擅長畫圖，是王家人有目共睹，而且王哥引以自豪。另一項專長，則是他開車駕駛技術，因為一輩子未曾吃過違規罰單。而後者，也帶給他一些人生回憶。

早在台灣，開過計程車以此謀生，那是因為王媽經營的冷凍廠被乾兒子惡意經營到關廠。之後，王媽興起為兒孫做移民美國打算。

提到開計程車營生，那個年代，當一些計程車司機嚼檳榔時，王哥執意穿襯衫、西裝長褲，衣冠整齊。

當時，忙完早上載客後並吃完午餐便當，會開車去冷凍協會辦公廳沙發上午休。

夜晚，乘客漸多。有些司機不願接載一些特定乘客諸如流氓、吸毒且神志不清男子，怕他們帶刀。同時，也擔心招來酒醉男女，怕他們會吐了一車子，還得額外付清潔汽車費用，得不償失。

打從入行開始，王哥秉持天下沒白吃午餐。立志，絕不非禮年輕貌美女乘客，霸王硬上弓，免得入監。有本事，賺了錢，再買小姐，求得心安。

像其他司機一樣，王哥會在舞廳、酒家前排班接客，像是延平北路黑美人，靜待生意上門。有些舞小姐、酒店小姐上車前，會彎腰一輛輛往車內瞧，看哪個司機比較正派整潔？不吃檳榔？不穿托鞋？最重要的是看上去，駕駛員不帶邪念？經過一段時間，口耳相傳，就算王哥計程車排在第三、第四順位，小姐們還是會挑上王哥的車。為此，其他司機都討厭王哥：

「幹你娘！你這年輕人是不是長得漂亮？」

王哥對曰：「不是啦！人家又不是傻瓜！她們怕有些司機會載小姐到山上胡來。」因為工作需要，舞小姐大都穿著性感、肉麻。不少時候，同行司機向王哥起鬨，何不近水樓台？王哥開示：「傻瓜，要玩小姐，到外頭花五佰塊錢找小姐。幹嘛？要是關進監牢，划不來！」

那時候，沒有個人計程車牌照，因此要付靠行費。

酒家女喝了醉醺醺招手搭計程車，會坐在前座司機旁。

「我可以靠在你的肩膀上嗎？」

不少酒女偎靠王哥肩膀。駕駛先生臨色不亂，正人君子，所以受她們歡迎。

私下，王哥認為：「最好旅客，是日本客人。」

日本買春團旅客來台灣，大抵會去北投找小姐。

一次，中山北路上，載兩位日本男子和兩位小姐到豪華酒店。

一位小姐向另一位小姐詢問：

「姊姊，妳的日本客人什麼時候回日本？」

「還有幾天，大概再兩天吧！。」

「哦！我這位客人明天就回去了！」相較之後，「妳比我多兩天時間。哦！妳比我多賺一仟塊錢。」

當時行情，陪吃、陪酒、陪睡，一天可賺上五佰塊錢。

車資三十元，日本客人遞給王哥一佰塊錢紙鈔，豪爽一句：「不用找了！」

但是酒店小姐堅持要王哥找錢，日本客人拉著小姐用日文勸曰：

「亞斯宜！」便宜！便宜！堅決不用找。

一次，王哥車子經過中山北路某家理髮廳時，被一位從店裡走出來的小姐和一位理好頭髮日本男客人攔下。

車上，女問男：「今晚，你要不要我去？」

男子點點頭。然後，偏頭，詢問色情按摩理髮店小姐：「妳什麼時候下班？」

「晚上十點鐘。」

男女日語交談，靜靜開車的王哥，全明白談話內容，因爲他曾在日本住過。

將男子送回北投旅館。下車前，日本男子用英語說：「今晚，你把小姐送過來。」男子付王哥很多錢。因此，王哥把其他生意擱下，當時間快到晚間九點半，就驅車前往理髮店恭候小姐下班。

隔天正午，王哥再去北投旅館接女人返家。

小姐露臉時，滿面倦容。

當時，林森北路上有一家專門接待遊覽車載來日本人買春團的旅館。一天，開著計程車經過民權東路，有位年輕媽媽帶著兩個男女小孩攔下王哥，說，載他們母子去松山機場附近空軍宿舍，眼前一片平房眷村。把孩子交給父母後，年輕女子再坐原車去林森北路那家旅館。

當她看到遊覽車載著約一半都是日本男人時，自顧地自語：

「又有日本男人來了！」

王哥默想：「她也是賺苦命錢的女人！」

當年，中山北路、長安東路、林森北路上，做日本觀光客生意的旅館不少。王哥常載女同胞乘客去那些旅店，因為她們賺日本男客人的錢比賺本國男人錢，好賺得多。當時，對風塵女郎來講，她們不愛也不太肯做美國男人接客生意，怕染上梅毒。

對王哥而言，當一名計程車司機要有耐心，故不排斥載客像是吸毒或酒醉男女客人，秉持初衷「溫柔、和藹去幫助他們，載回目的地。」

某日，一位本省籍老太太搭計程車，從大直坐到中山北路巷弄內一家酒吧。

途中，老太太問：「運將，你是哪裏人？」

王哥：「我是大陸人。」

老太太：「以前，台灣人在日據時代，穿草鞋，吃地瓜稀飯。我都不能讀高中。我兒子現在是老闆。我自已開一間酒廊。」

計程車終於停在酒吧前。老闆娘一下車，酒女蜂湧出門迎接：「大媽！大媽！」

老闆娘轉頭，對王哥笑曰：「我曾經幫計程車司機介紹女朋友，他們現在兩個人很好！你很英俊，我介紹女人給你。」

「我有小孩了！」

老闆娘：「哇！你真是好人！下次來喝酒。」

過幾天，老闆娘打電話邀王哥，他這還真的走它一趟酒店。老闆娘殷勤點菜、勸酒，像是對待一位朋友。

王哥記憶裏，曾開計程車載一位酒店小姐回家。下車前，她邀王哥進屋喝咖啡。

酒女先進房間，換穿一件粉紅色輕薄紗袍後，走到沙發那兒，坐在王哥身旁，並將一頭秀髮攏靠在男人肩膀，邊講話。

聊一會兒，王哥溫柔敦厚：「我要做生意。我要回家照顧大小女兒。我還要養家人。不像妳是一個人。」

那段開計程車維生日子，家中老婆有時搜查王哥錢包，質疑：

「你把錢花在女人身上？」

王哥：「要玩女人？就算窮，也有女人會主動找我！舞女、酒女一堆！」

月夜，台北市。四位穿著暴露年輕少女嗑毒品古柯鹼，皆神志不清。車前，坐一位，車後，坐三位。她們一下說，要到大直，一下說，要到三重，繞了約兩、三佰塊錢車資。如果王哥狠心，可以將她們載至山上亂搞，或直接送她們上警察局。

王哥擅自打開前座昏迷少女皮包，果然，內含有身份證。根據身份證上住址，開車將四人統統送回前座女子的家。駛進眷區，才知曉她們全是軍人子弟。

王哥敲門。少女父親出現大門口，問何事？

王哥解釋，少女們坐了計程車，跳錶車資這麼多，又少女們各個茫了。不得已，於是打開包包，循著地址來此。當時，沒送少女去警局，因爲這樣，

「她們會有記錄，對她們將來不好！」

聽後，父親伸手要打女兒，被王哥阻止。

父親把女兒痛罵一頓：

「妳不是說，要去同學家看書嗎？要不是這位好心司機，看妳怎麼辦？」

父親給王哥四佰塊錢作為車資，並用山東鄉音謝曰：

「還有幾個女孩就留在我家。我會通知她們父母來接。」又語：

「謝謝你！麻煩你！要是遇上壞司機，就被人強暴了！」

女孩母親用台語感謝王哥，並邀他進屋喝茶：「來坐！來坐！」

王哥婉謝。

山東腔：「人家要去開車賺錢了！」

臨走，母親奉上一瓶汽水。父親依舊山東腔調：「有空來玩！我們感謝你！你下次來看我們，我叫我太太煮幾道菜。咱們喝金門高粱！」

王哥辭謝曰：「我要開車，不能喝酒。」

少女們荒唐行為，當下，刺激王哥：「將來一定要教訓自己的女兒。否則，行為偏差，不堪設想！」

當年，移民美國前，王哥本不想移民，跑去參加由交通部所主辦就業培訓活動，訓練一批專門前往中正機場接待外籍旅客的計程車司機。白襯衫、黑長褲、打領帶。車內，弄得乾乾淨淨。在台北，設有一個辦事處，專門服務台北市居民到松山機場。無奈，王母又是從美國來信，又是打電話，苦勸兒子：「你為了孩子們讀書，還是移民美國！」

開計程車之外，王哥亦曾在公路局任職司機，以台北西站為起點，駕駛金馬號客運上了中興大橋後，南下，奔馳在縱貫線公路上。排班或早或晚，不定。金馬小姐隨車服務旅客那個年代，政府尚未建設南北高速公路。

維他命與花瓶

自從搬入室友眾多被戲稱加州人民公社，王哥也因此展開另一場生活經歷與編織另一網人生回憶。

那年，八月五日，林先生搬進大雜院。不到一個月，九月一日，王哥遷入人民公社，一進入大門右側第一間小房間。

剛搬來，王哥身心狀況孱弱，還得仰賴手推四輪車助行器行走，故直接使用對門的直角三角形迷你廁所，不走去另一個設備比較完善公共衛浴間，嫌遠。王哥常被隔壁，即一進入大門右側第二間住戶谷太抱怨，說，王哥小便尿灑四處，尿騷味揮之不去。林先生曾爲此替王哥打抱不平。幾天下來，王哥噴尿一地，惹得左右鄰居不愉快。沒多時，住在樓下唯一擁有私人衛浴設備大套房的一位年輕林姓工程師，不滿房東針對他片面漲房租，決定搬離。王哥順理成章搬進套房之後，老人噴尿遺留尿騷味種種問題消失，不再困擾到其他室友。不過，王哥房租因而由原先六佰塊錢，得多付兩佰，即八佰塊，幸好，由政府低收入老人福利金支付。另一方面，一向早出晚歸年輕、同樣姓林的工程師搬走時，讓林先生惋惜。沒錯，那位工程師剛開始與其他室友並無熱情互動，較少與人打招呼，或許太忙吧！不過，林先生有次電腦當機，跑去找工程師幫忙。想不到，對方爽快答應，立即提供協助，林先生深受感動！

同年年底，蔡小姐遷居胡同，就是一進門，右側第一間，王哥原先住過那間。

蔡小姐嫌老谷清理衛生不力，向房東反應，故房東轉托她整理屋內清潔，並接收老谷那一佰塊錢每月工資。自此，蔡小姐努力表現，希望維持房子整潔至最佳狀態。

久居大雜院的張小姐習慣性地把公共大餐桌塞堆私人雜物、用品如小丘般。蔡小姐嫌張小姐亂放東西，影響公共區域觀瞻與整潔，故將咖啡杯和一些東西丟棄，一些東西清離桌面。張小姐歸來，大怒，為此找蔡小姐理論，大吵起來，結怨蔡小姐。兩女爭吵，林先生選邊站，挺身護衛蔡小姐，結果轉變成張小姐和林先生相互叫囂。

幾天後，帶著哭調般：「蔡小姐把我東西清理到不知去向？害我早上上班前，要喝杯咖啡，都找不著咖啡杯。」林先生表示願意：「把我自己的咖啡杯給妳用好了！」張小姐拒絕，難掩傷痛，說明：「那些杯子都是價值昂貴，或是朋友送的紀念品。」

一天，林先生下班回來，打開冰箱，見個陌生鍋子在冰箱裡。拿去問張小姐，此鍋是否就是她一直在尋找？張小姐一見，不分青紅皂白，把林先生罵了一通。當下，林先生想到，他和蔡小姐合用同一個冰箱，於是馬上意識到，「蔡小姐動用張小姐的鍋子，想跟她作對。這是我為蔡小姐背的黑鍋！」

林先生隔牆左邊鄰居是小王，東北人，三十歲剛出頭，未婚。小王和蔡小姐跟林先生，三人共用同一個冰箱。基於這點，大家交往融洽。王哥湊上一腳，頗有四人幫之勢，彼此和樂又相互連誼，偶會一起圍桌吃飯。林先生從中國餐廳下班後，會帶些熟食回來給蔡小姐、王哥。同時，蔡小姐不但會主動幫林先生舊電鍋刷洗得亮晶晶，還會幫他做早餐，內含一粒荷包蛋。她甚至幫忙整理林先生房間內務。

小王，後來因為被房東要求漲房租一百塊錢，不服氣，決定搬走。忍不住，林先生對房東戲曰：「你把好房客都趕走了！」這下子，四人幫，按照張小姐的說法，變成了三人幫。

某天，蔡小姐對林先生說，不用再從飯店帶熟食回來給她。因此，林先生往後就只帶餐館食物回來給王哥吃，前後長達一年有餘。

次年，六月，可可搬來雲雀巷。

一開始，張小姐對可可耳語有關蔡小姐種種不是。不知是否造成先入為主印象，自從遷入那日，可可和蔡小姐兩個女人就是不對盤，直到蔡小姐搬離。而林先生微妙地在她們兩個女人之間游移。

這節骨眼上，似乎應該瞭解一下人民公社裡一些男女來歷。

先說年齡最大、資深房客屬六十多歲台灣老大姐，張小姐，膚色略呈暗黃，告訴別人自己離婚兩次。第一位前夫是在台灣且祖籍為安徽人，第二位是美籍洋人，她各為每位前夫生下一子。因此，小兒子為混血。然而，張小姐在大雜院曾打手機給朋友閒聊時，笑稱現今二十八、九的小兒長相：「他長得不像白人爸爸那麼多，他混血混得倒像中東人模樣，像恐怖分子的長相！」接著笑聲呵呵自我解嘲：「真受不了！」

林先生，台灣人，五十歲出頭、曾經享有婚姻家庭生活，今擁有綠卡身分。他現擔任中國餐館炒鍋工作，喜歡待在房間裏看韓國連續劇，獨居大雜院。之前，妻子多次懷疑他婚外結交不同女人，傷心地將他趕出家門，然後搬離舊居，隱藏某處，獨自撫養一對兒女。

蔡小姐，福建福州人，年齡和林先生相仿，五十多歲，離婚，擁有一子。年青兒子今住在北加州他處。星期天上教堂的基督徒，現有三份工作在手上：娸姆、照顧老人、以及幫忙政府照顧媽媽。沒錯，媽媽雇女兒來照顧，由美國政府付錢。蔡小姐月入尚可，但生活節儉。

可可，四川重慶人，亦五十歲上下。離婚兩次，一次在大陸，一次在加州，亦擁有一子。兒子現今依然留在四川老家，從小由外婆、外公帶大。

工作之餘，林先生喜歡在租處呼朋引伴，喝點小酒，品茗茶香。他邀四川人可可出來喝茶聊天或喝酒，可可都挺給面子。這時，林先生、可可、王哥三人常聚集餐桌，喝酒小酌。某次，當眾，林先生邀蔡小姐加入，對方婉謝。自此，三人喝酒小圈圈更形確立，且維持了一段時間。

可可，當初飄洋過海來加州，嫁給台灣男人，不過終場以離婚收場。她現有與第一任四川丈夫所生獨子尚留在四川重慶唸高中。對烹飪有興趣的兒子表示，將來想到美國炒菜當大廚。事後，王哥得知可可家中獨子願望，因而猜測，這就是為什麼可可願意接受擔任炒鍋工作的林先生邀請，喝酒喝茶？攀個關係？尚且，林先生幾度公開表示，萌想未來想開一家中國餐館。私底下，王哥卻向可可進言，林先生僅混得一家中國小餐館炒鍋一職，還稱不上主廚、大廚這頭銜，委實混不出啥名堂。正確做法：「妳兒子應該先把英語學好！將來考個廚師執照，這樣才有可能在大飯店戴白帽子當大廚。進入像樣的中餐廳工作，像是我們灣區這裡規模大的王朝大酒店、鯉魚門酒店之類。要不然，去西餐廳，待遇好，有地位。」

可可聽後，笑了笑，沒做其他反應。

一日，聽到廚房人聲沸騰，不甘寂寞老人緩緩踱出房間，走向熱鬧處。可可見到王哥，邀他一起加入吃喝，恰好避開旁人莫須有的猜測：「自己與林先生是否存有男女關係？」同時，又可暫時滿足自己愛沾點小酒生活上樂趣。有段時間了！三人成為固定喝酒成員。直到有天，一直吹噓自己兩個兒子有多好、多聰明，然而每天痛罵國民黨和馬英九的張小姐在家，欣情愉快地加入可可和林先生行列，坐下來喝酒。那次，當王哥出現，張小姐毫不留情吆喝：「你出來幹嘛？回去！回去！」

平時，林先生使用手機如果遇上麻煩時，可可會教他正確用法。

不過，房間位於公共廚房餐廳角落，可可好幾次於早上熟睡中，被林先生和老谷這兩個老男人坐在餐桌邊高談闊論聲給吵醒。男人們談興正濃地圍繞在玩女人、妓女話題上。

老谷，廣東人，快六十歲，原先在華人開的大華超市海鮮部門擔任殺魚的工作，後來被派往蔬菜部門擔任綁菜的工作。他常被其他室友詬病諸如吃飯掉落一地也不管，或者不顧公共衛生在流理台的水槽內，不拿出濾網，大聲擤他濃黃鼻涕、吐痰。

林先生夜歸，無論冬夏，總是先洗澡，再煮排骨湯。原本肉香，此時此刻，已是平常人就寢時間，就會轉換成肉腥味瀰漫。首當其衝，非可可莫屬，苦不堪言！

老谷和林先生都愛熬排骨湯之外，每當兩人湊在一起，還結伴抽煙又喝酒。老谷，下午一點十五分去中國超市上工，林先生於早上十點左右，去中國餐館打工。上午、晚上，交集空檔時間，兩位談興未曾稍減。

某夜，兩男圍在餐桌旁把酒言歡。林先生虛心討教：

「情人節，要送情人什麼最好？」

老谷：「上床。」

暗中，兩男並猜測：「可可是否以替人按摩為生？」

可可生氣這兩位老男人，怎麼一天到晚在她門口談女人？

有天，可可和王哥在講話，小趙在旁。

來自廣州的小趙和他太太，年紀都六十好幾了。夫妻倆住在王哥正對門。

可可：「前幾天，想到買它幾瓶維他命藥丸回大陸分送親友。因為貪便宜，買了一堆維他命和魚肝油，有效期只剩一年吧！」講完，轉頭對小趙則曰：「趙太腳痛，送她一罐魚肝油。」言畢，馬上回房拿瓶罐。當她再出現時，不但把一瓶魚肝油交給小趙，同時，手中握有兩罐維他命，對王哥言曰：「這兩瓶，你跟老林各一瓶。我看老林每天騎單車去餐廳打工，尤其下雨天，挺可憐的！」又過了幾天，可可清理擺設十分擁擠的房間，於是將一只花瓶送給王哥，另一只玻璃花瓶則送給林先生。

其實，可可當初會興起送維他命和花瓶給林先生，基於「有天晚上，老林、王哥跟我，三個人一起喝酒。不一會兒，老林當眾送我一張梅西百貨公司面值伍十塊錢的禮券。我當場收下，為了給對方面子。事後，我立馬拿伍十塊錢美金塞進老林的門縫裡。明日，老林又把錢塞回給我。我又再把錢塞回去給他。這讓老林十分不解！還是王哥比較世故吧！他幫我向老林解釋，可可當場收下禮券，給你面子，怕你不高興、生氣。後來還錢，因為無功不受祿。除此之外，另一個興起念頭送維他命、花瓶給老林，是基於禮上往來，本著一顆回報的心。因為，老林常從飯館帶回來一些食物給我們吃。」

之後，某晚十時許，可可下班回來，有點累！這時，林先生也下班回來，想燉排骨湯，卻苦無排骨肉了，於是跟可可開口：「妳有沒有排骨？」

「沒有。」

「妳開車載我去買排骨？」

可可為難，心想：「我這麼累！剛回來休息，現在又要出門去買排骨？」接著不解，問道：「你在餐館做事，爲什麼不從那裡帶些回來？」並告以實況：「大華超市九點鐘就已經打烊、關門了。」林先生機靈一轉：「去 Safeway 超市啊！」

可可大聲提醒：「洋人超市不賣排骨。況且，我今天上班也累了！明天吧！」心不願，另一原因在於怕人講閒話。旋即，爲了避免林先生難堪，以及為了方才自己拉大嗓門轉圜一下，可可主動詢問也愛常燉排骨湯的老谷：

「你有沒有燉湯的骨頭？給老林應急一下！」

老谷：「只有半隻雞！」說完，前去冰箱取雞給林先生。

有種被拒絕之感，林先生微怒，故單手揚起菜刀，大力一揮剁雞，渲洩怨氣。誰知，粘板因而被剁成兩半。這粘板本為蔡小姐所擁有，然而，蔡小姐完全不在意，因為她對林先生一直袒護著。

不過，目睹這幕，可可微驚暗想：

「他有什麼了不起？我太累！不載他去買排骨就生氣了！」並暗下決定：

「老林的脾氣太爆烈，以後少惹為妙，避開為上策。」

排骨沒買成，一看，蔬菜也不夠了，於是林先生再度向可可開口，要些蔬菜。

「我的也不夠了！」可可回應。

這下子，林先生生氣了！可可感受到，且認定：「這個人，不可理喻！」

過了兩天，星期五中午，林先生從餐廳帶回四個花捲，兩個給王哥，並吩咐王哥將另兩個轉交給可可。受人之託，王哥先把花捲放進冰箱以保鮮。當可可晚上下班回來，王哥遞出花捲。可可問：「誰給的？」

確知何人後，可可一臉不悅且不領情地朝王哥拋出一句：「丟掉！」

一個箭步，可可把那包花捲從王哥手中搶過來，真的往垃圾桶扔。

夜晚約九點半，星期一至星期五整天住在雇主家幫傭的谷太也回來，準備忙著洗菜、煮飯，要和老公共進晚餐，並共渡周末。谷太太打開垃圾桶要丟菜渣時，見桶內一包花捲，問：

「誰的花捲？好端端的！新鮮的嘛！」

谷太將那包奶白花捲取出，且放置垃圾桶旁，邊說：

「看起來還很新鮮。可惜！」

不一會兒，林先生下班回來，驚見被棄置在奶白色磁磚地上一包花捲，追問王哥。王哥：

「我放在冰箱裡。是可可丟的。」

可可從房間出來，見林先生雙手插胸前，怒氣沖沖連聲質問：

「幹嘛丟了我的花捲？幹嘛丟了我的花捲？」

可可不語，轉身回房。

林先生轉問王哥：「她爲什麼丟掉我的東西？」

次日，林先生當面向可可賠不是，以及後來再次開口，邀可可喝酒，可可橫豎鐵了心，一概拒絕。

由於可可晚上下班回來要燒飯吃，可預見，晚上下班回來的林先生也會在廚房忙吃忙喝，於是央求王哥：「陪在我身邊，一直到十一點左右進房休息睡覺為止。這樣，好避開跟老林有講話、接觸機會。」

兩天後，安靜下來，林先生這時急欲與可可重修和好。當晚，從餐館拿回一袋炒菜遞給王哥：「給你吃。」並央請王哥擔任和事老，拉攏一下男女。

王哥婉拒那袋炒菜，卻對林先生進言：

「哎呀，可可是做按摩的。你和蔡小姐比較合適，蔡小姐喜歡你。」

林先生對王哥更加不悅！

日後，林先生當面向可可多次道歉，前後加起來，起碼有十次之多。女方始終沒有任何反應，來個相應不理。此後，只要可可做菜時間一到，又怕林先生來騷擾，於是叫王哥陪伴在側直到飯菜煮好為止。可可態度轉為冷淡，林先生歸咎於王哥在可可身邊挑撥。

往後，每晚可可要王哥陪她，直到坐在餐桌旁吃完晚飯、回房入睡為止，好避開林先生。如此，無形之中，造就了王哥和可可兩人天天共進晚餐，多了相伴機會，王哥生活意外地變得多彩多姿！

起先，王哥會買湯圓，請可可燒，兩人一起吃。

半年下來，王哥對可可依賴，變得難以自拔，故時常擔憂著：

「真怕哪天可可會搬出去？怕沒人燒菜給我吃，而且少了一個伴。」

相伴相處，老人卻喜歡可可罵他，猶如前妻當時常常嘮叨他。這讓他覺得離婚後三十年空白，被填補，如夫妻般。相較下，王哥怕說錯話，挨張小姐罵。王哥也怕房東聽張小姐建言，提高套房租金，租給別人，要王哥換到一般房間，因而喪失擁有私人衛浴間之便利。

有天，王哥買了幾條帶魚回來，對可可說：「幫忙燒帶魚。」

張小姐返屋，王哥也邀她一同吃魚。

張小姐邊吃邊讚美帶魚紅燒得美味極了，並問王哥：

「你的魚在那兒買的？」

「獅子城啊！可可確實也燒得好吃！」

張小姐看在眼裏：「你好有福氣！」又說：

「可可她燒得菜好吃！你要吃胖一點啊！」

王哥記住張小姐讚美紅燒帶魚美味且直嚷好吃，於是隔段時間，王哥由小女兒載去華人超市買回帶魚、五花肉。王哥在廚房請託可可燒這兩道菜，可可爽快答應下來。王哥心想：「帶魚燒好，再請張小姐吃，她一定很高興！」

不多時，張小姐出現廚房。王哥迫不及待想討好對方：

「我今天請妳吃帶魚，因爲，上次，妳說好吃！」

站立一旁張小姐，這次翻臉，非常不高興，朝王哥吼罵：

「你爲什麼一天到晚找可可幫你燒？自己不會煮啊？爲什麼一直吃她煮的東西？爲什麼你要等她回來燒飯給你吃？」

「妳上次說好吃！我好心去買魚請妳吃啊！」王哥覺得被冤枉：

「還有，我每天在黃昏五點半左右，也有吃飯啊！這，妳可以問趙太。」

張小姐：「吃你的帶魚有什麼了不起？我還你好了！」

可可一聽，當下，也就沒插手烹食帶魚。

又一天，王哥打開冰箱，看到塞滿從救世軍領回來的紅蘿蔔、蘋果、馬鈴薯，連番自語起來：「太多蔬菜水果，好久沒吃！塞得快沒空間！」

「這些胡蘿蔔、蘋果，壞的，丟掉！好的，可以送給人家。」

「可可忙，沒工夫燒這些蔬菜。」

事後，張小姐傳話給可可：「老王說，妳把他的蘋果送人了！」

可可勃然大怒，前去找王哥當面對質。

從此，可可下班夜歸，就更沒理由替王哥煮菜。過去半年下來，兩人共餐時光告終。王哥偶爾回想，當初和可可一塊兒燒菜吃飯，才沒幾天，卻惹得男室友林先生、老谷語帶酸溜溜先後問王哥：「你喜歡可可啊？」

王哥暗嘆：「還是少管閒事！管得兩邊吃力不討好！比方說，可可叫我坐在餐桌旁邊陪她，惹得林先生討厭我。蔡小姐也討厭我，因為蔡小姐好像對林先生有好感。少管閒事，因為吵不過人家。張小姐強勢，吵得過人，所以她可以管閒事。」

其實，可可私底下認清：「當初，切菜的粘板被老林剁成兩半，蔡小姐也不生氣。粘板屬於她的，但她從不吭一聲。平常，老林對蔡小姐講話大聲一點，蔡小姐都默默承受，忍耐他。其實，她對老林很包容，很好！老林跑去喜歡蔡小姐，不是很好嗎？」不過，可可和蔡小姐這兩個女人常對幹，只差沒有全武行。真正導火線還不就是房東每月付一百塊錢給蔡小姐，請她負責打掃衛生之後，蔡小姐曾把清潔劑倒在可可煮好便當菜旁邊。可可氣得拿走便當菜，然後倒了一鍋水在餐桌上以洩憤。王哥見狀，默然幫忙清理桌面。又有一次，可可把鍋子放在抽屜裏，蔡小姐移動她的鍋，氣得可可去廚櫃拿出蔡小姐的鍋，丟向蔡小姐門前。

王哥、可可、張小姐三人於廚房一角聊著天，聽在蔡小姐耳裏，格外刺耳，因爲眼前兩個女人如今已成爲死對頭。次日，蔡小姐遇王哥，語帶酸溜溜：

「你了不起！現在有後台張小姐了！你拉攏可可和張小姐。你們用難聽的話來刺痛我的心！你們恨我，統統聯合起來對付我！你受可可、張小姐影響，不再幫忙我倒垃圾！」

王哥應曰：「我還是會幫妳倒垃圾。可可是我朋友，妳們雖然是冤家。」平日，只要廚房流理台邊的垃圾桶內塑膠袋塞滿垃圾，王哥會繫好袋口，舉起沉重廢棄物走到前院，再丟進戶外分類垃圾高桶。而每星期五，城市環保車會駛進楓葉巷道，家家戶戶門前蒐集垃圾。前一晚，星期四，王哥也會幫蔡小姐將大門前幾個垃圾分類高桶一一拖拉到路邊，等待環保人員處理。

日久，王哥從清理垃圾工作中自嘲起來：

「托四次分類垃圾桶到路邊等環保車來收垃圾，就是要繳房租的日子！」

某一天，可可見年邁王哥從廚房垃圾桶移出大袋沉重垃圾，正吃力地拿到前院收集桶，不悅且不平：「蔡小姐拿一百塊錢工資，你幹嘛幫她倒垃圾？管閒事，別人也不感謝你！」

牢記房東吩咐王哥每當郵差送信來，幫忙收信、分信。某日，看到寄來信封上署名姓 **Lian**，連，而不是熟悉 **Lin**，林。於是去問人在屋裏的蔡小姐，該如何處置？

蔡小姐決定：「退回。我們這裡沒有姓 **Lian** 的人！只有 **Lin**，是林先生。」

林先生等不到期待多日信件，當得知信被退回時，直覺認定這全是王哥在當中搞鬼。王哥自認被冤枉，那天晚上七時，喝點酒，頭還是痛，貼三隆巴斯止背痛，欲入睡。輾轉一夜，未好眠，第二天早上九點才起床。

一直以來，林先生對王哥耿耿於懷，尤其是有天，林先生經過廚房，親眼看見王哥遞出一枚梨，並對可可說：「妳幫我蒸梨。」可可將梨加點水，再灑些冰糖塊，小火燉熬，熬成潤喉止咳聖品。林先生眼見可可每天晚上下班回來幫王哥煮飯，飯後，王哥幫忙托地。這些細微互動，引發林先生極大忌妒心及焦慮感：「道歉這麼多次，爲什麼可可還是不跟我講話？是不是老頭子在她面前講我壞話，破壞可可跟我？」

對老人的忌妒、焦慮轉變成忌恨。

樓上搬來一位大學畢業已在做事年輕女孩，印尼華僑溫蒂。人生地不熟，王哥自告奮勇帶溫蒂去大華超市買中國菜，並介紹附近環境。

幾日後，無旁人，林先生冷冷地問王哥：

「你對溫蒂有什麼目的嗎？」「你不是在追可可嗎？」

王哥否認。藏不住話的王哥到處向人提及此事，包括房東，且一再重複：

「老林心裏吃醋。疑心，別人搶他女朋友！」

張小姐聽後，冒出一句：「老林神經病！」

老人另一方面觀察到：「老谷雖然他老婆每個周末會回來這裏和他相聚，但是，眼神和講話之間，總覺得老谷也想追可可！」

老頭心中視可可為：「紅樓夢裏面的美人！」屋內每個男人都喜歡她。

一日，王哥怎麼找都找不著加州居民身分證，變得緊張。另一方面，早晚又胡思亂想，深怕可可哪天搬離胡同？那怎麼辦？於是，整個人更加緊張起來。

幸災樂禍的日子來到。林先生走到前院牽單車準備上班時，見王哥剛好在院子裏，故意問：「以前，可可對你很好，燒飯給你吃。現在為什麼不燒了？」

王哥解釋：

「因為她現在聽她乾媽張小姐的話。張小姐叫她不要燒給我吃，她就不燒了！」林先生跨上腳踏車，揚長而去。

萬未料到，這段對話，無意間被人在廚房流理台沖洗咖啡杯的可可聽到，大怒。可可衝向前院，找老頭對質，然後，痛罵：「什麼乾媽不乾媽？」

王哥：「我沒說。」

可可氣吼：「你還沒說？我剛剛親耳聽到。還想詆賴？」

日後，早晚，林先生不外出工作時，室友們常聽到他哼唱「往事只能回味」這首早年流行歌曲。林先生曾說：

「尤雅唱的這首歌，是我唯一可以把歌詞唱得一字不漏。」

一天，人在廚房，他試著哼唱張學友「吻別」。驚瞥可可淺露笑意，然後她一個轉身，走回房間。這一幕，留給林先生無限遐想空間！

某日，燒水，準備煮菜，但忘了時間。當林先生匆匆從房間內走向廚房瞧一瞧，只見先前有人已經幫忙熄火了。見到可可，林先生問：「妳把火關了？」

可可不語，轉身回房。

林先生暗想：「我只想找機會謝謝她，她為什麼這樣子反應？」

谷先生、谷太太

明眼人，心知肚明，老谷星期一到星期五白天，老婆不在身旁，獨居。週六、週日這兩天，在雇主家幫傭的谷太才會過來大雜院和老公團聚。自由解放五天的日子裏，老谷常坐在可可門口前大餐桌邊吃早餐，故意慢慢吃，兩眼不安份地瞄看可可來回進出房間，醉翁之意全放在可可身影上。一直等到可可走出房間朝向浴室盥洗、上妝，然後身著緊身原子褲出門上班去，谷先生才結束吃早餐。職場上，他是同事間公認有名的「甜蜜蜜」，好色出了名。公司內部美女，他都有興趣。移民美國前，老谷可是曾在廣東老家擔任過「村幹事」一職。據聞，他在大陸揩了不少油水，瞧他手戴金戒指上還鑲塊玉，可見一斑。

每個周末，谷家夫婦於人民公社團聚。由於老谷不吃超市所販賣絞肉，因此谷太會親自在粘板上剁肉末。理由？

老谷：「這樣，肉才好吃！」

無論晴雨，老谷每天必為自己烹調四道菜，好魚、好肉、好菜、好湯。室友驚嘆，左右人人為言：「吃得好營養！」

老谷：「當然！要玩女人，就得吃得好！」

一個周末，張小姐當眾拉開嗓門對谷太揚言：「妳先生天天吃得營養，就是為了要玩女人！」

難得周末睡個懶覺的隔壁室友張小姐，總會被谷太剁肉聲給吵醒，早已埋下兩個女人經常對罵情景。趙太轉述：「張小姐罵谷太太，雙手插腰，像隻瘋狗！」又「為了報復，第二天，張小姐也跑去廚房用菜刀大力在粘板上剁東西，出氣！」

一天，夫婦倆在餐桌上吃飯，張小姐當眾揶揄：「你先生愛看女人！上次，他還吃我老豆腐。問我，紗裙內是不是沒穿內褲？」一聽，谷太氣得立即起身回房。夫妻倆在房間裏又有一段糾纏不清。

一日，老谷好奇地問王哥：「老林星期天晚上有沒有回來？」

王哥：「沒有。」

老谷鐵口直斷：「他去爽去了！」

人說張小姐

逢人見面，就說自己是「北一女、台大畢業。在美國，讀了兩個碩士學位。」

如果在電話上第一次和講華語陌生人談事情，深怕對方誤認，粗嗓聲開場白：

「我是張小姐。我是女生。」

有次，張小姐曾對室友們說，人生最快樂事情有三件：自己嫁人結婚典禮、大兒子婚禮、抗戰勝利。其中，大兒子至今尚未論婚姻，只能算是夢想。

別人眼中，王哥會向新來房客介紹張小姐：「她常罵我！要不然常跟可可提起自己兩位前夫。要不然，兩個女人聊衣服。更多時候，張小姐罵國民黨，罵馬英九。但是常講自己兩個兒子多聰明，多優秀。」

經多年觀察言行，房東曾斷言張小姐：「她有躁鬱症。」以及「她的話，一半是真的，另一半是自己編的。」

有人說，張小姐和蔡小姐結怨，於是張小姐故意牽連林先生和可可兩人走得近些，好氣走蔡小姐，搬出去。等蔡小姐搬走，「張小姐對老林開始看不順眼。」

某次，去救世軍領取救濟食物路途中，王哥向房東轉述：

「張小姐說，住戶十人，如果有五個人投票贊成，那個人就得搬走。」

房東：「誰說？她是老闆？還是我？」

室友不解，為何可可總把車子停在老遠對街，而不停在大門口，好方便進出呢？

可可：「大門口，是張小姐停車的位置。不敢停在她車子旁邊，併排停。怕停太近，萬一有小擦撞，惹不起。她會報警、告人，說翻臉，就翻臉。」

春來，張小姐在後院種花、澆花。她的花，沒人敢動。後院角落，趙太種番茄，番茄花開。房東種桃樹，小青桃掛滿枝頭。趙太無奈表示：「張小姐今天把我所有番茄花掐掉，小青桃不等成熟也統統摘下，全丟進垃圾桶。她，變態！」

有天，張小姐開車載王哥以及兩位教友去所屬教會聚餐。回程，張小姐在車上向教友們高談闊論，有關一位教友弟兄：「他瞞著老婆，在外頭帶著一位女朋友逛街，他外頭有女人，被我看到。」每日燒香拜佛的王哥暗想：「你們都是信教的人，講彼此閒話，幹嘛？」坐在後座，王哥又聽到張小姐邊開車邊說自己：「現在要穿漂亮一點！」聽在王哥耳裡，顯然張小姐還想交男朋友。事後，某日，坐車去救世軍拿救濟食物途中，王哥告訴駕駛房東上述所見所聞。房東：

「在台灣，她第一任丈夫，安徽人。第二任丈夫，以前是美軍顧問團駐台灣的美軍。我看，她想找第三任丈夫。她腦筋一天到晚想穿得漂亮，現在只想交男朋友。」

王哥接著直言：「張小姐說，她那個混血小兒子看不中意你家小女兒。」

房東嗤之以鼻：「神經病！女兒的事情，我們還管得著啊？」轉為慶幸：「幸好沒結成親家！否則，煩死了！」張小姐小兒子也名叫馬克，混血，二十八歲，高中畢業後就在星巴克咖啡連鎖店工作至今，現為一家分店經理。目前，遠距上網交友，結識一位三十九歲加拿大洋女人，雙方已見面數回。

張小姐和另一位室友共用一個白色冰箱，冷凍、冷藏各分為左右兩部分，張小姐佔右邊部分。冷藏最上層食物，無論自己烹調或買外賣食物或剩菜，都是為小兒子馬克預備。

說到張小姐的食物，王哥切身經驗不少，諸如她把剩餘五分之一包葵瓜子給王哥嗑，是因為「她是自己不想吃，擱久忘了吃，不再新鮮，才給我。而且她明明知道我沒牙齒，怎麼吃得動？」還有，「說是送紅豆餅給我吃，結果發霉。放冰箱太久！」

講到張小姐為人，小趙夫婦最難忍受。張小姐當著無業小趙面前發難：

「你不工作，天天讓太太養你，吃軟飯。我上次幫忙介紹廚房工作給你，還不要！男子漢大丈夫，為什麼不做事？你背痛，是假的。」

趙太回家聽到張小姐對他們家說三道四，十分不平，氣得罵聲連連：「神經病！八婆！妳自己管妳自己的事吧！她這個基督徒，比常人還糟糕！」順道爆料，當年，蔡小姐汽車牌照稅三年未繳。按常規，如被查獲，得吃罰單、繳牌照稅利息。張小姐暗中打電話報警指稱，蔡小姐未繳汽車牌照稅。警察來，發現汽車停在房東土地上，即前門停車棚屬於私人土地，故不予處理。

蔡小姐搬走後，有段時間，張小姐每天等郵差送信來，看完一捆郵件收信者後，才出門。王哥瞭解張小姐，於是在電話上偷偷交待蔡小姐：

「我負責幫妳收信，兩個星期。妳趕快去郵局更改地址。張小姐現在很生氣，說，我還為妳這個臭婆娘、不要臉的女人收信。」

後來，不堪其擾，王哥有天對張小姐投降：

「我把蔡小姐的名字、電話號碼，統統畫黑塗掉！」明白表示：「自此，本人與蔡小姐，毫無瓜葛！」言下之意：「別再為蔡小姐來煩我了！」

聖誕節將至，王哥當眾說，想叫小女兒愛美麗買瓶酒什麼的送給房東當禮物，表達感謝。張小姐當面反對：「不要送任何禮物給房東。」

張小姐自己後來送瓶紅酒給房東，慶祝聖誕佳節。

假日本人

袁小姐，五十歲了，從未結過婚。大臉、髮型終年是順直長髮黑白摻半，雙腳總穿上黑色厚寬皮鞋，從不化妝，從未穿過裙子。睡衣，常年一襲男人裝，上下兩截。她給室友們第一印象為少露臉，少在廚房做飯，不過言語中，「請問一下」、「對不起」、「介不介意？」常掛嘴。一天當中，花不少時間愛待在自己房間裏。

袁小姐房間，公共廁所正對門，之前，原本住著一位上海男人，學中醫。起初，他聲稱日本人，且拿過中醫執照、娶位日本太太。目前，夫妻兩人離婚狀態。移民美國，沒考上加州本地中醫執照，第二次再試，才考上。記得剛搬來胡同，這位自稱日本人的錦山先生，努力地用簡單英語與人交談溝通。當時，胡同裡眾室友們都被蒙蔽著，以為他真是日本人，人人待之以禮。

前妻還是會來造訪錦山，跟他要錢。

王哥稱，錦山為人勢力眼、高傲，而且有項本事，就是能把死的說成活的，把活的說成死的驚人口才。他總是人前人後稱呼講起話來粗聲粗氣、氣勢凌人的張小姐一聲「老闆娘」。

身為基督徒，張小姐起先還熱心邀錦山先生去教會參加聚會。想不到，到了教堂，他卻向教友們介紹中醫產品，拉生意，一付生意人模樣，推銷自己。這下子，引起教友不滿，被列入不受歡迎黑名單。這讓張小姐也看不下去，故未再邀他去教會。

有段時間，錦山請了一位中年洋人婦女為英語家教。

一日，家教前來上英語課。小趙和王哥在廚房忙餐飲。錦山放在爐上熱鍋噗了，王哥跑去叫他。只見錦山上身光溜溜，僅穿一條長褲來應門，並尷尬解釋：「我剛在洗澡！」

事實上，王哥敲門時，錦山房間正對門的浴室，並未有任何人淋浴跡象。

另日，張小姐發現英語會話課程兩位中年男女師生，從下午四點鐘待在學生錦山房間後，一直磨到夜晚十一時半，女老師才出門。為此，張小姐當場質疑錦山先生。

不久，西洋鏡終被拆穿。木板隔音效果差，張小姐竟然聽到錦山先生在房間內用道地上海話、普通話和朋友講電話。當兩人在廚房相遇，張小姐大聲調侃、痛罵錦山先生：「假日本人！」

話說蔡小姐

初還入，蔡小姐常晚上八、九點就把進出頻繁的大門深鎖。

晚歸，張小姐拉開銅鑼嗓：「妳幹嘛一天到晚在鎖門啊？妳外面有男人來找妳啊？還是欠了錢？做了什麼壞事？怕人來找妳？」

王哥憶起，就在這節骨眼上，蔡小姐氣極敗壞，悶在心裏。這也就是為什麼蔡小姐後來看準張小姐放很多瓶瓶罐罐在公共空間餐桌上、磁磚地板角落。於是偷偷把張小姐咖啡杯、日本陶杯收走。事後，張小姐逢人就指控蔡小姐：

「她把我的杯子打破，丟進垃圾桶！」

母親節，室友們都待在房間裡。忽然聽到，哐噹巨響。張小姐的瓷杯和鐵盤掉落地面。張小姐跑去廚房瞧究竟，見老谷站立流理台邊。

老谷：「這些東西是自己滑下來的！」

張小姐怪罪蔡小姐趁四下無人之際故意動了手腳，將杯盤置於邊緣容易掉落位置，而罵起蔡小姐。聞聲，林先生開門，聲援蔡小姐，挺身跟張小姐理論起來。

蔡小姐有個本事，臨危不亂，待在房裡，不動任何聲色。又有一次，話說蔡小姐做完公共區域清潔衛生工作，將拖把留在浴室內。可可看見，嫌不衛生又看起來髒亂，二話不說，拿起拖把走到蔡小姐門前，一丟。王哥好心地正欲將拖把拿到戶外，被可可阻止：「幹嘛幫她？多管閒事！」

王哥放棄：「好！好！好！」

愈來愈氣，可可彎腰，將拖把拾起，再重力地扔在蔡小姐門前。

蔡小姐待在屋內悶不出聲。

另一次，因故，可可氣得把電鍋摔在蔡小姐門上。蔡小姐留在室內噤聲不語。

眾知，張小姐和蔡小姐不對盤。有次，張小姐狂敲門、吼罵，蔡小姐躲在屋內不聞，不問，不開門，貫徹三不政策。

Lin 先生？Lian 先生？

Lian 連先生，才是正確的姓氏。

被周遭人稱呼為 Lin 林先生，是將錯就錯，它一直在大雜院內、職場上被誤用至今，未曾被當事者糾正。「因為怕人會聯想到連戰的連。其實，我們連家跟連戰家的關連，確實是親戚。」

因此，每當有人批評臺灣連戰及其家人，「我會悶悶不樂！」

目前，夫妻未辦離婚手續，但是妻子先將林先生趕出家門，不久之後，再攜帶一對兒女搬離至他處隱埋，避不見林先生。妻兒不知今在何處？女兒、兒子應該也有二十多歲了！過去，打了幾次電話，妻子看到來電號碼顯示，堅決不接聽。

每當無對象可傾訴，無助之際，人會變得脆弱些，變得多愁善感，變得有機會去懷想走過人生，默然追憶往事片段。

「後悔！當初為什麼要攜家帶眷移民美國？」林先生肺腑感想。

「落得今天老糊塗一個，處在十字路口，徬徨！」

「當時，如果留在台灣，事業會比較有發展。」

「今天，在美國，遠大抱負難伸最重要阻礙，是語言限制。英語不通！」

想起婚前，林先生帶當時的女朋友即後來的妻子回家，老父親看不中意。不久，嫁進門，她證明給夫家看，自己是如何勤儉持家好媳婦。老父親改觀：「兒子可以不要，這媳婦可要留下來！」

未移民前，小家庭在台灣做早餐店生意，豎起「美而美」招牌，開張營業三年。另外，林先生也曾在一家由美國和緬甸兩位老闆所開設台灣分公司上班。那時，也接觸自己有興趣機械產業如家庭車庫、商家店面的 CNC 電動捲門、門板。他也曾在連勝、天成，這兩家私人公司待過，專門從事玩具飛機、直升機、遊艇之類業務。一度待過美商電子公司做 IC 板和 QC 檢驗工。當時，公司提供保險、福利和股票分紅，但因吵架而離職。總而言之，除了自營早餐店，林先生沒有一項工作服務超過一年半。

那時候在台灣，太太學習電腦軟體程式、烹飪、裁縫、開車和日文，並幫忙丈夫開設「美而美」餐飲店。林先生亦開始向太太及主廚學做菜。

那些年，雖然忙碌，當林先生提議「我們生第三個孩子吧！」太太順從，無異議。某日，太太去日本出差，由於懷孕不適，提前返台。歸國入關時，臉色慘白孱弱，故迅速入關。孕婦隨即被送往醫院，結果證實胎兒已胎死腹中。從此以後，林先生不再向妻子提到生小孩一事，因愧疚。

當兒女一個十歲，一個十一歲，中國電視公司一位搞音樂的年輕人，曾遠赴美國讀大學四年並工作兩年後，返回台北，乃家中獨子緣故。年輕人告訴林先生，美國如何好，力勸林家移民。想到子女教育問題，林先生燃起移民美國念頭。太太的姐姐住美國，結果以兄弟姊妹依親，提出申請。

全家大小來到美國，初期，林先生在「故鄉飯店」向大廚討教作菜手藝。該飯店早年是民進黨人士相約聚餐之地。相夫教子，耕耘家庭生活。「太太做的菜比外面餐館更好吃！」林先生發出讚賞聲。不過，有朝一日，太太把一度長得不帥但頗有女人緣林先生，驅逐家園。從此，林先生被迫自立門戶，孤家寡人扛起不是妻小生計，而是自身糊口度日。首先，在蘋果電腦科技公司附近一家中餐館當炒鍋。因故，和同事大陸人吵架，吵不過人家，憤而辭職：「大陸人，多以鬥爭、爭辯環境起家，各個能說善道。當然吵不過！」林先生脾氣大，稍不滿意，就走人，連換四家中餐館。

如果追溯更早，當兵還是個毛頭小伙子年代，林先生早已是率性而行。例如有次部隊晚點名後，領頭帶領小兵們翻牆，溜到街坊彈子房打彈子，並趁機吃計分小姐豆腐。歸返營區，事蹟敗露，要坐牢關緊閉。幸好，朋友的爸爸認識連長，關說後，事件才平息下來。

小蛇傳

長久以來，王哥一直認為張小姐恨他，基於三個理由。

第一，自從他搬進來，房東改找王哥管理屋內家務，將張小姐冷凍起來。

第二，蔡小姐都已搬走，王哥暗中還幫她收信，催她來人民公社拿信。

最後，得追溯蔡小姐仍住在這裏時，曾偷養了一條小蛇。

蛇？沒錯！這要說到，當時，蔡小姐趁星期假日出外踏青，在野外大地抓了一條像筷子一樣粗長小錦蛇，並將其放置塑膠袋裏。歸來，將蛇遞交給王哥，問了聲：「要不要養？」王哥回答：「我不能養。房東說，不能養寵物。就算我想養，也要先問房東。況且，我也不知道小蛇要吃什麼？。」繼續：「以前，我兒子養過錦蛇。它一餐，要吃下整隻冰凍白老鼠肉。後來，長得又粗又長，裝不下水缸，水缸像32吋、34吋電視機大小，兒子就送還給原來的寵物店。」「反正我不養。妳要送掉？捐掉？放生？都可以。」

不多時，蔡小姐撿到一個專門養鳥、養白老鼠如烤麵包機大小的籠子。蔡小姐喜形於色，將它攜回房間，手抓幼蛇放進籠內，日夜照顧蛇寶寶。

籠子內有兩個管子。

無人知曉，小蛇經由管子爬出？還是蔡小姐未關妥籠子？竟蛇行爬出籠外，進而滑行至進門的走廊上，即房客要上二樓的樓梯口附近。

當時王哥還在前院澆花，聽到屋內可可和老谷喊叫聲，懼曰：「王哥，有蛇！」放下手中工作，王哥匆匆從院子衝回屋裏，彎身，單手抓起小蛇。基於生物防衛本能，幼蛇咬了王哥食指一口。幸虧，指頭未被咬傷，因為當受到小蛇乳牙攻擊時，王哥用另一隻手輕易地垃開蛇頭，「乳牙不具殺傷力！」。王哥找出一個有垃鍊專門裝入三明治的塑膠袋，將蛇丟入袋內，再垃起拉鍊，想悶死它。

蔡小姐黃昏六點半歸返，王哥把蛇袋交給蔡小姐處理，並重申，可可和老谷看到蛇都緊張不已。是故，放生？送人？悉聽尊便。

不知何故，蔡小姐又拿小蛇回房間去養，而王哥完全不知情。

隔日晚間，張小姐回來，可可告訴她，屋內有條蛇。

張小姐怒氣沖沖，找王哥說分明：

「你為什麼不早講？還幫她忙？因為你吃了賤女人燒的菜？」

王哥：「我怎麼曉得她又養在屋裏？我告訴她，不要養啊！」

蔡小姐還是暗地裏偷偷養了幾天小蛇，直到張小姐打電話向房東告狀。為了此事，房東特地跑來一趟。

可可看見房東到來，無奈且氣憤：「她還在養蛇！」

由於蔡小姐不在，無人能進屋檢視。

當著房東面，張小姐又把王哥罵了一頓，重述事件始末讓房東來評評理。當下，可可說情：「妳怎麼全怪王哥？他已經叫她不要養了。我們又不能進她房間檢查。」

房東：「等她回來，去她房裡檢查一下。我下次再來看，看她養不養？」然後轉身對王哥說：「她回來，你通知她。」

幾天過後，張小姐和室友們聊天，忽然間想到：「蛇，被送出去了沒？」

這時，小張，大陸山西來的年輕小伙子，就讀 De Anza College 學院，正好從自己房間走出來。好奇地問大夥：「你們在講什麼？」

張小姐早就看小張不順眼，因為死對頭蔡小姐常開車載小伙子去買菜購物，年輕人還尊稱蔡小姐一聲阿姨。

張小姐回答年輕人小張：「講你乾媽的事。她養蛇！」

小夥子不悅：「什麼我乾媽？」緊接著跨步朝向張小姐，一付盛氣凌人模樣。

張小姐使出殺手鍵，隨手拿起桌面上手機，報警：

「有個小男生要來打我！」

不多時，王哥見窗外一名警員出現。

王哥趕緊跑出房間，來到廚房，建議張小姐趕快出去跟警察解釋。

張小姐出門後，以她一貫高亢宏鐘聲調向高大警察告狀，再進屋。

那位警員透過紗窗，請王哥叫小張出去接受詢問調查。

警察對小張訓曰：「你不可以對老人這樣說話，口氣這麼兇！以後要改過。」

年輕人進屋後，室友們你一言我一語，勸他跟張小姐道歉。

從善如流，小張開口：「張阿姨，對不起！」

接下來幾天，還算平靜，直到有天，王哥在前院清掃地上煙頭。小張愛抽煙，美國煙、大陸煙、雪茄煙，來者不拒。張小姐下班回來，見到王哥掃集眾煙頭，頓時，怒氣填胸。她不但將畚箕從王哥手中搶過來，還走到小張門口，將全數煙頭倒在門前，怒罵：「這裏不准抽煙，還抽煙！」

當晚，小張撥長途電話回大陸，向父母和朋友抱怨，嫌可可、張小姐講話聲音太大，無法安眠，害他睡到中午十二點才起床。

第二天，年輕人通知房東，不住了！嫌吵，早晚無法睡覺。

小張於月底，真的搬家走人。

房東十分不滿張小姐：「妳把我的好顧客都趕走了！」

話說小張，家境不錯，在山西省開了兩間旅館。比方說，有天，騎一輛新買單車去 De Anza

社區大學上課。途中，停下，走進一家便利商店買包煙，但未上鎖。腳踏車當場被偷。當晚，打長途電話回大陸要錢。沒多久，他如願買輛嶄新汽車代步。

想到小張從未佘欠房租等種種好處，越來越氣，於是氣頭上，房東要張小姐這顆不定時炸彈搬走，以免擋人財路。

張小姐就是喜歡住在大雜院這兒，死不肯走！

因為風水？憂鬱症痊癒之地？或兩者兼具！

當下，她一改過去有理無理都不饒人昂揚氣勢，採哀兵之姿，投房東所好，主動加碼：「每月房租，我多付兩佰！」換句話說，從原先六佰變八佰塊錢，這才避免被趕走命運。末了房東警告：「妳下次再趕走我房客，妳給我搬家！」放下手機，房東搖頭：「她趕都趕不走！」

花錢消災，固然逃過被驅趕窘境，內心深處張小姐還是埋怨罪魁禍首王老頭：

「這不都是小蛇事件引發我跟小張吵架有關？還害我多繳房租！」日後，張小姐一見到王哥，忍不住大聲罵老人。藏不住話，某日，王哥找到機會當面向房東抱怨一下。

房東提議：「你該跟她大吵一架啊！你太老實，吵不過她。」結果，房東主動提供：「一個電爐給你。我下次帶來。這樣，你就自己在房間裏燒魚，冬天涮牛肉火鍋，少跟她碰面。」輕轉為感激語句：「你幫了我一年屋子裏的事，我都沒請你吃飯。今天，你想吃什麼？」

王哥笑開：「吃碗越南麵就好！」

房東：「張小姐怕兇的人。比方說，樓上林小姐。」

王哥：「林小姐搬走前，送我一張謝卡，還送一盒鳳梨酥。因為她住在這裡的時候，不論上網購物、UPS 或 FedEx 送貨來，我都會幫她簽收包裹。包裹輕的，我會幫她拿上樓，放在她門口。重的，我就幫她留在樓梯口，因為我畢竟上了年紀！」

保存在抽屜裏那張謝卡，林小姐寫著：

「王先生：謝謝您的關照。祝您蛇年身體健康，萬事如意！小林」

洗澡惡作劇

浴室一場惡作劇，讓林先生私下認為，這事件引發了他從此和可可、王哥交惡。

那次，可可正在浴室內洗澡。老谷不知何故？故意手敲走廊上浴室牆壁惡作劇，而王哥站在一旁竊笑。

沐浴完出來，可可伙大，怒罵老谷：「敲什麼敲？這又不是豪宅！你以爲這裡是鄉下？我是你太太嗎？女朋友嗎？幹嘛敲牆？」罵完，走回房間。

這時，林先生出發點乃為了維護可可，於是義不容辭地當起和事佬，走到可可門前，向可可抱歉陪不是。林先生如此自扛黑鍋，因為想到老谷曾和張小姐大吵，一度口出粗話回敬張小姐。林先生深怕男女吵開來，老谷也會向可可罵粗話。為了袒護可可，讓她避開老谷粗俗言語攻擊，他才挺身先道歉以期減緩緊繃氣氛。此舉令可可誤認，林先生為敲牆惡作劇禍首，於是破口痛罵對方。

隨後，林先生待一切平靜下來，再度與可可相遇廚房，則曰：

「牆，不是我敲的。」

「不是你敲的，幹嘛道歉？」

林先生笨拙地說不出個所以然，實在講不出口：「因為怕妳被老谷罵粗話。」

如此一來，可可反而把怒氣轉向林先生。

第二天，可可還是不理睬林先生。

林先生跑到後院水槽處，在那兒，可可正忙著手洗幾件簡單衣物。這時，他又再向可可道歉一次，未料，她仍舊不領情。

回到房間，林先生內心遷怒於王哥：「昨晚，為什麼不在第一時間阻止老谷？反而在一旁笑著，袖手旁觀看熱鬧？」於是見到王哥出現時，突然當面痛斥：

「你不是男人！」

走進房裡，愈想愈生氣：「可可如此不可理喻！」一怒之下，林先生把日前她送給他的花瓶、一罐維他命，丟棄垃圾桶邊，非桶內。這個舉動乃存心要給可可難堪。當場，只有王哥看到。王哥非但未勸阻林先生，反而一等到林先生離開，老頭子彎身，伸手將它們拾起。尤其，把維他命瓶罐拿近眼前細看，自言自語：

「這瓶維他命，二〇一五年五月才到期啊！有效期限還沒過，丟了可惜！」

接下來：「花瓶，也蠻好的嘛！」

老人最後喃喃：「已經警告過妳，他的為人。妳不聽！」

當下，王哥決定把維他命罐和玻璃花瓶默默帶回房間，準備自用，不願浪費。

第二天，王哥將此事透露給張小姐。想當然耳，張小姐改天一定會傳話給可可。可可一聽，氣得在張小姐面前連番指控林先生：

「竟然羞辱我當初送給他維他命、花瓶的善意！後來，他還當我面說，我把過期的維他命送給他。幸好，王哥去垃圾桶把兩樣東西都拿出來，檢查，然後說，維他命沒過期啊！我想，不是王哥證實，我不是跳進黃河都洗不清了嗎？」「別人又會怎麼看我呢？」

講著講著，氣得幾乎要掉淚。

張小姐跑去質問林先生：「你幹嘛這麼做？你知道，她有多難過嗎？」

林先生對曰：「我自己比她更難過！」

想到這場失和，林先生歸咎於王哥多嘴，因而對老人更失望，一股氣憤湧上。

隔天，林先生想想，還是跑去再向可可當面道歉：

「原諒我這個不懂事的男人吧！」

可可仍氣呼呼地不加理睬，林先生掃興地離開。

回房，愈想愈氣，再走回可可身旁，怒曰：「我要把剛才道歉的話，全收回。」

為此，兩人在房內走廊上大吵起來。

王哥這時好奇，開門探頭看熱鬧，目睹男女吵架。

林先生氣頭上，見到老頭時，心中更埋怨不已：「當時，我生氣丟花瓶、維他命的時候，你為什麼不勸阻我這麼做？你老頭子還洩漏消息，搞得現在天下大亂。還有，我從餐廳帶食物回來給你吃，也一年多了。你不但不念舊情，不願當和事佬幫忙撮合我跟可可，還在背後，當著可可面前醜化我，沒說任何好話。這些內幕還是張小姐轉告給我聽的，你分明在背後說我壞話。」於是，難掩氣憤，目光直視王哥，大聲喝道：

「看什麼看？有什麼好看？你走開！」

王哥縮回頭，回房，邊自語：「你們兩個以後就別給來給去了！要不然，拿了之後，不想要，還給對方就好了！不要丟掉。再不然，先藏起來，然後再偷偷給丟掉。不要在眾人面前公開丟掉。」

從那時起，林先生徹底與王哥交惡，同時，也沒有再和可可說過一句話。

一段日子過去，卻常懷念著可可。難忍思念之情，林先生私下決定還是求助張小姐吧！請她前去邀請可可吃頓飯，三人一同前往，他請客。終於有天，林先生當面托請大聲婆張小姐一件事：「幫我約可可去館子吃頓飯！」

張小姐照著林先生的意思去做，但是被可可回絕，而且仍在氣頭上：

「他把我送的東西丟進垃圾桶裡！」

任務失敗，張小姐當面向林先生交差時，亦忍不住地說：

「你為什麼仍了人家送你的東西？」再補上一句：

「你大便，還要叫人家幫你擦屁股？」

林先生一聽，轉怒張小姐：「為什麼不幫我撮合？不幫就算了！什麼了不起！」

這下子，反而成為林先生和張小姐兩人吵起架來，大聲互嗆。

原本待在屋內，聽到外頭爭執吵聲，王哥開門，探頭伸頸欲瞧個究竟？正巧，林先生氣呼呼地從廚房衝回房間途中，於走廊上，瞥見王哥已經走到浴室門邊，想要看熱鬧。林先生瞬間朝王哥大吼：

「有什麼好看的？」

王哥這下子亦被激怒，吼回：

「你不看我，怎麼曉得我在看你？你又不是什麼漂亮大小姐？」

林先生埋怨地重提：「我給你吃那麼多東西，吃了我的菜！你不幫我！」

王哥回道：「你自己丟了人家的東西。張小姐講得對！你跟小孩一樣，大了便，還要爸媽擦屁股。」又語：「你這個脾氣，就是這樣。跟小孩沒兩樣！這就是爲什麼你太太、兒女都不要你！」「我們又不是小孩！好的時候，請我吃糖，不好的時候，把糖吐出來！你已經五十歲的人了！別像小孩一樣。」

林先生講不過王哥，對著王哥學狗叫起來：「汪！汪！汪！」

王哥更氣：「你是人？還是狗？」

王哥氣到猛然轉身，回房，邊喃喃：「在 Mitchell 中餐廳工作，你和大廚吵架。經理從中調停，你一生氣，揚言，不幹了！經理回說，不做就不做！你意氣用事離職。你到哪，就和那邊人吵架！你這個人！」

之後，有次，張小姐反而主動提出她願意出面當和事佬，再牽可可、林先生能走在一起，卻被林先生婉辭。都愛面子的張小姐和林先生，看上去，短期內兩人不會再那麼友善如昔。

一

二月六日，星期四，下午三時許，飛機降落舊金山。

當時，陰天，華氏五十度左右。

晚間，朱先生打開電視，驚訝發現，當晚國家廣播電視公司 NBC 夜間現場脫口秀「今夜」主持人傑李諾 Jay Leno 主持最後一場告別秀。

「這是我一生最美好的二十二年！」李諾先生淚水盈眶、語帶哽咽。

主持人難忘：「主持第一年，一九九二年，身逢母喪，隨後父親、弟弟相繼過逝。孑然一身！節目工作人員成了我的家人！」

二

二月十二日，星期三。

除了被加拿大安大略省包圍之外，還被美國明尼蘇達州、威斯康辛州、密西根州包圍的蘇必略湖已超過五分之四湖面結冰。寒冷冬季把這全球第二大湖泊，也是最大淡水湖凍到部分湖面冰層厚達數呎。先前湛藍色遼闊湖面，從人間蒸發似的，如今白茫茫一片。

對美東居民而言，美西加州灣區再冷，也被視為如春好天好地。

此刻，人在北加州南灣，朱先生卻靜悄地對皚皚雪地、雪林興起一絲鄉愁：

「雪！地貌添上落雪，生命才有層次和密質度！」

這一天，朱先生懷想起「雪地。冰川、冰原。深邃峽谷。茂密冷衫林地、茂盛松林。群峰巍峨與冰蝕地貌。還有北國遼闊湛藍湖泊。」

三

二月十五日，周末。

Palo Alto 城，史丹福大學校區所在地，公車轉運站中心，晚間九點五十分。朱先生眼巴巴地等候公車返回山景城，卻遲遲未見進站巴士。

來回蹀方步，打發無聊時間。

設計又摩登又美觀車站，一股尿味散發。

八號站牌附近，乘客候車弧形長木條坐椅上，鋪著散亂報紙。鉛字紙堆上，躺著一個人，但全身被白色床單遮掩住。他的頭部頂住一個直立深藍色背包。背包旁，立著一杯未喝掉可口可樂飲料。睡眠打呼聲帶點韻律，陣陣傳開。一雙鞋，掩藏於椅下深處，怕被竊走。

十點零三分，平交道敲鐘，一列雙層亮麗北加州火車在警鐘聲中緩緩起動，漸漸加速駛向北方舊金山。

十號站牌，往聖荷西。一張大塊呈不規則形狀石椅上，一位身穿破舊土色連頭帽外衣、藍色長褲無家遊民坐著，蒙頭且雙手埋頭趴在腿上睡眠。身邊，黃色小布袋。

意識到，基本上，加州生活水準遠遠超過全美水準。氣候溫和，這卻使得加州擁有全國最多窮人，竟比密西西比州、阿拉巴馬州、西維琴尼亞諸州情況更糟。

富庶北加州南灣地區公車站，貼出超大海報，斗大一句：「飢餓，也搭這班公車」來提醒一般乘客，多包容，多忍耐！

回家，對大多數人而言，是再普通不過的一件事。

可是世上仍有不少人借問：「何處是家？」

一個遮風蔽雨所在地，一個情感歸屬、靠岸的寓所。

四

二月二十一日，星期五。

清晨六點二十左右起床。今日，是朱先生第一天去 **Palo Alto** 城的 **La Comida de California** 老人營養午餐中心擔任義工。

絲涼二月氣溫，真想賴床。

旋想：「惰性，此時，是多麼表相、短暫、虛浮！」

回想：「前些日子，晨起，只要走進浴室盥洗一番後，整個人就不會覺得冷縮、懶散、被動、沮喪！」

「所以，」朱先生自忖：「別被這暫時昏睡的靡爛情緒給迷惑、蒙蔽、蹂躪與被誤導。多少次，多少人，就是一頭栽進這昏沉漩渦裏，不得翻身，虛度年華，老大徒傷悲！」又「講是講多少人，其實，講的就是我自己！」

走進浴室，溫水沖臉，人立即甦醒過來，沒讓自暴自棄得逞！上路，戶外空氣清新微涼如初釀瓊汁，朱先生大口吸入，忍不住：「尊貴如王子般！自由地，獨自盡享純淨空氣，這人間無價珍品。」手錶上時刻，六點五十四分。

五

二月二十二日，星期六，朱先生從山景城親戚家搬到陽光谷一家平房民宅。新落腳處，「確實住著不少房客！」定居陽光谷第一天，朱先生似乎預見自己即將「走進故事裏！」而且，「不但是觀眾，也會身不由己參與當中，成為一名劇中人！」

六

一星期過去，二月底，灣區各地，包括北灣、東灣、舊金山、中半島、南灣、聖他克魯茲和蒙特瑞地區，早上，紛紛下著大雨。

屋外飄雨，哪也去不成！朱先生只好留下，聽王哥滔滔不絕。

一直以來，大雜院內沒人好奇王哥無牙始因？大抵視為年齡老化使然。直到今日，朱先生悄問老人。王哥閒聊，當初，健康保險原本跟著凱薩 Kaiser Permanente 醫院，但隨著小女兒失業，而轉到聖荷西一家醫院看診。一天，王哥和兒子馬克拿髒衣服到投幣式洗衣店洗衣，昏倒。事後，子陪父至聖荷西就醫檢查。大概是年輕實習醫生經驗不足？勸王哥服用強力鈣片：「我懷疑你年紀大，有骨質疏鬆症，摔跤會骨碎。所以得服用強力鈣片，一天或一個禮拜一片。」

吃鈣片前，王哥牙齒大致良好。想不到：「吃鈣片後，牙齒一顆顆斷掉。」

某天，王哥去馬克工作地點 Walgreens 藥房拿處方，並透露自己站著半個鐘頭後，腳痠，想坐，卻不能坐下之苦。馬克同事，一位帶著英國腔藥劑師聽聞之後，馬上關懷地問：「你爸長骨刺嗎？骨盤有裂？你爸看起來很好啊！」

王哥今日回憶：「或許鈣含量太強，牙齒逐漸易碎、斷牙。記得那天，吃魚，我覺得嘴裏有魚骨刺，用手摳出，一看，大吃一驚，是牙齒！」

警覺下，立即停止服用聖荷西醫生所配給黃色薄片強力鈣片。然而為時已晚，終至演變成滿嘴缺牙。

目前居住楓葉巷，王哥聽聞，五月一日開始，由於歐巴馬政府實施全民健保，將恢復低收入民眾可以免費拔牙、裝假牙，政府補助每人一千六百元。病人只需自付磨平牙根費用約四百元。王哥不知真假？坊間聽聞：「等到這項假牙基金被民眾登記完畢，這項措施可能就會取消。」

「現在，我有九顆牙根要拔掉，才能裝上假牙。不過，一直以來，也多虧這些寥寥牙根，可以吃東西。」王哥又告訴朱先生：「記得剛缺牙的時候，聖誕節，去我妹妹家吃團圓飯。火雞肉和火腿肉，我開始把肉撕成絲片。因為牙齒的關係。」「牙全掉，那年，我剛好七十歲。」

還有，王哥更透露：「你知道嗎？我左眼有問題，幾乎失明狀態。」

朱先生大為吃驚：「真的？我完全看不出來！我現在看你兩隻眼睛蠻正常嘛！」

王哥：「七十二歲那年，換駕照，才發現左眼視力有障礙。」那年，要前往監理所前幾天，乾孫女安潔莉卡陪伴下，老小兩人去永和華人超市買菜。當天，下雨。走著走著，忽然覺得「有東西進入眼睛裡，像是雨水，不是雨滴。」左眼立即變得模糊掉。去了一趟監理所，發現視力有問題，於是就醫檢查。大夫當場用照相儀器顯示有問題眼睛：「三條血管，上面血管的中間沒有血液經過。下面兩條血管紅紅的，有血液經過。」醫療建議：「多吃阿斯匹靈。對心臟、血管流通都有好處。」多日下來，未見好轉。王哥卻也豁達平靜面對：

「一隻眼睛，就一隻眼睛吧！」

月底這天，健談如王哥，話匣一開，天南地北。瞬間，話鋒一轉，轉為興致高昂、引以為豪年輕小伙子黃金歲月，擔當憲兵神氣時光：「我以前在台灣服的兵役是憲兵，站衛兵。每天站兩到三小時衛兵，主要在老蔣總統上下班的時候。老蔣很準時，早上九點到十點之間，去總統府上班。早上十一點半下班，回士林官邸。下午，偶爾回總統府，有時候去圓山飯店招待來訪外賓。」神采更飛揚：「我們那個時候當憲兵，穿筆挺制服。別的軍種軍裝，是布料。我們憲兵制服使用高級凡尼丁布料，好像三軍儀隊穿的那種好布料，我們還套上半統皮靴。白色鋼盔上面寫著，憲兵，兩個字，看起來很神氣。」

朱先生問：「那時候，你都在哪兒站衛兵？」

「台北中山北路、南京東路十字路口。轉角，美而廉西點麵包店。旁邊，是華航前身CAT辦公廳。」「之前，華航客機將國旗放在飛機尾巴上。美國承認中共後，國旗改為梅花。」

朱先生再問：「當憲兵可以神氣到什麼地步？」

王哥：「公車經過，旅客會朝窗外看站崗衛兵。靜宜女中、專科學校女生走過，會偷偷望憲兵一眼。」又回憶到：「美國艾森豪總統來台灣訪問。老蔣不坐敞蓬車，可能怕刺客吧！可是艾森豪堅持，所以，老蔣第一次坐敞蓬車。老百姓手拿雙方國旗列隊路旁歡迎。元首禮車路線從松山機場、敦化南路、南京東路、中山北路一直到下榻的圓山飯店。」「街道兩旁高樓，玻璃窗邊都不可以站人，怕暗殺。另外，派憲兵站在屋頂上值勤，居高臨下，左右交叉監視路面，確保維安。」

朱先生問：「你當初怎麼會當憲兵？」

「我父親是忠貞國民黨員，所以我才能去站崗。有人不幸接到兵單，被派到金馬外島。兵役科來信，叫我去新生南路憲兵訓練中心報到。天氣好，坐在石頭上吃飯。冬天洗澡，被帶到和平東路澡堂洗澡。公家付錢。一班一班去洗澡。」所以說，「服兵役，憲兵兩年。」並當場情不自禁地哼了一句憲兵軍歌：

「我們是領袖的鐵衛隊……」

順便提起，早年在台灣，「我們現在房東他是警官學校畢業，大專兵，成功嶺受過訓。後來，被派到泰山憲兵訓練中心當排長。泰山中心是新建水泥房。」房東如今「常載我去救世軍領救濟食物，還有去吃每個月一次的長者午餐。」

朱先生問：「誰夠資格享受救世軍這些福利？」

王哥：「六十五歲以上。或者低收入也可以。他們審查，會去暸解家中幾個孩子？我們需要出示房租收據、水電費帳單、工作薪資單。有領退休金的人，不可以領救世軍救濟食物。」

「你現在領多少錢？」

王哥：「以前，跟兒子一起住，我領政府老人低收入福利金六百。現在，不和兒子同住，政府給八百七十七塊錢。」

政黨屬性方面，王哥說，張小姐是深綠，民進黨忠誠支持者。而且，「台灣民進黨是美國民主黨培養出來的。國民黨，是美國共和黨培養出來的。所以我在美國投票，不投民主黨。」

朱先生抬頭，詢問房間內掛著那面美國國旗：「你買的？」

王哥：「不是。很早以前。世界盃女子足球賽在史丹福大學舉行。早點進場的觀眾，主辦單位會送一面美國大國旗，讓我們搖旗吶喊加油用的。」

話題轉回到眼前人民公社裡住著大哥大姐身上，王哥繼續：

「我們這裡，張小姐講話聲音比較粗，像男孩聲音。可可講話聲音又細又高，好像連續劇《雍正皇帝》裡面女主角們講話聲調。但是，兩個女人講話都大聲。所以當她們兩個人在廚房碰面聊天，就很熱鬧。」

王哥嘆息曰：「本來跟我兒子一起住，後來他同性戀男朋友在家裡常常罵我。我搬出來不跟他們住，住進這裏。心想，再也沒人會罵我，不再受氣了！沒想到，搬來這裏，張小姐常罵我！」依然講到罵，老先生卻轉為幸福洋溢：「可可罵我，說，我房間內自己用的廁所髒死了，也不洗！要常洗。」可可又會罵王哥：「汗衫，天天穿，也不洗！要常洗啊！」有次，尷尬王哥對可可回嘴：「張小姐自己說，她一個禮拜才洗一次澡哩！」

敘述完畢，王哥笑意更濃地對朱先生表示：

「被可可叫罵，覺得好快樂！三十年，沒被人關心照顧了！可可讓我覺得像是被太太嘮叨一樣，熟悉感、親切感。」「如果哪天不被可可罵，反而覺得少了什麼？」

朱先生不顧彼此陌生感未除，忍不住譏曰：

「哈！這叫欠罵。可可罵，讓你渾身舒暢。被她罵，你反而延年益壽！」

無牙老人猛點頭同意，笑呵呵！

接下來，三月第一天，整天陰霾潮濕。降雨始自午夜一直綿延到黎明，小雨飄落。又過了一日，下午雨量加強，兼閃電，隨後，風暴抵達灣區。今夜，天空，飄飄細雨。

七

三月中旬，加州呈現好一幅初春景象，鳥叫蟲鳴譜成樂章，禿樹發出嫩芽。

然而此際，美國中西部和中部大西洋諸州竟遭晚冬風暴侵襲。至於東南部各州，出現雷雨，甚至強勁豪雨。美東及東北部，寒雪尚未化盡，新雪又降。「雨、雪，對陷於多年乾旱之苦的加州居民而言，是多麼嚮往與羨慕！」

這時節應是東岸麻州採集楓樹汁季節，卻毫無動靜，因為三月中旬的氣候依舊酷寒，被迫延後。初時，不解：「新英格蘭地區文化之一，楓樹汁季節，不是始於二月底嗎？」低溫和降雪，氣溫波動幅度大，楓樹汁難流出。這才恍悟：「初春，氣溫要逐漸回升，才是楓樹流汁最佳天候。」

相較之下，三月中旬的加州，尤其是加州中部海岸和南加州，呈現草莓豐收季節。兩星期之後，一場春季暴風雨悄然席捲北加州灣區，當地居民歡然慶幸！可惜：「仍舊無法為加州解渴！」短暫但強勢風雨，在舊金山地區喜降大小如豌豆冰雹。

水源，加州最珍惜資源之一。南加州，仰賴科羅拉多河、沙加緬度河流。

時序已正式入春。美國東部居民剛擺脫漫長嚴冬才沒多久。三月二十五日夜晚，竟然，一場春天暴風雪橫掃美東，再度降雪，且氣溫驟降至一月底般那麼寒冷。

八

四月初，黃昏。小趙、朱先生在廚房煮飯。蔡小姐下班回來，沒有像平常挨到晚上十點左右等林先生下班，再兩人共煮餐食。蔡小姐今日早早加入黃昏煮飯行列，三人行。小趙：「蔡小姐是我們這裡的開心果！朱先生，你說是不是？」

朱先生勉強擠出苦笑，未答腔。

蔡小姐接話：「有天我搬走，你們會懷念我。」

其實對蔡小姐依舊陌生，朱先生仍安靜無語，猜想：

「這句話，說給小趙聽的成分居高吧！」

還有，這句話說給林先生聽，倒也有可能。因為一直以來，蔡小姐和林先生共用一個黑色冰箱。不少時候，她會做菜請林先生嚐。表面上，男女交情融洽，蔡小姐使用或移動廚房內屬於林先生的任何廚具或食物，無需事先打招呼，亦無需事後報備。有目共睹，兩人更經常一起下廚並共餐。

連王哥在內，大夥背後戲稱黑色冰箱為「他們夫妻倆的。」

深夜，晚歸室友曾撞見蔡小姐、林先生兩人在巷口，月影樹旁談話。就算同棲於屋簷下但不同房間裏，為了避人耳目，他們也會使用手機來連絡對方。林先生看似和蔡小姐互動頻繁，像是共用冰箱、一起煮晚餐、男女跑去戶外夜談。林先生私下會解釋為「這一切，乃情勢所趨！」

追憶，有段期間，林先生常從餐廳帶食物回來給可可吃，當然不會遺漏王哥，因為可可和王哥互動尚佳。後來發展，讓林先生不解，可可開始晚上下班回來幫王哥做菜，然後兩個人一起圍著餐桌吃夜餐，約半年之久。平常，可可還會幫王哥換床單、洗被子。可可和王哥兩人互動良好，林先生深感被排擠在外，且吃味。於是，自然而然，林先生順理成章地與蔡小姐開始互動，當中，自認為沒有浪漫情愫，只是基於方便性與尋找心中平衡桿。

林先生自認：「搭蔡小姐的便車去購物、辦事。兩人之間，絕對沒有一腿。」

蔡小姐明知道林先生喜歡可可，卻善用心機，林先生一時渾然不知。

兩個禮拜過後，四月中旬，蔡小姐鬆口，透露，月底將搬離大雜院。

張小姐當著正在準備晚飯的趙家夫婦面，高調宣佈：

「告訴你們大家一個好消息，蔡賤人要搬走了！」

這消息傳入王哥耳朵，老人微嘆且先後告訴身旁室友和房東：

「自從蔡小姐搬進來，我就沒有一天睡得安寧！」其中之一，「她跟我講話都語帶尖酸苛薄。」完全不顧「我免費幫她處理廚房垃圾塑膠袋、整理垃圾回收桶工作，讓她獨領房東給她的每個月一佰塊錢打掃費。」

屋子裡，王哥、可可、張小姐都對蔡小姐沒啥好感。

王哥怨曰：「我常受到蔡小姐的牽連，心情大受影響。」

此時此刻，王哥回憶，話說某個冬夜，老谷下班回來，晚上十點多，沒一會兒，他再跑到前院附近抽煙，放鬆一下工作勞累心情。蔡小姐不知情，隨手緊閉大門，上鎖。不久，張小姐開車回來。她用鑰匙開鎖，不順，鑰匙塞不進鎖孔。轉而走向王哥窗邊，敲醒王哥。老人從溫暖被窩爬起，穿上睡衣，走去開大門。張小姐進了門。王哥剛看到門本來上鎖，於是，如法炮製再鎖上大門，才安心地走回房間方向。才走沒幾步，誰知道，先前在院子抽煙老谷欲返屋內時，發現門又上鎖了。他猛敲門。王哥再回頭，幫忙開門。

老谷破口大罵：「叫你不要鎖門！媽了個B，是誰關的門？」

打開大門，老谷走入室內。正對門，就是張小姐房間。

這時，張小姐聞聲，從房間內鑽出來，指明：「蔡小姐鎖的！」

然後張小姐接著亦吼罵王哥：「幹嘛關門？明知道老谷在外面，還關！」

原本行進中要回房的王哥立即轉身，面向兩人，解釋著：

「我哪知道他在外頭抽煙！」

張小姐罵王哥，滔滔不停。

王哥仍記得當時情況。隔天，星期六，張小姐不用上班，晏起。老谷向張小姐告狀：「我們這個樓梯角落小廁所的地上，有月經血和紙頭之類東西。不知道，是不是蔡小姐故意的？害我這個大男人不敢走進小廁所使用！」張小姐拉大嗓門大罵人尚在自己房間內的蔡小姐：「妳報仇啊？」

接著，張小姐就昨晚鎖門一事繼續痛罵王哥。

王哥躲在房間裏，一味地感到冤枉：「當初鎖門的，不是我，是蔡小姐啊！」罵聲，吵醒樓上三十多歲、任職蘋果電腦公司一位林小姐。她忍耐不下去，下樓，當面質問張小姐：

「妳從昨天晚上就把王老先生罵個不停，今早，還罵？不會太過份嗎？」

這下子，反而燃起兩位同樣來自台灣的女人爭吵。

六十多歲張小姐：「他是我介紹進來住的，當然可以罵他！」

三十多歲林小姐：「妳真有這麼大的本事嗎？沒有房東允許，他能住進來嗎？」

「我介紹他進來住，我當然可以罵他。」

「他年紀比妳大，總該敬老吧！」

「妳年紀輕輕，怎麼跟我講話這麼沒禮貌？」

接下來，一老一小改用英語大聲對罵。

從此，兩女結上樑子，互看不順眼，卻也燃起三十歲女人後來決定搬離大雜院導火線之一。王哥接著回想，有天，復活節期間，張小姐關上門，待在房間全神貫注觀賞 ABC 電視台播放好萊塢老電影「十戒」。她完全忘了爐火上燉煮一鍋食物。冒煙不斷，燒焦氣味瀰漫。這時，廚房內火警檢測器故障，不響。樓上林小姐警覺有異，立馬下樓，喊叫王哥和小王。一老一小兩男衝出房間，共同關上火，開了紗門透透氣。然後，雙雙有默契地提醒彼此：「趕快溜回屋裏去。否則，等一下，常常自己做錯事，不認帳，不自我反省，但統統怪到別人頭上的張小姐出來，可不曉得對我們又有什麼莫需的漫罵？」

老小默默地鑽進各自屋間內。

好巧不巧，林先生來到廚房，張小姐隨後出現。林先生傻傻地提到：

「半個小時之前，我聞到一股燒焦味道，但是我沒出來！」

張小姐被激怒：

「混帳！你為什麼那時候不出來關火？你不怕死，可要顧及別人性命啊！」

一開罵，可想而知，張小姐就沒完沒了。

樓上三十歲女房客再也忍不住，打電話給房東：

「我要搬走！張小姐講話聲音太大，又天天大聲罵人。還有，她自己做錯事，都怪到別人頭上。」

房東默默把這筆擋財之帳，算在張小姐頭上。

四月中旬，此時此刻王哥又憶往前塵，然後總結：「張小姐恨我，首先，自從我搬進來，房東找我管這裏的家務，不再找她。再來，蔡小姐惹些事，也把我牽連進去。由於張小姐痛恨蔡小姐，這下子，連我也一起遭殃。」

想起，那時候可可尚未搬來住之前，蔡小姐、林先生、王哥三人是張小姐口中三人幫。緣於某日，蔡小姐欲將房間內床鋪移位，做個改變。原本林先生答應協助，卻沒現身，溜出去了！只有王哥依約，幫忙移動床舖、桌子、椅子。為了感謝，蔡小姐燒菜給王哥吃。張小姐觀察到，王哥一直在吃蔡小姐的東西外，林先生下廚燒菜，蔡小姐也會叫王哥一起加入聚餐，故對王哥戲曰：

「三個人常一起吃東西，你們是三人幫。」

王哥覺得有趣的是，又一天，蔡小姐私下向王哥抱怨林先生：「昨天，我在切榴槤，他把手搭在我肩膀上。」以一種請託語氣：「你叫他不要動手動腳好不好？我不喜歡。」

還有，王哥也注意到，林先生一待蔡小姐回來，常拉開歌喉，大唱「妳在等我嗎？」、「再愛我一次」！蔡小姐再私下對王哥抱怨：

「最討厭聽這些歌了！叫林大廚不要再唱了！」

林先生唱這兩首歌，一唱就唱不停。直到有天，他在浴室淋浴時，忘情地高歌新學會尤雅經典歌曲「往事只能回味」為止。

某晚，林先生煮好菜，邀集王哥和小王出來吃，小王悄聲對王哥進言：

「我們不要去做他跟蔡小姐的電燈炮！」

王哥一想，也對。想到不久前，林先生買一磅冷凍蝦，放在黑色冰箱下層冷藏庫解凍，融水流出冰箱外。蔡小姐黃昏下班回來，林先生尚未歸來。蔡小姐體貼地主動喚集王哥、小趙，男女三人一起為林先生去冰、剝蝦殼。

又像是知道林先生愛吃榴槤，蔡小姐幫他買回來。林先生說，要給蔡小姐錢，但一直沒給錢，蔡小姐也不追討。

蔡小姐常關心林先生。下班回來，會不經意地問王哥：

「林大廚回來沒？」或者，「他下午有沒有回來睡午覺？」

王哥覺得更有趣的是，某個星期一，林先生公休，不用到餐館上班。王哥也知道，星期天晚上收工後，林先生常會解放自己，出去玩女人，夜不歸。這時，當蔡小姐問王哥：「林大廚昨天晚上有沒有回來睡覺？」

王哥心照不宣：「沒有啊！他去爽了！」

蔡小姐曾告訴王哥：「我前夫跟林大廚一樣，也是中餐館廚師。兩人脾氣也一樣，不高興，就發脾氣。」

王哥深知，林先生心中真正夢中情人為何人！蔡小姐搬來半年後，可可才搬進這胡同。林先生第一眼就迷上可可，這點，王哥看得出來，但擺在心裡。

張小姐和蔡小姐有過節，張小姐嫌惡蔡小姐。因此，連王哥都感覺到，張小姐刻意湊合林先生及可可兩人在一起，想把蔡小姐氣得搬走。

雖然有天，不知真假？老谷向林先生透露，可可工作性質為按摩女。

林先生跑去王哥那兒求證：「真的嗎？」

王哥：「我不知道！」

林先生再跑去問張小姐，張小姐回答：「可可是在百貨公司管倉庫的。」一天，林先生對王哥笑曰：「可可長得好看！我要追她！」

王哥：「隨便你！」不過，「你不是說，老谷跟你講，可可是按摩的嗎？你自己考慮去追誰。」

張小姐某天，破口大罵蔡小姐，語帶暗示：

「人家不愛妳，愛別人，妳就吃醋。變態！」

還是四月中旬，此時此刻王哥繼續回憶前塵。當可可將多餘厚棉被、床單一套送給王哥，暖意霎時湧上心頭，無牙老人常感念在心！

憶往，一天，林先生夜邀張小姐、王哥、可可三人飲酒作樂，可可起先還婉拒參與。林先生不放棄，託王哥再約可可。盛情難卻之下，可可最終加入飲酌同樂，四人共品二窩頭。然而，王哥酒量僅能喝溫和日本酒，怕烈酒，故僅淺嚐少量酒。往後幾次，林先生呼朋引伴喝酒，可可都未拒絕了。

某夜，王哥聞聽三位男女勸酒講話聲，跨出房間，走向廚房區餐桌。才露面，張小姐和林先生異口同聲：「走！走！走！你不會喝酒。」

碰著一鼻子灰，王哥轉身回房，漸離一男二女談天小天地。邊離開，邊瞎想一通：「不知道他們在談什麼？討論假結婚嗎？因爲可可有公民身份。」

第二天，藏不住心中事的王哥告知蔡小姐，昨晚瞎猜的部分。

又過了幾天，林先生請室友們吃台式喜餅，切成六塊，分著吃。

可可正在燒菜。

王哥：「可可，來吃喜餅啊！老林的喜餅。」

可可悶著頭專心煮菜，無語。

這時，老谷從後院走進廚房，王哥開口：

「來吃老林的喜餅！可可她不吃。」

老谷放慢腳步，但盯著可可背部瞧，沒停下腳步吃餅。無言，走回自己房間。

看在眼裡，王哥暗想：「老谷也喜歡可可！」

隔天，無旁人在側，蔡小姐問王哥：「可可和林大廚訂婚了？囍餅也吃過了？」

王哥：「我不知道。」

四月中旬，王哥總總追憶，讓他感受到居住在大雜院內人與事：

「生活中有它的複雜性與無奈，卻也沾點一抹趣味性！」

匆匆，當眼前日曆顯示，這會兒「已是四月底了！」

藉由腦海偶爾進行著人民公社昨日生活史的交錯回憶，王哥有時將今昔對照一下，男來女往眾人物愈顯活靈活現！

蔡小姐搬遷日子終於來臨。她的一位朋友前來幫忙，小趙和王哥也伸出援手搬行李。蔡小姐最終搬離大雜院！她的離別，林先生內心深處知道真正原因：

「因為，我有天跟她講，不管發生什麼事情，妳永遠都是我最好的朋友。」

說完這句話，沒幾天，蔡小姐即放出風聲，要搬走！

這部份，林先生未向任何人洩漏。

搬離後沒幾天，蔡小姐特地開車重返故居載王哥出去吃飯，吃越南湯麵。吃喝敘舊之際，蔡小姐向王哥談到林先生：「搬家前，我特別叫他在我搬家那天，能助我一臂之力，幫忙搬家。他當場答應。沒想到他食言，那天，根本沒出現。所以，我現在已經不相信林大廚了！」

飯後，跑到85度C咖啡店買蛋糕請王哥吃。這舉動，蔡小姐除了藉機感謝王哥過去一年來幫忙整理衛生、倒垃圾，同時，尚未跑趟郵局去變更地址，故請託王哥

「費點心，幫忙收信，轉交給我！」

九

五月五日，立夏。

張小姐與嘆曰：「我大兒子三十七歲，小兒子二十九歲。兄弟兩到現在都還沒有結婚！」

聊到自己兒子，她的眼神變得柔和如月光。要是平常，她一舉一動像足了樣板戲裏眼神如炙陽，雄糾糾氣昂昂的氣勢屬於那種亢奮年代。

瞬間，張小姐聲調轉為高昂，在朱先生面前，左批之前女室友：

「以前，住在這裏的蔡小姐，變態。」

右批之前男室友老谷：

「每天早上八點多，不管別人趕著要上班，或是還在睡覺，跑到廚房水槽大聲擤鼻涕。有時候，坐著吃飯，想到他又黃又濃鼻涕黏液卡在流理台小網子裏，就噁心！他太太周末回來和他同住。他們夫妻倆都愛一大早剁肉，佔據整個廚房。四個爐頭，他們夫妻就用了三具。有人早上要準備吃早飯，都沒辦法。」講完，離去。

可可悄聲向朱先生抱怨王哥：「我在做飯，老頭子常藉故出現五、六次。我上次，忍不住，開罵！」然後又表達對張小姐難以理解：「她上次嫌我把一盆水放在餐桌上，她竟然把那盆水放回我房門前的地上。我看了，火大，偏要放回桌上。她不想想自己，把一大堆雜七雜八東西不但放在公用餐桌上，連自己的房間門前面、四個公用冰箱上面，全都堆著她的東西，亂七八糟！」「關於這點，她上次還好意思大聲講老林，抱怨說，老林爲什麼把燉肉的鍋子放在餐桌上？這樣亂，別人來看房子，不會想租的。她還理直氣壯對老林說，爲房東著想，將心比心，不可以這樣！」

下午，王哥剛從救世軍那兒吃完午餐回來。享受完免費提供火腿炒蛋、兩根熱狗，以及沙拉。雖無熱湯，但無限供應紅茶飲料什麼的，他仍心滿意足，且期待下一次再去領罐頭食品、沙拉油、義大利麵，以及蔬菜、水果。加上目前每個月一次，「小女兒愛美麗會開車載他去採購魚蝦。」一想到這裏，老先生頓覺平順美好，隨手打開電視，這時，生活中添進聲色律動。

十

五月十七日，午後。王哥、趙太還有朱先生站在廚房，一邊忙著吃喝人生大事，一邊閒聊生活中小事。王哥說，近日，房間窗外，桃樹枝頭上有鳥兒從凌晨約一點半斷斷續續鳴叫，一直到四點半左右：「天，才真正亮開！」牠們才展翅飛離。

說著說著，興致勃勃起來，無牙雙片薄唇往中擠翹，模仿鳥鳴高低快慢：「居！居！居！」鳥聲。

偶爾失眠的趙太也發現到鳥叫這件事：

「有！有！有！我也聽到。一片安靜，聲音就特別清脆！」

朱先生問眼前男女：「以前也發生過？」

王哥：「今年才開始。可能今年桃子樹結桃子？」緊接著：「早晨五、六點，換成烏鴉飛來！窗外飛來飛去，呱呱叫，粗聲粗氣。太陽出來，就飛跑了。」

朱先生驚問：「烏鴉？」

王哥：「張小姐以前把吃不完的麵包拿到前院餵烏鴉，曾經引來一堆大黑鳥。」

十一

五月十八日，前室友小王開車從聖荷西來陽光谷探望王哥。

屬牛，三十歲出頭，大陸哈爾濱中醫大學畢業生。小王也曾在陽光谷市國際醫科大學擔任中醫助教，現於聖荷西一家中醫診所上班。

當初，他就住在王哥正對門，也就是現在趙家夫婦房間。後來決定搬走，乃是因爲房東片面漲房租五十塊錢，心生不滿。

這天，王哥早已跑到前院歡喜等待、迎接小王的到來。雙方見面，王哥立即告知，張小姐在屋裡。

小王立即反應：「大聲婆在家，我就不進去了！」

老小兩人於戶外敘舊片刻，才滿足地告別，互道珍重。

第二天，一位從大陸山東來的老鄉，經由教會長輩高伯伯那兒認識張小姐。老鄉要搭晚班公車轉回三藩市，張小姐載他去車站。兩人一談，談到十一點鐘，錯過末班車。張小姐決定載他返回人民公社暫住，於是事先打個手機給王哥，想借他房間打地舖留宿一晚。

王哥：「沒問題，但是我這裏沒有被子。」

張小姐：「我回高伯伯家拿條被子帶回去。」

半個多小時後，張小姐把山東老鄉當面交給王哥，再返回自己房間。兩個男人聊天。

老鄉：「我有個女兒在舊金山讀大學。我想幫她找個男人結婚，拿綠卡。」

王哥：「學校有男同學啊！」

老鄉：「不！我想幫她找個四、五十歲，有錢，有綠卡。」

王哥：「現在移民局管得很嚴。除非她自己找年輕人戀愛結婚。」

山東老鄉換個角度：「我自己也想找一位像我剛才遇到的那位名叫可可的女人一樣，有公民身份。可以假結婚。我有綠卡後，再把山東的太太申請過來。我有的是錢。我付。」王哥靈機一動：「中文報紙上這種女人多的是！報紙上有電話，有相片。要不然找移民律師。」

王哥繼續：「我們不做犯法事。」

互道晚安，就寢。

心事盤據下，半夜三點鐘醒來，無法入眠。起身，客人搖醒王哥想談話。兩人又一直聊到早晨六點半，話題未變。

對於出賣女兒感情去換綠卡，王哥勸曰：

「美國現在並不好！失業人很多。有些人還想回大陸、台灣！你們這些人怎麼以為美國遍地是黃金？我妹夫有汽車、房子，但這些都是分期付款。」「我沒來美國以前，也很羨慕。後來發現，不是這樣的。」且深不以為然：「以前聽說，還有人躲在貨櫃裡吃喝拉撒睡，偷渡潛入美國。」於是感嘆：「何必呢！」

才說完話，腦筋動得快的王哥卻馬上鬆口：「如果有真愛，我倒可以幫忙。對象像是你妹妹先生死了，我倒可以跟她結婚，幫她拿綠卡。我現在反正沒人照顧我。」原來，孤單多年的王哥，內心深處，仍憧憬有個生活伴侶好相依相偎。

才沒睡多久，已是早上七點鐘了。張小姐要去上班做媬姆時，順道把老鄉帶離。

兩天過去，近午，老鄉又打電話來，邀請王哥外出吃館子。

王哥：「我有事情。我跟乾孫女正要出去吃飯、剪頭髮。」

晚上，王哥告訴張小姐，老鄉早上來電話問住址，因為他忘了人民公社住處所在？上次夜間，汽車一路駛向大雜院方向，山東老鄉已記不清東南西北。當然，王哥亦將前晚兩男對話內容，簡述給張小姐聽。

張小姐：「他不要來找我。他上次告訴我，想信教。這種人，人渣。」

王哥：「那天晚上待在我房間過夜，看到佛壇香爐，他說，他要拜菩薩。」

十二

五月二十三日，星期五，晚間十點半，林先生從餐廳下班回來，立即在冰箱冷藏那一層拿出一盒生鮮豬肉準備做菜吃晚飯。

原本早已上床入睡，但尿意趨使，朱先生起床想小便，凌晨十二點半，經過廚房，燈亮且感覺到有人活動聲響，但是沒有偏頭瞧望。上完洗手間，直視前方，無視旁人，回房繼續睡覺。不到兩分鐘，敲門聲輕響。

「等一下！」心忖：「是誰?這麼晚了！」

林先生懼曰：「你幫我看一下，頸部有沒有腫?被蜜蜂螫傷，很痛！」復言：「我把那隻蜜蜂放進一個塑膠袋裡。我在想，如果嚴重就醫的話，起碼大夫知道它是屬於什麼品種?」兩人走到廚房燈亮處。朱先生幫忙檢查，發現：「是有個小腫包！」

朱先生回房拿小護士藥膏後，走回廚房，將藥罐呈現林先生面前，慰之曰：「你看，上面寫著，治昆蟲咬功效」接下來，他用手抹些藥膏塗抹在林先生頸部。之後，兩人分別回房準備就寢。

第二天，早上九點多，看到林先生，朱先生關切：「頸部好點了？」

林先生大喜曰：「不但消腫，也不通紅了！」

「那好！那隻蜜蜂呢？」

「今天早上還活蹦亂跳。我把塑膠袋內的蜜蜂給捏死了！」

十三

五月二十四日，星期六。中午，張小姐送了一個蛋糕給王哥吃，高興地邊說，她找到一份擔任娛姆新工作。欣然收下蛋糕。待張小姐離去，王哥低頭發現蛋糕過期，太硬。蛋糕於是立刻被王哥丟進自己房間內的小垃圾桶內。

小女兒愛美麗最近在電話上聽到父親擔憂：「房東會不會要我換房間？」

這天中午，她先送幾個粽子過來：「六月二號是端午節。」又語：「你不要給我添麻煩！到時候，我去哪兒找房子？我們正準備要去渡假。」

父問：「去哪？」

女：「六月五號去夏威夷，渡假三個禮拜。租民宿。」故曰：「六月十五號父親節，我不在加州，你自己過。我不買禮物囉！」

父乃曰：「渡假回來，買件當地T恤給我就好了。」父女講話當下，王哥身穿印有義大利的T恤。當然，這是愛美麗一家四口去義大利旅遊為王哥買的。

黃昏五點左右，王哥走路去大華超市買了中文報紙兩份，世界日報和星島日報。星島，為了看體育活動相關動態。同時，順便買了一包燒香用的檀香，為了天天燒香給菩薩，向菩薩請安，表達一片心意。檀香，每天上香一根。但是每臨初一、十五這兩天，左右香柱上，會各別插上三柱香。買完付帳，連稅，四塊多美金。

回到房間，翻開星島，報載蘋果電腦公司和矽谷其他三家高科技公司就互不搶人秘密協議集體訴訟案，最終和解協議。預料，六萬名員工平均每人可獲四千塊錢。王哥恍悟：「這就是為什麼在蘋果上班的小女兒全家，六月能規劃去夏威夷渡長假！」不過，王哥暗自擔心：「要是張小姐知道女兒多出額外四仟塊錢，會不會告訴房東？漲我房租一佰塊錢？因為有天，聽到張小姐對可可說，可可的媽媽跟兒子暑假計劃來美國。到時候，可可家的祖孫兩人住進我套房的房間。張小姐還說，只要給房東多點錢。房東愛錢，會叫我搬到另一個房間去。

張小姐以前也曾放風聲，要建議房東，提高我這間套房的房租，租給她介紹的人進來住，叫我搬到別的房間去。還好，我把我擔心的事告訴房東，房東沒做任何改變，一切如常。」

十四

王哥守約，收集蔡小姐來函信件後，再私下電話通知對方擇期來取回。

當張小姐獲悉，怒罵王哥：「死王老頭！你還跟那個臭娘們、不要臉的女人在連絡？幫她收信、轉信？為什麼還跟我討厭的人有來往？」

炮火也殃及不在現場的林先生：「老林現在也還跟蔡賤人有來往。」

自從蔡小姐遷出約三個禮拜，五月下旬，某夜，林先生一度心情沮喪，覺得被職場上朋友出賣，於是，播手機給蔡小姐：「我心情大壞！有空出來聊一聊嗎？」

對方婉拒：「明天一早，我還要上班當媬姆。」

掛上手機，林先生此刻隱約地感覺到二度心痛，因為自認為是他最好朋友的蔡小姐竟然拒絕聽他訴苦。深夜，落得獨自一人，無人可傾訴！此際，林先生憶起，蔡小姐仍居住大雜院時，兩位年輕房客小王跟龍先生也還在，他們四人常聊天，互動熱絡愉快。

今夜，林先生平心靜氣，自白：「那時候，蔡小姐對我很好！」直到後來可可搬進胡同，林先生轉移目標，開始找新室友喝茶、品酒。隨後，林先生和可可鬧翻。雖然如此，對林先生，表面上，蔡小姐仍保持原先友善。

自從蔡小姐搬遷後，林先生幾次電話聯絡，想像老朋友一樣找她出來，好好向她傾倒生活中垃圾。無奈，她似乎都在找理由婉拒。蔡小姐已不再像以往兩人住在同一屋簷下那段時光，那麼善解人意與包容。

林先生不禁喟然嘆曰：「難道男女之間，就真的沒有純友誼可言？」

五月二十五日，星期日，國定假日 Memorial Day 美國陣亡將士紀念日。

四川女人可可和台灣女人張小姐，一早，狀甚愉快地交談，除了高談闊論衣服手飾，張小姐當然又是大罵馬英九、國民黨。外加痛罵林先生一番：

「每天晚上燉一大鍋排骨肉，都放在餐桌上，臭死人！我跟他講，吃不完，就用小鍋燒啊！幹嘛用大鍋？他回嘴說，反正他要搬走，不在乎什麼了！」

兩女互動，都聽在王哥耳裏，因為老人故意微開房門，留個縫，好知天下事。

王哥暗想：「她們兩個人在一起，就像兩隻烏鴉，呱呱呱，講不停！」

不多時，房東帶領一位年青人走進屋內，來看樓上空出來的房間。

一聽到年輕男子聲音，張小姐好奇地走出廚房，左彎，瞄了一眼，然後回到可可身邊，驚傳曰：「這位來看房子的年輕人，長得很標緻，高高又帥氣！」

可可心動，也一個左彎，偷瞄一眼，轉身對張小姐點點頭：「真的！」

可惜，年青人沒有承租意願。

胡同外面的世界，從今日到七月四日美國國慶，加州居民優游夏日時光，享受全家戶外出遊或烤肉活動。

十五

五月二十九日，星期四。房東從家中開車過來大雜院，等候一位要來看房子女子。原來是一位女兒代替快六十歲當猓姆的母親來找尋棲身之處。房東跑去王哥房間等待之際，接到一通手機電話。王哥只聽到房東忙於介紹自己才投資、新開張的夜總會：「最低消費，十五塊錢。六點到九點，吃晚餐。十點到凌晨一點，我們有鋼琴演奏、歌星唱歌、舞池跳舞、卡拉 OK」。

夜總會提供燈光舞池、KTV 包廂、台式熱炒、啤酒烈酒，加上天天有宵夜服務。酒店旁，為魚罐頭工廠，偏僻一點。

電話另一頭：「地點偏遠！」

房東回道：「那要看你從什麼角度來看。」

掛上電話，房東告訴王哥，他花錢在中文世界日報上密集打廣告，附上消費預約專線。他戲曰：「夜總會如果賺錢，這裡收的房租錢，就算不了什麼了！」

房東目前不但經營一家汽車旅館，還有另一棟房子也是出租給散戶房客。

十六

五月三十日，星期五。

早上七點不到，天際逐漸光亮，太陽尚未露臉。朱先生搭上公車 22 號，往 Palo Alto 城，做義工。巴士內最後一排橫長座椅上，見到一位套上黑色絨衣、寬褲街友躺下，抱拳弓腿蒙頭大睡。這位無家街友脫掉球鞋，安置那雙鞋在座椅上。當司機靠站停車或紅燈剎車，街友頓時滾下。睡眼惺忪，他起身再退回長沙發座椅上。這時，他大喇喇地橫躺，雙手合掌放在肚口，索性伸直雙腿。同一張長型沙發座椅另一頭角落，有位街友身穿藍色連頭帽的絨質外套，頭靠車窗熟睡中。緊鄰，前一排情人座椅，左右各一座位，左邊椅上，另一位街友身穿棗紅色絨衣，用外套蓋頭，上半身右傾，亦呈入睡狀態。右邊座椅，則為一位衣著白色牛仔褲街友，半身側睡座椅上，雙腳略伸出走道。

長型雙截公車內有三個車門，其中，車身前門，專為乘客上車入口。中間車門和後面車門，則為旅客下車出口。這天早晨，至於後門前面一排情人座，左邊，男街友頭帶淡棕色毛線帽，頸部圍上淡棕色厚圍巾，上身穿黑夾克，下身穿牛仔褲。他將頭部傾靠車窗，閉目。右邊，一位身穿紫色連頭套絨衣遊民，上半身左傾，頭部頂著車窗，好眠狀態。

前門附近座椅上，有位遊民用紅色舊衣蓋住頭部，低頭閉目，一動不動。

車內，略帶異味。

22 路公車，從 **Palo Alto** 到聖荷西，屬長途公車路線，即提供給無家可歸者一個短暫舒適棲身時光。因為灣區 22 路公車，儼然成為一輛輛流動式汽車旅館。例如以凌晨交通順暢情況下，從聖荷西六點十七分發車，北上，到達終點站 **Palo Alto** 城市，也需要兩小時車程，於八點多抵達。要是面臨上、下班巔峰時段，南北一趟全程行車時間則得花上兩個小時以上。

七點二十五分左右，來自東邊陽光悄然且溫柔地灑射巴士內，照在車內每一位以上帝形象創造出的人類臉龐上。

公車終於停靠終點站，**Palo Alto** 公車及火車轉運站。這時，乘客依序下車期間，身穿藍色休閒短褲、藍色帶領短袖襯衫工作制服年輕男駕駛員，堅定口氣，命令喝道：「醒醒！離開！」由於有人仍未醒過來，他接著略不耐煩：「快點！」為了執行份內職責，再次命令語句，厲聲曰：「醒醒！下車！」

朱先生憶起，不久前，冬季尾巴剛收尾，進入初春，難得北加州飄雨。公車內暖氣系統被打開、運作中，溫度溫熱。數位蒙頭大睡街友坐落巴士內。他們厚暖衣服全穿上身，而身邊僅有家當不是塞進小型手推購物車，就是用超大黑色塑膠袋收藏、寶貝起來。

坐在公車中段一位非洲裔女乘客隔空向白人駕駛員抱怨，她混身癢癢難耐，故用放大鏡，發現：「車上有跳蚤！我用放大鏡看到原蟲。你們應該把車上所有沙發椅改成塑膠椅，才不會藏污納垢，滋生跳蚤！」

別人眼中可有可無的黑色大塑膠袋，可是街友必需品。有天，朱先生在公車轉運中心瞧見一位男街友安坐石頭椅上，低頭且雙手小心翼翼地修補大塑膠袋上破洞。

更有一天，搭火車去舊金山逛街。回程，當火車減速緩緩停靠 Palo Alto 轉運中心時，人在火車上往外遙望地面公車站，卻見人影五、六個浮現。暗自略喜，曰：「因爲還要再轉搭公車返回陽光谷。彼時，已過子夜，深夜裡，竟還有人搭公車？這麼晚了！」「要是有其他人也要等車、搭車，就有伴了！」待走近，朱先生恍悟，他們都是遊民，且準備當夜露宿街頭巴士站。

經常看到公車上廣告看板，或候車亭內被巨大透明壓克力板裱裝的廣告詞：

「饑餓，也搭這班公車」

只是今夜再看到這個醒目標語，朱先生認為自己和陽光谷室友們何其幸運！起碼勉強有得吃、有得住。如果硬要自艾自憐，那豈不是「無病呻吟！心緒太無聊？」

夜晚，輕盈劃過凌晨二時許。

躺在睡床上，王哥聽到急促腳步聲衝進隔壁公共廁所，狂吐。

王哥臆測：「是袁小姐？幾天前，剛做大腸鏡檢查，是手術後的現象？」

要不然「是林先生？每天晚上下班後回來做菜吃飯，喝多了酒？」

難道「是可可？周末出去應酬？或跟朋友狂歡，多喝了幾杯？她不是最愛喝二窩頭、金門高粱烈酒嗎？還是她懷孕了？」

王哥此刻不敢起床，跨出門，一探究竟。深怕果真是可可，她會開罵：

「你在監視我啊？」

十七

五月底。四十歲出頭、才從上海飛抵舊金山，阿曼達在加州灣區本地房地產經紀人陪同下，乘坐一輛光潔亮麗汽車來雲雀巷看房子。阿曼達整個人看上去，皮膚白皙、略帶豐勻身材，生活上應養尊處優。更別提一旁看上去三十歲出頭、年輕長髮經紀人，不但身材窈窕，而且眉宇說話間無不流露出都會上班俏女郎那份玲瓏與世故。早晨，霎時，翩翩造訪的人與車，是多麼地與大雜院格格不入，太不搭軋。

巧不巧，這天，已被前雇主解聘多日、賦閒在家不再當褓母的張小姐，雖已找到新雇主，但尚未上任前，橫豎無所事事。朱先生在房間內聽到大聲婆喳唬聲，開門，想瞭解一下發生何事？

張小姐知曉兩女來意後，大嗓門地問：「住多久？」

「一個月。」

一聽，張小姐大為光火，連珠炮四射，當眾不滿住在遠處房東，急呼曰：

「要把這裡變成汽車旅館了嗎？短期房客，來路不明，侵害長久租戶安全和安寧。來的人，要是手腳不乾淨？或做特種行業？還像話嗎？」

張小姐當場拿出手機，撥個電話號碼給房東。旁人只聽到她嘩啦嘩啦義正嚴詞，結語：

「不可租給短期、來路不明可疑人士！」

顯然房東不買帳，電話上，吩咐張小姐，叫王哥來聽電話。

接下聽筒，王哥神情專注地應聲、點頭後，再把手機還給張小姐。轉身，對來訪女性說：

「房東交待我，帶妳們去看兩間要出租的房間。」無視一旁極為不滿的張小姐。先巡看一進大門右手邊第一間，其隔壁鄰居為朱先生。朱先生又和張小姐緊鄰，而張小姐房間是一進大門，正對面。之後，王哥引領二位女子經由廚房走出戶外後院角落，去瞧看獨立於整棟房子之外的一間違章加蓋小木屋。

男女三人回到大門口。

經紀人親切語氣詢問阿曼達，是否要承租？如果要，選哪一間？

阿曼達選擇眾人合住一塊兒的人民公社，「不想一個人獨居在後院！」

這時，張小姐仍未停止炮轟房東，依舊炮聲隆隆。

經紀人見阿曼達心意已定，挺身護衛姿態，高調揚起：

「別理他們！她又不是房東。」

眼見自己在眾人面前挨了一槍，張小姐更為光火，破口回罵後，轉向王哥和朱先生，驚曰：「你看！你看！還沒搬進來就這麼囂張！」

無可奈何！房東心意已定，眼看大勢已去，張小姐盤算：

「好！等著瞧，看我怎麼好好整妳！」

月底這天，101 公路東邊，野放貓隻日眾，流浪貓造成隱居其間貓頭鷹生存危機。社區關切焦點：「野貓威脅到野生動物生態發展」。

十八

六月一日，星期天。阿曼達在房地產經紀人陪同下，攜帶兩大行李箱正式遷入陽光谷胡同。放下行李後，兩人又駕車外出採買食物及一些日常生活所需用品。

早上十點多，王哥面對張小姐相傳曰：「已搬出去的蔡小姐打電話給房東，說，她想搬回來，還是按照以前每個月六百塊錢房租。房東回她說，現在房租八百。她嫌貴，放棄了！」當時，可可和朱先生都在廚房一角，林先生已經上班去。

張小姐：「老谷和蔡？？搬出去，目前，留下室友是呈現最好的狀態！」

朱先生聽成：「蔡建仁？」「誰是蔡建仁」相當陌生名字，故好奇地問。

張小姐譏曰：「就是上次住在你隔壁的蔡賤人啊！」順勢爆料，言表顯露不屑：

「老林前兩天，凌晨一點多，還跑到屋子外跟蔡賤人講電話。」

可可：「老林還有跟她連絡？」

張小姐肯定。不過，關於這點，朱先生略感不解？如果男女仍有相互連絡，何以蔡小姐日前還當面問王哥，林先生近況如何？

王哥略帶迷惑語氣：「前天晚上，有人跑到廁所去吐兩次，不知道是誰？」

朱先生不解，再次納悶：「王哥你不是昨天自己告訴我，老林在晚上狂吐。他現在怎麼明知故問？」

張小姐斬釘截鐵：「老林，他喝多了酒！」

午後，張小姐跑到後院，從桃樹上摘下許多未熟小青桃，又從玫瑰花叢剪下兩朵紅玫瑰。小桃子，準備醃漬起來當零嘴。紅玫瑰花，準備插在大餐桌玻璃瓶中，供人觀賞用。

晚上，朱先生發現微波爐上有半個未吃完粽子，問身旁張小姐和可可：

「這是誰的？」

可可對曰：「是我吃剩的，想等下用微波爐溫熱，再吃。」

稍後，由於張小姐已出門去，可可向朱先生埋怨張小姐：

「她自己東西亂丟、亂放在餐桌上就可以。別人東西就不可以！前幾天，我請她吃糕點，糕餅盒，我留在餐桌上，沒有收回房間。她竟然嫌我亂放東西，趁我不在，把餅盒放在我的房門前臭托鞋上。」

十九

六月二日，端午節。早上九點多，樓上新房客搬來前夕，房東派遣木工師傅前來補強木工裝潢。受到電鑽聲、忙碌腳步聲干擾，張小姐被吵醒。她披著棗紅色長睡袍用微波爐給自己調製一杯熱咖啡。她和朱先生聊了幾句，轉身，從冰箱內拿出一顆粽子遞給朱先生：「今天是端午節！拿去吃！」

朱先生正要推開前門離去，王哥招手示意朱先生，等一會兒進他房間一下。朱先生留步，想問，王哥何事神秘兮兮？適巧，由於有人正在使用公用洗手間，想到王哥房間為套房設計，擁有一套自用衛浴設備，於是朱先生走進王哥房內，借用套房廁所。上完洗手間，瞧見王哥雙手握著焚香祭拜。王哥即刻中斷祭拜，拿出星島日報心情愉悅，大喜曰：「世界盃足球賽六月中舉行。」並把報紙上刊登賽程日期、代表隊名單拿給朱先生過目。

朱先生笑曰：「這下子，你不會覺得無聊了！看球賽，看電視。」

王哥：「對啊！我妹夫上次給我一佰塊，我才有錢裝個華語電視機上盒，收看中文有線電視節目。」

王哥忽然間指向牆角兩捆畫作：「小女兒對我說，未來，我死的時候，這些以前我所有畫的畫，她不會幫忙一起燒的！」

朱先生發現，王哥其實沒啥大事，只是想找人講兩句話而已。於是，應付三、兩句後，遠離外出。

小女兒愛美麗準備和老公、一對兒女飛到夏威夷渡假前，趁著今日辦公室午休時間，跑去大華超市買了兩個甜豆沙、兩個鹹肉粽，以及一個便當給老父親送來。打開便當盒，裏頭有兩片烤魚、魯蛋、炒蔬菜。

看到四個粽子，王哥即時憶起早年在台灣過端午節時：「喝龍黃酒。掛艾草在門檻上避邪。小孩額頭上畫寫黃色「王」字。一串大蒜掛門上。吃粽子。」

愛美麗開車離去。王哥吃著便當，又憶想，當年在台灣，還未離婚，小孩放學回家都五、六點了！王哥會煮生力麵加蛋，或者是拿餅乾、麵包、牛奶餵三個孩子。老婆在外擺龍門陣找樂，晚上八點才返家，下廚煮紅燒香菇等三、兩道菜給孩子們吃。飯菜上桌，孩子已經吃不下，老婆揚言，不吃，就挨打。王哥挺身：「幹嘛打小孩？作母親的，如果要做飯，要早一點回家做飯！孩子怎麼可能餓得那麼久？」

老婆：「我燒有營養的菜，不吃。你餵得都是沒營養的。」

為這事，夫妻倆又是大吵一架。

泛起如昨的往事，如今早已輕煙一縷！

下午三點半，王哥來到前院，在大太陽底下澆樹、澆花。蘋果樹才種下一、兩個月而已，看起來長得非常好，應驗房東所言：「老葉不死，小葉子發芽，這棵樹就活了。」勞動筋骨之際，不免心中惦記著即將舉行世界盃足球賽，但是今年賽程對美國隊不利：「因為，分組抽籤結果，美國隊被分在G組，也就是說，美國隊要和強隊德國、葡萄牙、加納這些國家代表隊比賽。」不過另一方面，生活變得有趣起來：「從六月十二日開始，一連兩個禮拜有精彩足球比賽可看。」

不多時，澆完花，返回房間。房東開車來取黑色信箱內眾房客丟進去的房租支票時，人還來不及打開廚房牆壁上特製黑色小箱，卻急忙衝向王哥房間，急呼曰：「借我衛生紙，我要大便。」王哥對房東第三次借廁所、借衛生紙，爽快答應，即曰：「朱先生有時候也來借我廁所小便，因為隔壁公共廁所剛好有人在使用。」

房東笑道：「我這房間租給你，有個好處，可以當男人公共廁所。」

晚上七點鐘，晝光如午，王哥喃喃自語走向紗門外後院：

「雖然生我的氣，不跟我講話，我還是幫妳把粉紅色拖鞋收進屋裡。我也還是每天幫妳買礦泉水。讓讓妳這小ㄚ頭吧！妳比我小，少說，也該有三十歲。」

曝曬於後院中那雙粉紅色拖鞋，王哥彎身拾起，然後進屋，將左右女鞋恭謹地擺在可可房門口。

二十

六月三日，星期二。上午，有位女子來看房子。

擦不少香粉胭脂女子問朱先生：「你們誰是屋主？你是不是？」

此際，王哥、張小姐兩人幸好出現，朱先生回覆對方：「這是王哥、張小姐。」

張小姐：「不必先介紹。搞不好，他們不會來住。」轉身問女子：

「你們住多久？」

女子：「一個月。每天，三十塊錢。」

張小姐搞清楚這又是一件屬於短期出租，非長期租戶，故毫不猶豫，語調高亢：

「我們搬家！房東把我們這裡當旅館。誰曉得來路不明的人是什麼三教九流？」

女子：「我跟房東講好了！妳是屋主？還是房東是屋主？妳只是住在這裡。」女子當下撥個手機號碼給房東，以求自身正當性。話沒講兩句，張小姐把手機從那位女子手中搶過來，大聲地向房東抱怨、喊話，四顧而呼曰：「租屋怎麼能變質成為旅店？出租給來路不明的人，不怕引狼入室，傷及無辜租戶？」

房東不悅地反駁幾句，粗聲粗氣吩附張小姐將電話轉給看屋女子。

無奈，張小姐安靜下來。

房東決定不開車過來帶訪客看空房間，因為怕現身，張小姐鬧場，豈不尷尬？故對女子在電話上說：「找老王帶妳去看要出租的房間就好了！妳叫老王來聽電話。」電話中，房東交待王哥，領客人去看房間，「我不來了！」同時，氣憤地對王哥數落張小姐的不是：「她是房東？還是我是房東？她要是再趕走我的房客，那麼就再加她兩佰塊錢房租，共一仟，叫她搬家。」

樓上新來房客，貴州老太太，才剛搬進沒幾天，已目睹一切。她萬想不到，日前，張小姐不還跟她洋女婿在前院嘻哈聊家常，如今，怎麼呈現不同面貌，凶巴巴？

胭脂女子：「我要上班去！」

難得露臉的袁小姐低聲：「旅館，一天一佰。這裡只要三十塊錢，他們當然會選擇住在這裡。」王哥暗地向袁小姐預言，如果女子明天搬進來，張小姐會有事沒事罵她，準沒好日子過！看屋女子起動汽車引擎，揚長離去。

張小姐賭氣，將大門口前院幾盆花全搬到後院。

下午，張小姐對室友們笑曰：「大家可以去後院摘桃子吃！」

王哥：「我沒牙，吃不動。」

袁小姐一聽，立即表示：「王先生，我送你草莓吃。」

當袁小姐遞出六顆新鮮草莓時，站立王哥房門口，瞥見老人家房內幾枝綠油油萬年青及盆景，讚美起來：「你房間裡的花，照顧得很好！跟張小姐一樣。她把後院的花，照顧得很好！」

人雖然在廚房，張小姐耳聞，不以為然，即刻隔空回道：

「我是我，王老頭是王老頭。」

不久，袁小姐也打算送草莓給張小姐吃，張小姐不樂，沒收下草莓。

之後，王哥悄悄對袁小姐耳語：「下次，如果張小姐在場，妳在我面前，就不要說我好，讚美我。」接著舉例說明：「前天，趙太想送我四顆新鮮櫻桃。她知道張小姐忌妒心強，所以是偷偷送我，不當她的面。」還有，「上次，張小姐聽說，搬走的小王回來看我，她很不高興。」可是，「她喜歡表現出人家對她有多好！有次，對我說，可可送她一盒素食餛飩。」

二

六月四日，星期三。

王哥對張小姐說：「我已經活夠本了！死後，可以點紅爉燭！」

剛搬來沒幾天女房客，來自上海的阿曼達，這時，把日前跟王哥借用鍋子還回：

「謝謝！我把你鍋子洗好了！」

王哥：「噓！小聲一點。怕張小姐聽到。」

阿曼達：「我才不怕！要吵？就吵唄！」

第二天，張小姐對王哥說：

「你不要借鍋子給阿曼達。他們大陸人有禽流感。不知道有什麼傳染病？」

同一天，二樓另一位新搬來女房客，年紀比阿曼達大得多，貴州人。女兒嫁給洋人。由於她同時使用電爐、微波爐，而跳電。張小姐叫對方自己打電話給房東，王哥站立一旁認為：

「房東為了這種小事，特地跑來一趟？太費神了！」於是自告奮勇：

「我上樓幫妳檢查一下，說不定，只是舉手之勞，動一動，就好了。」

果真，王哥僅重按一下按鈕，電就回來了！任務達成。順道，問新房客：

「英文名字給我一下，以後來信，可以幫忙收信。」

收下英文名字紙條，王哥走下樓。

樓梯口，張小姐對王哥進言：「你下次，不要管他們閒事。」「幫忙收信？住滿三個月再說。房東找的人，阿貓、阿狗找進來，搞得這裡像旅館一樣。他再這樣，我就要搬出去！」

改日，王哥告訴房東張小姐觀點，房東應曰：

「她有疑心病，加上躁鬱症。」

二三

六月七日，星期六。晚上七點，天空仍亮麗。王哥建議何不去大華買點菜？朱先生點頭，一路相陪。走進超市，朱先生只買了一把略帶苦味綠色芥菜。

近八點，可可和張小姐也在廚房。

張小姐喜曰：「今天開車跑去半月灣，Half Moon Bay，買回兩隻新鮮大螃蟹。」清蒸螃蟹香味飄漫整個廚房。另一邊，可可則先將冷凍餛飩下水滾煮，撈起，淋上麻油，灑些脆綠香菜末，澆上幾滴醬油。然後，再配上一盤放入滾水川燙萵苣菜。張小姐、可可兩人坐在餐桌邊，交換分享彼此美食。

阿曼達身穿綴飾閃爍亮片裝，略帶盛裝打扮，也來到廚房沖洗新鮮櫻桃，再將櫻桃盛入大瓷碗內。然後，也加入圍桌行列，優雅地吃櫻桃。另一頭，朱先生把林先生從餐廳帶回來給他吃的紅燒牛肉，放進熱滾滾義大利麵中，加以攪拌。最終，四人圍著大餐桌吃飯。

張小姐有感而發：「這是我們第一次，坐下來一起吃晚飯！」「平常，我們也不太常常碰面。」

張小姐問阿曼達：「前幾天，跟妳在一起的女人是誰？」

「我姐。」阿曼達馬上改口：「我朋友。就像我姐一樣。」

張小姐責之曰：「妳這個人講話，怎麼這麼不老實？到底是誰？前後不一樣！」這麼一提，惹得張小姐舊事重提，不怕剎風景：「她當初陪妳來看房子，還對妳說，別理他們！她不把我們放在眼裏。」

阿曼達袒護，對曰：「她已經對我很好了！感激都來不及！妳不喜歡我，可以不理我啊！」說完，雙手開始整理桌上果核，起身，輕緩慢步，離席而去。

留下仍在吃晚飯三男女，尷尬不語片刻。

張小姐問朱先生：「阿曼達前幾天剛搬來的時候，是不是向你借枕頭？」

朱先生應曰：「沒有！根本沒這回事！」

由於太晚吃飯，加上吃肉太多，肚子有點消化不良般不適，朱先生逕自走出戶外，散步於巷道間，期盼能幫助消化。十來分鐘後，再進屋。此刻，張小姐和可可這兩個女人還在廚房區。可可忙著張羅一鍋紅燒肉，肉香四溢。

朱先生找話講：「我剛去散步了！」

張小姐轉身問：「你要去散步嗎？我跟你去散步。前面走走，十來分鐘也就夠了！我這兒也想出去走一下！」

朱先生解釋：「剛才飯後散完步，已經足夠了！」

這一刻，憶起六月五日，星期四夜間，朱先生說要去散步，阿曼達聽到，立刻說道：「等我一下！我也想去。」

朱先生未置可否，僅模糊一句回應：「沒關係！」就跨出門外。

戶外等待幾分鐘，月光下，從紗門外往屋內瞧，納悶，何事綁住阿曼達？燈光下，她正轉彎走向廚房浴室方向，並未直接走出前院來。忍不住，朱先生再度進屋，問聲眼前張小姐：

「阿曼達不是說要去散步？我在外面等不到她。」

張小姐原本坐在往二樓木質階梯上閱讀中文報紙，這時，拋下報紙，抬頭對朱先生用英語溝通：「不要和這個女人一起去散步。她是新來的，不知何方神聖？過去經驗，像她這類女人，你們男人可要保管好護照、綠卡、公民證什麼的。」復言：「這些警告，今天，我也告訴了王老頭。」

不久，林先生下班回來，敲朱先生房間門，說，他離開山景城元寶餐廳炒鍋的工作，想回到上一任東家經營的中餐廳，擔任炒鍋或油鍋一事，想找人商量一下。朱先生打啞語，暗示，隔壁張小姐房間門半掩，可清楚聽到外頭談話聲。兩人於是走向屋外，才開嗓商量林先生換工作一事。嫌涼，林先生決定進屋拿件夾克。一進屋，被張小姐堵住，叫住林先生，言曰：「你要勸朱先生，提防阿曼達，留意自己護照、綠卡、公民證。」「還有，阿曼達要和他晚上散步，我勸他不要。他好像有點不高興，像是我愛造謠、搬弄是非、八卦。你勸勸他！」

之後，夜晚十點半左右，藉由紗門往外瞧，朱先生驚見此時此刻，房東怎麼開車來接阿曼達去夜總會？夜深沉，房東才將阿曼達送返大雜院。耳聰目明甚於常人的王哥，不僅準確接收室內男女動靜，連戶外蛛絲馬跡亦偵測無礙，因此，他也當然清楚男女來去接送狀況。

當夜，入睡前，另一頭，張小姐把房門整夜半掩到天明，想側聽隔壁男女房間內可有異動？碰巧，每夜入睡前，都會喝上一杯熱綠茶，因此，半夜兩點和清晨四時，朱先生起床小便，分別清楚聽到隔壁張小姐咳嗽聲響，像是有意無意之間暗示：「稍安勿動，別輕舉妄動！我清醒著。」

這夜，對操心過頭張小姐而言，似乎不是那麼高枕無憂！

二三

六月八日，星期天。這天，也是教會五旬節。

坐在教堂裡，朱先生領悟：「讓自己活得津津有味、興緻盎然，就是為 上帝，為世界，為自己，做出最好的見證與回饋！」

早上，張小姐敲王哥門，送來一個從「85度C」糕餅店買回來的小泡芙，並想借閱中文報紙。

王哥對曰：「報紙，小趙拿去了！」

報紙沒借成。張小姐順道對王哥說，她剛才跟可可在廚房聊天，可可抱怨：

「老林凌晨一點半，在後院喝啤酒，又唱歌。」

深夜，窗外無聊男子酒歌聲，惹可可不安寧。

於是張小姐叫王哥傳話給房東，打起林先生的小報告。

王哥假意曰：「我會向房東反應。不過，房東最近心情不好。改天，我會。」

不久，王哥走廊上遇到斜對門袁小姐，重述方才情況。袁小姐聽完轉述後，無語，未表態。王哥繼續對袁小姐說：

「房東吩咐我，屋裡小事，叫房客他們自己解決。大事，才去找房東。」

袁小姐出現於廚房，終歸當面對張小姐講：

「王哥不會告訴房東。林先生以前，天天晚上煮那鍋排骨肉湯薰人，還有他現在半夜唱歌喝酒的事，這些，你們自己解決。」

張小姐跑向王哥房間，劈頭罵王哥：

「你當時為什麼不直接跟我說，你不會跟房東講？卻叫袁小姐來傳話？」

王哥應曰：「房東叫我少管閒事！如果，我當時跟妳講，妳又會罵人。」

張小姐轉身回廚房，邊罵：

「怕老林啊？死老頭！你忘了？是我當初介紹你進來住的耶！這個死老頭，一天到晚自己跟自己講話。」

待在屋內，王哥暗自不悅：

「他媽的！又是老話。還有，我的冰箱可都是放她的東西！」

怕張小姐在室友面前誇大言論，王哥決定還是開門，走向廚房，當面向張小姐稍作解釋：

「上次為了老林、可可、蔡小姐的事，把我也搞進去了！這次，老林的事，我不管！你們自己去解決。如果我講給房東聽，等一下不要說，又是我去告狀、講什麼！老林又會恨我。」

張小姐：「你們上海人，那麼狡猾！」

此話一出，指桑罵槐？一箭雙鵰？不也是故意講給正在吃早飯的阿曼達聽？

阿曼達聽不下去，抬頭望張小姐，則曰：

「妳在跟誰講話？妳一直在講王老先生不好！如果妳在對我講，我不聽！」

王哥：「我是江蘇嘉定人，不是上海人。」

張小姐：「那你是台灣人嘍？」

王哥：「我是台灣人，也可以。妳如果說我嘉定人，也可以。在美國，都是中國人！妳說我是什麼人，就是什麼人吧！」

袁小姐對王哥勸曰：「走吧！不要講了。走吧！」轉頭，亦對張小姐勸告：「妳也不要再講了。好了！好了！」

王哥前去流理台洗碗。因為可可也已離開外出，王哥準備拖廚房地板。要是可可還在現場，王哥才不敢拖地，怕她罵。這時，大部份人均離去。王哥徵詢人在現場看到一切吵鬧始末的阿曼達：「妳在這裡吃飯，我可以擦地板嗎？」

「可以啊！」並慰之曰：「不被魔鬼折磨死，就變成天使了！」

接著，阿曼達送碗雜糧甜稀飯給王哥喝。

「謝了！」王哥輕聲：「妳上次跟我借鍋子，張小姐說，大陸人有病。借鍋子給你們，不被怪病傳染，才怪！」

阿曼達：「你是好人！我搬走，不租的時候，東西都會給你。」且同情：

「她幹嘛一直罵你？」

王哥攤了攤雙手，唉聲嘆氣：「妳看我煩不煩？」一憂也！

過不久，張小姐臨出門前，又轉到王哥房間重提，要王哥向房東告發林先生深夜喝酒、唱歌，擾人安寧一事。王哥重申：「你們自己去講！」

張小姐：「我現在就打電話給房東，證明，我沒講你什麼壞話。」

王哥依然坐在電視機前，收看華語有線電視節目。

張小姐離開王哥房間，走到廚房，看到小趙，立刻當面怪罪：

「你幹嘛去大華幫老林買啤酒？」

小趙一臉無辜：「他是這裡室友，他託我買啤酒，我當然要幫忙。但是，我怎麼知道他會半夜喝？」

張小姐隨後出門，駕車駛遠。

王哥現今拒絕傳話給房東，為了要證明：「以前，蔡小姐、可可、老林三人之間男女關係，不是我告發，是張小姐向房東說的。」外加，「幾天前，阿曼達反駁，不是她把一般紙張放進馬桶裡，害馬桶不通。我懷疑，張小姐故意編故事，放話。」房東獲知，說：「不怪阿曼達，她新來房客，老房客應該先通知她，才對。」

王哥邊看電視，邊獨思：「房東說，張小姐什麼事都不做，就是一張嘴。又愛管閒事！」又「房東近來心煩，因為夜總會生意一直沒起色。還有後院小木屋，到今天都還沒找到房客。幹嘛要我去煩他?他們自己不會去跟房東講林先生的事？」

另外，王哥無端擔憂：「政府發放老人福利金相關通知，不要寄來太早!因為，小女兒全家還在夏威夷渡假，直到二十二號，他們才回加州。否則，英文信，我也看不懂，而且，更不知道該怎麼做？」二憂也!

突然害怕：「我會被迫搬走?我懷疑，張小姐是不是一直在房東那邊撥弄是非。」三憂也!此刻，憂慮，三面夾攻。王哥無奈：「張小姐一早，來罵我，心情欠佳!恨不得跟老林一樣，也買它幾瓶啤酒來喝，借酒消愁!」

王哥房間紗窗外，數個月前，幫房東種下細枝蘋果小樹，今已冒出白花、粉色迷你花蕾，以及十二粒小青果。旁邊，小紅莓欉、山楂樹、李子樹，和石榴樹。石榴低處，枝上橘紅花一朵。

另一頭，正門右側，一棵四月份王哥才幫房東種下芭樂小菓樹，今也枝葉繁茂，令房東龍心大悅，喜曰：「這是我最喜歡的樹！」因為芭樂讓房東想到台灣。此外，房東還愉快地見到前院白蘭花幼樹、無花果樹，及李子樹搖曳生姿。

今午，就像每天下午，澆花澆樹，呵護綠園，已為王哥打開一扇心情寄託之窗。一整天，心情低落。夏日黃昏五點，陽光谷小城，炙陽高照。

王哥決定轉換一下心情，頭頂戴上小圓帽，手拿環保購物袋，走向中國超市。市場內，舒涼冷氣，王哥靜心不少。熟食部前，用夾子夾取四隻滷炸雞爪、五塊滷豬腳、紅燒豆腐果、炒雞丁，將便當盒塞得滿滿如高山。蔬菜省略掉，因爲無牙，咬不動。加稅，共九塊一毛九。

順便買份世界日報，五毛錢。星島日報，就不買了，因為周日要價七毛五，貴兩毛五。然後，走向冰櫃區，挑了大瓶青綠色玻璃瓶台灣啤酒，原價一塊九毛九，減價三毛，故只付一塊六毛九。

拎著食物、飲料，慢慢地再一步步走回家。

壁上掛鐘，指向六點鐘。戶外依舊維持暖和陽光。如願。黃昏時分，王哥終於可以好好灌進幾大口冰涼啤酒，來解解悶！

晚上，可可下班回來，和其他兩個女人，阿曼達及張小姐，可說是相談甚歡。閒聊中，得知，原來，上海來的阿曼達已經離婚，有個十八歲大的兒子，家中八十歲父親可做五十下伏地挺身！

同時，三個女人又談到林先生晚間在後院唱歌擾人一事，張小姐出主意：

「別告訴房東，我們去報警！」

沒幾天，這報警一事經由王哥傳給房東。

房東不予置評，僅四兩撥千斤：「張小姐講的話，一半是真的！一半是編的！」

二四

六月九日，星期一，黃昏五點許，趙太還沒有下班回來。

爐上煮著糙米飯。水槽旁，正在清洗芥菜，朱先生要炒一盤清油芥菜。

袁小姐平和地向朱先生提到，冰箱溫度，調至2，涼度不足，冷藏食物不夠涼，難保持新鮮味。身居炎熱天氣裡，非得調至低溫強度7，食物方得保鮮。她語氣轉為不滿：「一定是我隔壁小趙夫婦搞鬼，故意跟我作對。我和他們夫婦共用一個冰箱。冰箱溫度不涼，一定是他們調高溫度，動了手腳！東西也常遺失掉，一定也是他們偷的！他們和張小姐有過節，不必把不滿轉嫁到我頭上。」

說畢，眉頭微皺，雙眼突然間睜得圓如杏。一個轉身，丟下王哥和朱先生，從廚房衝向小趙門口。五十多歲袁小姐毫無預警地瞬間暴怒，高八度潑悍猛吼，飆罵待在屋內六十七歲小趙：「你跟你太太故意跟我作對，冰箱溫度來回故意調到2，食物沒辦法冷藏。」又破口狂吼：「你只聽老婆的話，沒用！」「沒出息！不是男人！」「你太太下班回來，不要跟她講。免得到時候，她又跑來跟我吵！她什麼都不承認，說，她沒偷東西。」

朱先生心驚：「袁小姐怎麼前後三、四秒，判若兩人。現在怎麼好像潑婦，又好像魔鬼。」但閉嘴保持靜默。

沒多時，王哥緩慢移步，見到朱先生仍在水槽邊低著頭嘩啦嘩啦地清洗芥菜。兩個男人未有任何交流，僅靜觀女子獨家暴烈砲火四射模樣，以及女子未停止怒目瘋狂罵街的舉止，天搖地動。

平常好好先生、個頭不高廣東漢子小趙深覺莫名其妙！女方羞辱言語狂叫，忍無可忍，按耐不住，衝出房門，難得為自己挺起腰桿、昂首迎向袁小姐，大吼回嗆，爭回公道。

這時，女子邊罵邊走回廚房。盛怒男子尾隨袁小姐，也追來廚房。雙方暴怒對罵，互不相讓。長髮披肩、白髮長絲佔一半的袁小姐猛烈前後、左右、上下搖頭。頓時，髮絲散亂滿臉，整個臉龐輪廓全然消失，只見三六〇度橢圓形長髮環繞。她又雙手握住長型餐桌兩邊，忙著前後猛力地搖晃桌子之同時，口中大叫狂吼不已！

雖然身邊男女互吼，戰火兇猛，然而朱先生安靜一旁，並未停止沖洗青菜。無牙王哥癟著嘴，亦神情鎮靜，站立朱先生身後，喃喃地對朱先生耳語：

「不要管他們！讓他們去吵，讓他們自己去解決。」幾秒鐘過去，王哥叫了一聲：「朱先生，走！我們到外面去，不要在這裏，讓他們吵！不關我們的事！吵完了，我們再進來。隨他們！」

朱先生這才放下手中菜葉，關上水龍頭，加入王哥，一前一後，離開現場，避免涉入無謂紛爭，走向前院，等待風暴過去。

王哥：「我學到教訓。兩造吵架，非當事人，閃避為上策！」並舉前例：

「張小姐跟蔡小姐鬧翻，我想做雙方眼中好人。結果，張小姐罵我幫忙蔡小姐，蔡小姐指責我站在張小姐那一邊，落得兩面不討好。另外，就是可可和老林，他們兩邊都罵我！」

等待屋內公獅母虎的嘶吼聲逐漸減至無聲無息，看似西線無戰事！這時，王哥隨著肚子餓的朱先生返回廚房，繼續準備晚飯。王哥想找人聊天做伴，因此，隨在朱先生身畔，不停找話聊。

此刻，仍在廚房逗留並正用微波爐溫熱一杯水的袁小姐自謂：

「我不會跟你們兩位道歉。剛才我真的很氣！」

兩位聽者不發一語。朱先生依舊只顧低著頭沖洗芥菜。

兩分鐘不到，小趙再度走回廚房，心平氣和，對袁小姐道歉：

「我真的不知道，冰箱裡面，2是高溫，調到7，才是低溫冷藏。」

袁小姐這時也以平靜口吻，好像什麼事都沒發生過：

「誤會過去，就算了！兩家使用一個冰箱，害我們吵了一架！」

接著，她重覆一下，2和7之間，由於雙方認識不清數字所代表的意義，因而引爆彼此糾紛。

男女無戰事！

怎料，王哥卻在袁小姐平和講話中，插嘴：

「冰箱上層、下層，都各有一個不同開關，控制溫度……」

還沒說完，袁小姐頓時感覺在她怒氣才消的平和講話中，王哥為何半途插入有關使用冰箱的老話題，似乎有點要護衛小趙嗎？此際，袁小姐無端再度被撩起那份氣憤，轉頭對老人發狂暴吼：「你別講話！不關你的事！你不要跟我講話！我不會跟你道歉。你給我閉嘴！」

此刻，屋裏另一位難得暴發怒氣的王哥，不知怎麼搞的？亦像是火山爆發，無可抑制積怨怒氣，馬上使勁用力地狂吼回去：「誰要妳跟我道歉啊？」

震耳反擊聲，這下子，可把旁人刮目相看！

朱先生想：「這可是第一次見到老頭子為自己的冤枉，做出如此強烈回應。」

這下子，輪到朱先生邊勸推老人，邊使用眼神和手勢暗示王哥，去前院。這次，不是避風頭了，而是消消忿怒。

兩人再度返回前院。氣到不行，王哥滿臉通紅。這不僅是剛才喝了點台灣啤酒，更摻雜被袁小姐激盪到血脈賁張、氣憤狂吼之故。這時，王哥連說：「張小姐說，袁小姐是老處女！」又曰：「她有次要我向房東反應，廁所內，應該鋪一張小地毯，馬桶座上，應該提供坐墊紙張。房東回應，叫她自己去買。如果住得不滿意？就搬走，或者去住旅館好了！」還有，「她向房東抱怨，隔壁老林常常用廁所，而且走路或關門都太大聲。房東回應，妳不能叫人家不上廁所啊？妳只能告訴對方，關門放輕一點。」結果，「房東說，現在一看到顯示袁小姐打來的電話，都不會接聽。」

王哥略帶得意：「房東看到是我撥去的電話，就會立刻接聽。」

六點多，趙太下班回來，略聞冰箱涼度不理想一事，但無人透露吵架細節。趙太和袁小姐兩位女人平靜地都同意，該打電話給房東，告訴他，冰箱壞了，找人來修。

趙太顯然不知方才自己老公和袁小姐激烈衝突事件，向朱先生抱怨一頓：

「房東給我們用的冰箱，都是去拿別人回收的舊冰箱回來，再拿給我們用。你看，白色冰箱外表很漂亮，看似新的，其實，是回收的冰箱。」

不久，朱先生見到袁小姐在前院，她解釋：

「我出來打電話給房東，因爲屋內打不通！」

朱先生：「我自已也有類似經驗。方位不同，手機接收情況也有不同結果。」

袁小姐：「我剛才和房東反應過冰箱問題。」

趙家夫妻倆吃完晚飯，趙太來到後院乘涼。

趙太面對朱先生興嘆曰：「昨天晚上，張小姐罵王哥。今天一早，張小姐就送一包餅乾給王哥。罵完，又送東西。被罵的人，竟然又收下對方的東西。人的尊嚴都沒有！是我，才不吃，才不接受！王哥，就是沒骨氣。」提起舊事，「張小姐以前送谷太太一雙舊鞋。後來，兩人吵架，張小姐重提那雙舊鞋。」

夜裡，六十二歲張小姐駕車歸來，身後跟著阿曼達。原來，這一天，張小姐不但開車載阿曼達去購物、上健身房，而且還帶她去看美國好萊塢電影，由湯姆克魯斯主演的「Edge of Tomorrow」。進屋不久，聽聞袁小姐發狂張牙舞爪舉止，張小姐淡然拋出一句：「老處女！」

二五

六月十日，星期二。朱先生去 Palo Alto 做義工回來，黃昏，稍後即前往王哥房間聊會兒天、看會兒電視。當時，王哥正在觀賞 DVD，好萊塢早年硬漢約翰韋恩所主演「哈泰利」。

王哥：「父親節，星期天，快到了！」顯然，王哥未忘記朱先生許諾父親節前或當天，要請王哥去館子吃頓飯。

朱先生一時未答腔，因為不太確定，是過節前？還是後？

王哥：「我想去大華買東西。什麼時候一起去？」

朱先生想到，第二天，星期三，要搭公車長途去史丹福戲院看兩部好萊塢老電影「The Gay Divorcee」和「The Story of Vernon and Irene Castle」，票價七塊錢。於是開口：「我們現在就去好了！」不想犧牲明天看電影大好機會。

王哥：「明天好了！」

心想：「願意陪你去買菜，你還挑時間？這會兒，不是空閒下來嗎？」朱先生堅持己見：

「明天，我是會去看電影，很晚回來。看來，只有等到後天了！」

不久，告辭，朱先生回到自己房間。

這時候，林先生接到房東電話，邀請林先生去看看朋友新開餐廳，聽似要介紹廚房兼差工作給他。剛好阿曼達想出去逛逛，因此，兩人結伴搭公車去餐廳。結果，哪是朋友開的餐廳？其實，就是房東自己最近重金投資一家夜總會，林先生隨後發現房東是要他去消費花錢。

黃昏時刻，店內空蕩無人。林先生點了一杯飲料，算是捧個場。不奈沒有其他客人，深感無趣，阿曼達萌生離席念頭。林先生不得不告訴房東，方才所點飲料，無需送出來，「因為，我們想回去了！」

男女離開夜總會，走在馬路上，準備搭公車回去。

阿曼達抱怨：「剛才房東沒有要求你花費最低消費額三十塊錢。上個禮拜四，房東晚上來接我去夜總會，店裡也是半個人都沒有。那天晚上，房東要我起碼最低消費七十塊錢。我不願！房東蠻生氣！凌晨一點半，我才回到家。」

晚上，兩個女人在廚房。張小姐當著可可面前無緣由地罵曰：

「老王，你要死，別死在這裡。」然後轉頭對可可說：

「這周末父親節，他可能出去。」

二六

第二天，六月十一日，星期三，早上八點半。

袁小姐在廚房微波爐附近準備早點。

漱洗完畢，朱先生拿著臉盆從浴室走出來，向袁小姐道聲早！且說明一下：「剛才，上完廁所後，我馬上打開門，才再洗臉刷牙。原因是，這樣子，任何人起床尿急，可以告訴我，我就會讓出浴室廁所，自己跑到廚房流理台的水龍頭盥洗。」

袁小姐微微感謝朱先生用心良苦。

朱先生客氣對曰：「只是將心比心。」

接下來，袁小姐逕自抱怨起來：「張小姐的抽屜沒關好！有些瓶瓶罐罐都露出來！」不滿曰：「廚房裏每個冰箱上面，都被張小姐的雜物給堆滿。」

朱先生環視，果然，四個大冰箱上頭確實都堆集著張小姐凌亂物品。

袁小姐走到落地鋁門窗處，指著戶外後院一間組合起來的小儲藏室，聲稱：「有一半空間，都被她亂七八糟東西塞滿。」未完，她又引著朱先生轉到屋內走廊上靠牆儲藏櫃前，打開落地木櫃，「這裡面也全是張小姐丟進去的一大堆衣物。」然後皺眉罵道：「她有病！不知道是什麼樣的病？垃圾般的東西到處亂塞！」再補上：「趙太對我說，張小姐有病，原諒她。」

朱先生似乎感覺到張小姐已起床動靜。不願將自己被捲進一場兩個女人無謂紛爭，朱先生藉故遠離。回房時，果然看到右手邊隔壁鄰居張小姐房門半掩，屋內暈黃燈光點亮著。迅速閃躲進入房間之同時，想到，就連剛搬來還不到一個禮拜、左手邊隔壁即上海來的室友阿曼達，她也逢人便透露：

「有天，走進張小姐的房間內。哇！到處堆擠衣服雜物，一層層疊上去，像山一樣高。我心中忍不住大叫，簡直像垃圾場！哪像一個六十二歲老女人住的房間？我當面對她說，我幫妳清理、打掃。她不准。她說，以前，連她媽，她都不准她翻動、清理她的房間。」

不多時，張小姐走出房間，走進廚房公共園地。見室友們在側，這回，輪到她高談闊論、滔滔不絕：「房東如果把這棟住宅當作短期商業用途出租，就是侵犯我們正常房客的權利。」復言：「阿曼達這回從上海來美國釣老公！口頭上，她像貴婦派頭語氣。但是，我開車載她去 **Goodwill** 二手店買電視，才四十塊錢一台大電視，加上三十伍塊錢運費，她嫌貴！寧願空手而歸。」

講到這裡，朱先生憶起，有天他告訴阿曼達，人民公社住家附近一棟房子要賣九十八萬七仟美金。阿曼達回稱，她要買一佰伍拾萬美金的房子。又語，陽光谷房價便宜，一佰萬美金，算不了什麼！她想在美國加州買它好幾棟，接下來：「在上海，賺錢容易。」

回神過來，朱先生聽到張小姐繼續講：「她剛來沒幾天，口口聲聲對我們說，每天忙著去專業健身房運動、減肥。後來我發現，她都是在使用好幾家健身房的免費優惠券，用完優待券，她就再也不前往消費。」「她如果真富有，就不會省錢，和我們住在這種大雜院裡。」又調侃：「她想在我們這棟貧民窟裡想釣老公的話，還是省省吧！我們這裡的男人，不是老，就是窮！」

張小姐：「阿曼達是個沒有靈魂的拜金女！」接著又語：「我有次對她說，我要和我朋友跟她老公，三個人準備一起去看一棟豪宅，房地產。她說，她也要去！我不肯。因爲我想到那對夫妻，是相差五歲的姐弟戀。我朋友一直怕她年輕老公被別的女人勾引走！所以我先把阿曼達放在山景城的 **Subway** 三明治店，等我跟朋友辦完事，再回去接她。她是個女騙子，不是男人的小三，就是小四、小五。」

張小姐未講完：「上次，我開車載她到聖荷西的 **Santana Row** 精品街去逛。她在 **Prada**、**LV** 精品店裡試戴圍巾，全試，但不買。試穿鞋子、試提包包，把人家弄得一團糟，變成像是菜市場一樣。結果，終於買雙最便宜的鞋子。刷卡時候，阿曼達用陳先生的信用卡。我問，陳先生是誰？她回答，是老公。我好奇再問她，妳不是說妳已經離婚了嗎？她回答說，儘量用他的錢啊！這時候，店員要她出示 ID 身份證，她不爽，大聲嗆店員，說，前幾天，她在紐約採買，都沒問題。我一聽，馬上問她，怎麼不見她在紐約採買的精品？她回答，全託朋友帶回上海了！後來，不得已，她拿出自己的信用卡來付鞋子的錢。但店員一刷，信用卡被拒絕。當場，她說，那麼她要轉些錢到帳戶去。結果，信用卡還是被回絕。那時候，我忽然想到，我充當她的中文翻譯，要是她詐騙，豈不是把我自己也淌進去？於是，我在店裏編故事對她說，精品店內都裝有攝影機，隨時在錄影。如果信用卡有問題，或者是欺詐，經人報警，那麼，在妳登機前，會立即遭到逮捕。這才把她嚇退，離開。」「逛累了，近中餐時間，我們去免稅店、精品店附近的美食街看看。我點了日式午餐。阿曼達說，她自己帶了新鮮水果來吃。後來，抵擋不住美食誘惑，她也點了一客日式午餐。沒吃兩口，皺著眉頭，說，不好吃。」張小姐講到這裡，讓朱先生想到，阿曼達曾表示，她不喜歡美國，喜歡日本。

「她說話不老實。先對我說，她有個唸大二的兒子在上海。隔天，我再問，她卻改口說，是女兒。」張小姐講到這裡，朱先生想起，阿曼達上次告訴他，她有個十八歲女兒。

張小姐再言：「有天，我要去永和華人超市買東西。她跟著去，逛遍店裏打折食品，折騰半天，不買。」「第一次載她出去逛街，汽車油箱，原還有三十八塊錢的油，陪她一天下來，只剩下三塊錢汽油。第二次，出門前，我看汽油剩五塊錢，我就叫她先付二十塊錢汽油錢。」「我開車載她去大華超市附近的中信補習班，因爲她想報名學英語。當她看到師資名單，一眼看上去，全都是華人老師名字，於是馬上說，華人英語難聽死了！」「她剛搬來沒幾天，竟然自信十足對我說，如果她走了，我們會想念她。我大吃一驚！這怎麼可能！」

當張小姐數落阿曼達種種之際，朱先生免不了暗想：

「張小姐真是矛盾、雙重性格，毫無原則。阿曼達前腳才搬進來，就四處醜化她，叫人提防她，遠離她。可是，第二天，她自打嘴巴卻樂意跑去當阿曼達的車伕，載她來，載她去。只准自己放火，不准別人點燈。」

簡便午餐後，出門。朱先生看第一場黃昏五點四十五分電影，然後接著看第二場七點半那場「**The Gay Divorcee**」。散場時，已九點十分左右。跳上22路公車，再走段路回到家，也快十點半。眼見張小姐捷足先登，拿著臉盆準備走進公共衛浴間洗澡，朱先生只差兩步而殿後。張小姐見狀，願意讓位，朱先生反而更加謙讓，表示願意等待。袁小姐聽得清楚門口兩人對話聲，明瞭情況，於是開門，建議朱先生：

「看王哥房間裏的浴室可不可以借用？」暗示男生可用王哥套房內獨立衛浴間。

朱先生：「我剛回來，進門前，看到王哥房間漆黑，應該睡了！不用麻煩。」說完，轉身走回房間，靜等下一輪，再淋浴潔身。

又過了一天，六月十二日，星期四。

為了避開被阿曼達纏上，抓公差去當司機，張小姐下午回來時順便帶回旅遊資料如黃石公園、大峽谷、拉斯維加斯、洛杉磯等遊覽地，供阿曼達參考，希望她多多參加旅行團出遊，少煩人。

不久，約下午兩點半，朱先生從山景城回來。

「兩天沒見到王哥！我沒忘記，上次答應他，要陪他去買菜。」心想。

用鑰匙打開前院大門後，故意手腳動作大，製造聲響。根據以往經驗，半掩門的王哥聽得出朱先生進屋聲響後，不久，老人會托著緩沉步伐走出房間，叫住朱先生，然後總是說，稍後去他房間，相告一些屋內其他室友小道消息。

這會兒，奇怪？不見王哥現身或隨後來敲門。朱先生難免納悶？

晚間散步後，在廚房，忍不住問了一下小趙：「王哥這兩天怎麼這麼安靜？」

小趙：「星期三晚上，就沒有看到他回來！」

一旁趙太：「不用擔心！他沒有老人痴呆症，頭腦清楚得很！」

聞訊後，朱先生大吃一驚：「他去哪裏了？」於是親自去敲門，喊聲王哥。果真，無人回應。

旋即，趙太再表示：「星期三黃昏，我有瞄到對門老頭從外面回來，特意放輕腳步。至於，他是不是當天晚上又出去？還是待在屋裡睡覺？就不曉得了！因爲我都待在自己房間裡。」

朱先生跑到張小姐房間門口，建議張小姐：「打電話給房東，問他知不知道王哥下落？」

張小姐：「好！我試著連絡他。有任何消息，我會等一下再通知你們。」

撥手機前，她和朱先生走出大門，兩人來到王哥房間面臨巷道的紗窗，先後探頭往內瞧：

「靠牆床鋪，棉被枕頭都疊得好好的，沒動過。」

朱先生離開張小姐，獨自移步，轉彎至另一頭，王哥套房面臨前院停車棚的小紗窗，伸長脖子蒐尋窗內浴室，似乎亦未有老人昏倒臥地景象。

小趙這時驚曰：「感覺怪怪的！」

接下來，朱先生建議今天不用上班的張小姐：

「妳打電話給房東，問他是不是帶王哥出去了？他知道王哥下落嗎？」

張小姐抓起手機走向前院撥電話：

「老王失蹤了！我們從窗外往內瞧，也看不到他任何影子。」

房東回稱，不知情。

「要不要你打電話給他小女兒？」張小姐向房東建議著。

因為，王哥家大女兒自顧不暇，不管老爸。連王哥上次自己都無奈表示，有次，大女兒難得開車載老爸去看醫生，當被醫師問到老父病情，她左一個「I don't know！」，右一個「I don't know！」害王哥自嘆，相較之下，還是小女兒會關切、明瞭父親起居和健康狀況。兒子嘛？就更別提了。不過，此刻，小女兒全家正在夏威夷渡假，要二十二號才回加州。

張小姐：「要不然，就報警。」

十分鐘後，房東打手機回話給張小姐：

「我打幾通手機，老王都沒接。他女兒的電話，不通。」但安慰著：「別擔心！他沒事。老人在美國，要是他在街上昏倒、跌倒，被人發現，都會被送到醫院。在醫院裏，有吃有喝，而且會被照顧得很好！別擔心。」

張小姐將房東電話回應轉告給眾室友後，又說，王哥是一位失敗父親：「有天，他告訴我，有一次，他和兒女聚餐，兒女分別跟他算總帳，說，連媽媽，這麼一個太太也保不住。失敗的爸爸，不會賺錢，從小在美國，兒女們不得不住在姑姑家，讓小孩子們從小就有種寄人籬下的滋味。而且最後，還是由王家老太爺來養孫子。」

身爲人子呢？張小姐評論：「老王年輕的時候，被家人送到日本學冷凍，但不是一塊材料。回到台灣，沒辦法勝任，只得由外人來接管。」

晚上九點鐘左右，朱先生走路從大華超市買桶牛奶回來。快近大門時，特地瞄一眼王哥房間，陰暗中，僅有拜佛壇桌上紅紅兩點電子香頭，左右閃閃發光。

林先生下班回來已是十點三十五分，朱先生剛散步完，返屋，兩人打聲招呼，寒暄一句，並問林先生：「我要洗澡。你要不要先用洗手間？」既然不需要，朱先生回房間拿盥洗臉盆後，直奔浴室。梳洗完畢，再經過廚房區，轉頭左望，瞥見坐在餐桌旁吃晚飯的林先生。對方默聲地招手示意，要朱先生挨過去一下。於是，朱先生雙手抓著臉盆邊走邊笑問：「今天晚上，你吃些什麼？」

「水餃。我們餐廳大廚叫我帶回來吃的。他現在對我愈來愈好，真有點不習慣！」說完，林先生盈盈笑容中帶著一股神秘，悄悄問道：「你剛洗澡進浴室，有沒有聞到隔壁老王燒香的味道？」

「沒有。」

經這麼一問，朱先生特地轉身，再走它一回浴室，嗅了嗅，轉身，回報：「沒有燒香味道啊！不過，剛才從外面散步回來，進屋前，倒是有看到他房間裏面兩柱電子香通紅亮著。」林先生坐著、望看朱先生，一臉依舊帶著方才那抹神秘兮兮，淺笑道：

「我有聞到！」

由於第二天得早起，做義工，於是朱先生道聲晚安，再一個轉身，回房。

二七

六月十四日，星期六，中午。趙家夫婦、可可、朱先生聊起失蹤王哥。

趙太：「這幾天，老頭不在，因爲房門緊閉，反鎖著。聽不到往常他屋裡傳出來的電視聲音、自言自語，和嘆氣聲音。」

接下來，可可推測：「可能住在他小女兒家。因為，小女兒全家去夏威夷渡假，他可能去幫忙看房子幾天。」又推估：「以前，王哥不會關門睡覺，因爲，他曾經說過，怕自己有個三長兩短，我們也可急救、照應一下。現在，他的門一直關著。」

講到這兒，朱先生默想：「可可有所不知，根據王哥自己的說詞，王哥後來是關門睡覺的，沒錯！但全是因為可可過去罵王哥幾次，說，不要在她身邊纏著，監視她一舉一動，包括上廁所、洗澡什麼的。」

可可繼續猜測：「這次失蹤，有點不尋常，因為，他連房東電話也不接聽。」

朱先生接話：「我想起來，王哥以前常說，對房東忠心、盡責，這點，房東也知道。他說，房東像軍中連長，房東一個口令，小兵他就一個動作。六月初，二樓，那位白天上班當媬姆的老太太剛搬來，房東得意告訴新房客，如果有郵寄包裹，老王是我們家老管家，他會幫忙收件保存。王哥還挺洋洋得意向我提起，房東稱他老管家！」「房東對他信任、肯定，把這裡總管責任從張小姐手中轉移到王哥身上。又比方說，小趙家為了冰箱和袁小姐鬧得不愉快，王哥一通電話說明，沒幾天，房東就派人送一台冰箱來，雖然是二手貨。」「平常，房東開車載他去救世軍領食物、吃頓免費午餐。還有，房東太太從台灣帶來一些襯衫給房東，後來，有些都轉送給王哥。」不過，緊隨著狐疑：

「房東怎麼也不再追蹤王哥下落？他不急嗎？」

晚餐時間，朱先生煮牛肉麵，可可煎水餃，阿曼達坐在大餐桌旁帶上耳機，嘴裡忙著模仿唸英語句型，練習英文。住在王哥正對面的趙太接著也出來準備做飯，玩味地說：「這三天來，自從老頭出事後，原本凌晨的鳥叫聲，一連三天，星期三、星期四、星期五，我耳朵就再也沒聽到任何鳥叫聲了！好奇怪！」

「從什麼時候開始你們窗外有鳥叫聲？」朱先生問。

趙太：「今年三月。」

「妳怎麼凌晨天亮前，聽到鳥聲？妳沒睡覺？」

「我偶爾會失眠啊！聽得很清脆！」

「鳥怎麼會跑來叫？」

「可能老頭在前面院子種下不少果樹吧？」

朱先生認同趙太說法：「多了綠樹叢，引來小鳥棲息吧！」

趙太馬上轉述，之前，張小姐曾告訴她：

「老頭的女兒曾給他二佰塊錢伙食費。沒想到，口袋裡一有錢，老頭就去館子吃飯。不到半個月，花光錢。剩下半個月，他就會跑到廚房看別人做菜，跟人家要東西吃。我們住在這裡，每個人都有餵過他的經驗。」以及，「他全身都有老年人病，像是高血壓、糖尿病。」

近十點鐘，依舊無王哥音訊。張小姐自行打個報警電話：

「請問，是否可以提出失蹤人口報案？」

電話另一頭，值班警員一聽，張小姐尚未找外面開鎖匠來住屋開鎖，入內檢查。自己情況未明狀態下，就報警，有失周詳。因此，警方語帶不悅提醒：

「開鎖匠，是二十四小時服務的！」補上一句：

「只要你們覺得情況不妙，無需等到人口失蹤二十四小時後才報警。事實上，真有這種情況發生，任何時間都可以報警！」

自討沒趣後，掛上電話。這會兒又立即撥個手機給房東，報告一下。

「報警？」房東緊張起來，追問：「妳已經有報警的動作嗎？」

張小姐巧妙回應：「理論上，不算啦！」心裏難免打趣著：「房東他們家在台灣自己開警察學校，但是在美國，他卻不准人家叫警察。」屋內室友們皆曉得，在台灣，房東的父親可是當初創辦警察學校重要人物之一。

張小姐警覺到，房東最怕警察上門。因為，租屋內，一樓平房被切割成八個小房間，加蓋閣樓亦被切割成兩間套房。更別提後院原為儲藏室，也被違章建築起來，改建成一間迷你木屋雅房。一樓八個房間，只有一間套房，其他租戶得共用一間衛浴間，搶洗澡，搶大小便。這種情況，警方要是光臨大駕，左右一看，搞不好，直呼違反公共安全法？小木屋，曾被罰款過。事過境遷，房東又悄悄地將它出租出去。

這時提到警察也有好處，因為房東最後在電話上答應張小姐：「明天一早，我會趕過去，撬開老王房門，進他房間檢查一遍，確保沒有老人臥地不起的事情發生。」

這下子，阿曼達和可可被嚇得不敢去想，要是真有老人死在大雜院住處，那還了得！「太不吉利！」

張小姐也表示：「老頭最好別死在屋裡！」

隔週星期五，做完義工後，留在朋友家過夜，第二天早上，星期六，朱先生才返回。心中惦記著王哥：「最好沒有惡耗！」因為不捨。屋內室友們依舊等無消息。

入夜，見到張小姐，她開口：「從沒見過王哥大女兒的面，終於見到了！她過來拿她爸爸的換洗衣服，帶到醫院去！」

聽到這裏，朱先生舒了一口氣：「還好！還活著，不是再也見不到面的悲劇。不幸中的大幸！」終於可以放下心中不安與擔憂。

張小姐說明發生情況：「上週三，老王去大華買世界日報，半路，昏倒，跌斷兩根肋骨。

被經過的路人發現，送醫住院。」

近夜間十一點，林先生從中餐館下班回來。朱先生報告王哥住院近況後，略帶驚訝林先生十分平靜地回應:「當時，蔡小姐還住在這裡，曾經告訴我，她預言，老頭不會有好結果！」「兩根肋骨折斷這件事，又被她說中！」「老王這種人過去種種行為，會有這種事故，不足為奇！」「另一個預言，也成真！」

朱先生：「還有？」

「對！蔡小姐當時預言，她搬走後，總有一天，可可不會再幫老王做菜。因爲沒有利用價值了！」

聽完，朱先生困惑：「蔡小姐幾個禮拜前，不是在大華遇到王哥，還買盒便當給他老人家吃?那時，超市快打烊，都快晚上九點鐘，熟食部未賣出剩飯剩菜減價，一大盒飯盒內，塞進雞爪、賣相欠佳肉類才兩塊九毛九。那時候，蔡小姐還口口聲聲感謝王哥，聲稱，過去一直幫她清理屋裡衛生和倒垃圾，讓她每個月能輕鬆賺到房東給的一佰塊錢工資嗎？」

二八

六月十五日，星期日晚上，張小姐告訴朱先生，決定不去醫院探望王哥。換句話說，張小姐食言，無法載朱先生去醫院看王哥了。一九五一年出生，現年六十二歲張小姐所給理由：「因為我患有憂鬱症，每個月看醫生。醫生建議我，少去醫院、出席葬禮，或任何感傷的場合，會惡化病情。」另外，「我也有治不好的高血壓問題，需要天天吃藥來控制血壓。」

二九

六月十六日，星期一。

這天，阿曼達坐在餐桌邊唸「英語入門」，隨著 DVD 開口練習發音。

一旁張小姐打岔：「妳以前唸什麼的？」

阿曼達：「我是法文系畢業。」

「哦？是上海外語學院？還是上海聖約翰大學？我很熟。因為上次，有幾天，曾經接待過上海聖約翰幾位老師來美國。彼此也就認識了。」

阿曼達改口：「是西安外語學院。」

張小姐直言：「鬼扯！」緊接著質疑上海女人：「妳以前唸法文系的話，法文系學生的英文應該是很好的。哪有人像妳這樣英文水準？」更直說：「妳為什麼不像別人？先考托福，再來美國。哪有人像妳這樣，就一頭闖進美國找機會？太丟人現眼！」

三十

六月十七日，星期二。

張小姐對袁小姐笑臉迎人：「我們教會有退休會，準備在 Redwood City 紅木市基督教公園舉行。教會弟兄姐妹叫我多邀幾個人參加。我告訴他們，我想到妳。因爲妳是我們這裡最屬靈的。」

三一

七月三日，星期四。晚上十點多，林先生下班回來，將新買的單車停放大門口，上鎖。

一進門，朝朱先生直言：「今天發了一頓脾氣！」

「為什麼？」

「當然是油鍋工作，這和老闆對我嘮叨有關。」說完，見朱先生穿上球鞋欲外出模樣，好奇問：「你要去哪裡？」

「散步！」

「我跟你一起去。」

兩人邊走邊聊一會兒。

朱先生隨意找話說：「今天，一位洋人跟我說，他喜歡去機場，看各式各樣旅客進出機場的臉部表情、心情。他說，他也喜歡開車上高速公路，漫無目的，從一個城市開往另一個城市。」

兩人散完步，踏進屋裏，聽到張小姐對阿曼達說：

「妳不要騷包！到處炫耀妳買的東西。妳還不是來美國跑單幫！房東過份，竟然租房間給短期間跑單幫做生意的人。非法商業行為。」「妳小心，我去報警。妳七月九號，就別上飛機了！上飛機前，妳就被抓起來。」

阿曼達：「好啦！好啦！」邊說，邊走向自己房間，回房去了。

三二

星期五，美國國慶假期。

早上，張小姐叫了阿曼達一聲：「女人！」接下來：「妳在這裏沒有男人！不要天天吃這麼補。什麼干貝、含卵的魚，這些海鮮，不但會胖，又會得乳癌。」

中午，阿曼達似乎聽進耳朵裏去，僅用清水煮了一小鍋新鮮南瓜，準備當中飯吃。朱先生剛好也來到廚房煮中飯。拿著熱騰騰香菇雞湯欲回房，獨自坐在桌旁阿曼達建議：「就坐下來一起吃吧！」

不多時，男女兩人邊吃邊聊。這次，阿曼達一直在說話，朱先生反倒成了名符其實聽眾。阿曼達滔滔不絕：

「人活著，做，該做的事，像是賺錢。做，想做的事，像是享受旅行。」

「去飯店，想清楚兩件事情：吃得起什麼？接下來，吃什麼？想不想吃？」

「人嘴裏說出來的話，都是擔心、害怕，和不想要的東西。」

「什麼是成功？成功，就是追求一種自由，不受財物限制。」

「所有高境界，總應該先把該做的事情做完。」

「在上海，曾經參加由台灣人主辦「**BSE** 商業系統經濟」，做八天義工，學到一點東西。」

「這次來美國，生活，每天都是領悟、成長、啟發。」

「時間，就是生命。生命是時間。」

「來美國以後，集體生活，群居。人人生活習慣、心態，不同。彼此是學習環境，重新去反思、對比。住賓館，沒刺激。對於張小姐，感謝她。下次群居，可反省。張小姐的極端，反而讓我成長，反而成爲我人生的基礎。」

「我自己的目的性、意志性、思維模式，都是很強的人。我，是一切根源。」

「我曾經跟可可說，有時間去聽張小姐嘮叨，不如用這個時間去學英文。張小姐是潑婦罵街。張小姐伙大我，我私下認為，她用生命三十分鐘嘮叨我，沒有價值。」

「珍惜生命。自私、自強、自愛，三者相互牽連。」

「人與人之間，群體動物。勉勵別人，也是自律自己。」

「我自認，我看到，其實，每個人都會自作多情地爲他人打算。」

「每個人，都是故事。」

「我這年齡，還可奮鬥！」

「我在上海經營養生、日本保健床墊已經二十年。我認為張小姐上次做的日本床墊目錄，不 **OK**，它只是一般廣告紙張。」

「目前，我和一位小我九歲男人交往，不是有錢老男人。這樣，兩個人可共同創業、衝刺。年輕人，較有衝勁！」

三三

七月五日，星期六。張小姐當著可可、阿曼達面前，把王哥住院住址 **Santa Clara** 市 **Valley House** 療養醫院交給朱先生，即曰：

「我把老王住院住址給你抄下。抄完後，我放回抽屜，怕又丟了！」「幾天前，老王被診斷為小中風。住院些日子，會出院回到這裡。趁他回來住之前，我去探望他，讓他感動一下！」不過話鋒一轉：「他很沒良心！他說，你想念他，不是想他這個人，而是想念去他房間看中文電視節目。」

記得，日前，朱先生對張小姐表達，如果她開車去探望王哥，是否可搭個便車？她慨然應允。幾日後，張小姐先是改口：「找不出醫院住址。」同時還記得，她後來又對朱先生找到另一個藉口：「我不能去醫院，因為醫生建議，我要避免進入引發憂鬱症的環境，像是醫院、葬禮。」

明日，朱先生朝張小姐笑曰：「反正王哥馬上快出院，回來住。況且，我沒車，加上，坐巴士去，又沒方向感。乾脆等王哥回來吧！我就不必為了去醫院探望他這件事情，大傷腦筋！」

張小姐：「不去也好！去，只聽到他撒嬌，聽那個死老頭撒嬌！我們又不是他家人。噁心死了！」

朱先生有點懷疑張小姐所言，因為再度想到王哥曾對他提起一段往事：有天，王哥記起從救世軍領回紅蘿蔔、蘋果、馬鈴薯，均久日未食用。王哥於是打開他跟可可共用的白色冰箱，邊整理一下冷藏食物，邊自言自語，那些胡蘿蔔、蘋果，壞的丟掉；好的，可以送給人家。又說了，可可忙，沒工夫燒這些菜。第二天，張小姐將偷聽到王哥自言自語的部分傳話給可可，卻是不同版本：「老王說，妳把他的蘋果送人了。」可可勃然大怒，前去找王哥當面對質。

三四

七月九日，星期三，早上近九點鐘起床，聽到隔壁阿曼達忙著打包準備搭飛機回上海。朱先生想了想，人，還是帶點溫暖才比較像人，於是打開門，臨去盥洗前，打個照面，簡單一句：「祝妳一路順風！」

阿曼達心情大好，滿臉笑容，略帶上海腔說普通話：

「有朋友在臨行前，說點兒吉祥話，真好！」

瞬間，豐潤白皙臉龐配上靈動雙眼，頓時，展開一團和氣，異於往常犀利反應與言詞。

不但主動言明要回房抄下自已上海電話號碼相贈，同時，嚷著索取朱先生的電話號碼。平常很少將私人電話號碼讓室友們知道，朱先生受到離別氛圍感染，爽快地寫下號碼給對方。皆大歡喜。

盥洗完畢，朱先生原想再加入阿曼達和可可珍重再見談話，卻見袁小姐背影。袁小姐身著男人款式睡衣與長褲，披著髮絲中藏著不少灰白髮根的一頭長髮。朱先生立即打消再度露臉念頭，閃躲袁小姐。

阿曼達看著可可說：「我要擁抱妳。」

相擁後，「別忘了，來上海玩的時候，找我！」

傳來汽車門被阿曼達帶上，一聲沉重聲響後，可可掉頭，走回屋內。

可可迫不及待告訴朱先生，她有一種如釋重負輕鬆感：

「這十多天來，我被阿曼達纏上，身心俱疲！」一開始，「我躲避阿曼達。對她沒啥好感。過去十天才破冰，我們兩個開始互動。原因是，一早，她就坐在我房門前的餐桌，面向我房門正前方位置。可是，有時候尿急了，或者要趕上班，不得不打開房門出來。兩個人難免客套一下。這就讓她有事沒事，嫌悶想找人說話，就會敲門，把我找出來聊天。她完全不顧時間和我上班辛勞。」說到這兒，忍不住比較起張小姐和阿曼達這兩位難惹又嘮叨的女人：「張小姐就算呱噪，又愛找人聽她大放厥詞，但還不至於敲人家的門，不會打擾別人休息時間或隱私。」

可可追想過去這些日子，迫不及待，一股腦地向朱先生吐露：「曾有兩次開車載她去逛街購物，她把我弄得精疲力盡。還有，在精品店裡，阿曼達試穿衣服後，隨手亂放，不會幫店家還原歸位。這讓我當面指正過她，她也表示歉意。」「另外，阿曼達不管店員正在和其他顧客結帳，竟然插隊，衝上前去，打斷雙方，隨口搶問。這讓我也看不下去。」

提起上海來的阿曼達，可可又語：「她是有點錢，不是張小姐說的，裝闊少奶奶。例如她買了件美金一千塊錢以上凡賽斯衣服。但是一回來，急著想炫耀，被我阻止，勸她低調點。改不了！她仍然我行我素，非常高調展現昂貴新裝。」

另一方面，阿曼達仍然保有上海人節儉精明那一面。例如不住賓館，「卻住在我們這個貧民窟。」又比方，「我替她開車，陪她逛一整天，也累癱了！晚餐時間到了，她這時候不會海派一下，請我吃頓飯，報答報答。竟然跑到華人超市買象牙蚌、海鮮，要回家烹調。累到不行的我說話了，乾脆我在外面請吃晚餐好了，不用回去還要忙著煮飯！她還是不願意。」可可只好回來做菜。

可可據實以報：「我不會做象牙蚌。」

阿曼達：「妳學啊！」

可可十分受不了阿曼達一付老闆講話語氣。那天逛街回來以後，可可從此儘量少在家做菜，不是在外先吃飽，就是買個便當回來吃。免得做菜時，阿曼達會吩咐：

「喂！把我的青菜燙一下吧！」

最後，可可驚曰：「臨走，阿曼達告訴我，留下來的塑膠大臉盆，可以送人。我心想，她常用臉盆來洗腳泡腳。她有雙爛腳、腳氣病，會傳染給別人。這怎麼可以送人？害人啊？」所以，「明兒個，會把腳盆給丟了！」

晚上，張小姐在袁小姐和朱先生面前譏曰：

「老王這次如果從醫院回來，會叫他女兒愛美麗在我們這裡裝監視器，錄下老王偷吃別人冰箱裡面的菜的畫面。」再提往事：「我以前曾燒些菜給老頭吃。後來，老林接手。自從蔡賤人搬來，老林和蔡賤人一起煮菜給老王吃。老頭總愛人家燒菜的時候，繞在身旁，討吃。」以及：「趙太發現冰箱內東西食物，怎麼一下子少了？」「老頭還對我說過，如果是小王，就不會介意他吃小王東西！」

居住在胡同裏，室友三兩齊聚時，公共廚房是絕佳公共場所，被用來消遣、誘責他人的平台。此刻，張小姐想到房東曾把她雜物從後院小儲藏組合屋丟出，今仍懷怨在心，藉機說出：

「我對房東說，都是你害老王昏倒，因為你買微波爐給他，讓他待在自己房間裏煮東西吃。他沒機會出來走走，活動筋骨。」

張小姐才講完，卻勾起袁小姐回憶，王哥曾對她吼罵，生怨，因此，趁王哥現在住院，人不在現場，袁小姐帶著一臉無辜狀另外扯出：「上次，我寫信給房東，抱怨林先生，其實，是王哥逼我寫抱怨信給房東的。」「這件事，前幾天，我當面告訴林先生，說，當初，王哥逼我寫信告狀的。」

次日，讓人感覺「夏天，好天氣如此這般，簡直像身處天堂！」

晚上，可可和張小姐在廚房，可可煮麵，簡單吃。不久，朱先生加入她們。

可可無限慶幸，阿曼達已返回上海，屋內「頓時，好清靜。真好！」

張小姐：「她住在這裏的時候，罵罵她。後來，又向她道歉。不過，再跟她講話後，又惹得我生氣！」

朱先生略帶關心王哥目前住院情況為何？

可可：「阿曼達上次去醫院看王哥，竟然隨便亂講話！」

原來，阿曼達當著王家小女兒愛美麗的面問起：

「為什麼不請父親搬去妳家住？」

「我家太小！」愛美麗回答。

敘述完，可可和張小姐異口同聲：「她住的是豪宅耶！怎麼會小？」

馬上，張小姐轉個箭頭朝向阿曼達：

「她還說別人！她自己在上海有讓父母跟她一起住嗎？我看沒有吧！」

張小姐復言：「愛美麗情況，和樓上貴州來的那位太太一樣。女兒嫁老美洋人，家境好。但是，那位太太現在不也是住在我們這裡？在國外，年輕人需要隱私。」

可可暗忖：「是不是張小姐自己現在也是沒有和她兩個兒子同住，才說出如此註解？」接著，兩個女人都不解：「為什麼自稱有錢的阿曼達，不住飯店，或汽車旅館，卻選擇和我們擠在一起？」另外，可可不解地問：「為什麼老林在她當天早上忙著打包，準備搭機回上海前，沒有出面跟阿曼達告別？」

朱先生默然不應，良久曰：「前兩天，阿曼達、林先生還有我，我們三個人坐在餐桌那兒吃晚餐。阿曼達毫不給面子，當眾問老林，為什麼不多喝水？怪不得身上散發出一股臭味！老林尷尬先說，這是男人的味道啊！後來老林自我解釋，他天天上班，忙不停炒鍋工作，沒時間喝水。回來這兒，都晚上十點左右。給自己做些菜和湯，這時候，才會喝些冰啤酒，什麼的。」所以，朱先生猜測：「老林不高興吧！」

三五

七月十一日，星期五。

朱先生起個大早，搭公車去 Palo Alto 城做義工。清新一天時刻，他一路上瞧見棘槐木、紅杉、樟樹、橡樹和日本柿樹。綠樹，使人心情跟著清亮起來。

晚間，牆上掛鐘指向十點四十分，林先生下班回來後，下廚，手腳忙亂一陣燉豬腳湯、煮米飯。一旁，朱先生熱了一下昨天做好馬鈴薯、胡蘿蔔、紫洋蔥蔬菜湯。熱食備妥，兩人坐在餐桌旁，邊吃邊聊。

「世事難料！」林先生突然驚愕曰：「今天袁小姐又主動來找我講話。她說，張小姐今天訓她。我勸她，張小姐說的話，儘管左耳進，右耳出。」「袁小姐不久前，你不是知道嗎？寫信向房東告我的狀，要逼我搬走的樣子。」

「好像是。你是她眼中釘，千方百計醜化你。」朱先生笑道。

可是，袁小姐沒向林先生講出張小姐如何訓人一番，因為，袁小姐死要面子，當然不可能揭露不堪入耳內容。

喝完湯，本想要去洗澡，見林先生拿著漱口杯走向浴室方向，朱先生謙讓。等待空檔，可可恰好從房間走出來，朱先生趁機詢問可可，「訓話」到底是怎麼回事？由於此件八卦並非三言兩語可交待清楚，於是，雙雙合力拉開紗門走向戶外後院，清涼舒適夏夜裡。

「今天，，張小姐真的有訓袁小姐嗎？」朱先生再問。

「也不是訓話啦！」可可澄清：

「但是，張小姐對袁小姐說的，說實話，倒也蠻一針見血。」

可可還原現場。當袁小姐聽到可可和張小姐講話聲音，不甘寂寞，自己走出房間，來到廚房想加入聊天行列。六十歲出頭的張小姐看到袁小姐出現，即時提醒袁小姐：「一個人，不論老，還是小，都要把自己打扮得有朝氣。不要才五十幾歲的一個女人，任一頭長髮長出不少灰白髮絲也不顧，也不染髮。」另外，「跟我們比起來，妳年紀還不太老，而且妳的會計專長又好，為什麼不出去找個工作？不要天天窩在家裡。有了工作，讓自己生活有目標，有朝氣。」敘述至此，可可眼露驚訝，對朱先生說：「當時，張小姐不提袁小姐剛五十歲，我還一直認為她比我大很多、很多歲。原來，我年紀比她大一點。」朱先生笑曰：「更離譜的是，林先生上次還對我說，她六十幾歲，沒朝氣！林先生一定想不到她才五十多歲。這表示她顯得有多老氣！」

可可：「這會兒，是她自己出房門來找張小姐聊天。她可是自找挨罵的。」

不知怎麼了，可可微笑：「住在我們這裡的人，大都是沒什麼成就的。」

朱先生笑臉接腔：「老林上次跟我說，住在我們這裡的人，都是神經病，連他自己都已變成神經病了！」男女大笑幾聲後，有默契地輕手輕腳從星空下的後院走回屋裏。不久，各自進房間休息。

入睡前，林先生見到張小姐在廚房。這時，僅兩人在場，林先生明知故問：「冰箱上的小竹籃，還有一堆東西是誰的？」

無任何回音。

林先生「嗯！」了一聲，且私下計算著：

「要大家聯合起來，整整張小姐，叫她搬走。」

三六

七月十二日，星期六。

早上八點四十四分，趙太正在油煎韭菜盒子。轉身，她欲用開罐器打開一罐四川榨菜，不果，故央請一旁的朱先生幫忙打開罐頭。

這時，忽然記起一件事，朱先生問道：

「自從王哥出事住院後，清晨，小鳥還會在窗外叫嗎？」

趙太：「再也沒有了！」

早上十點半，張小姐和林先生相遇廚房，男女鬥嘴。

林先生：「不是天下的男人都是金城武。」

張小姐對正在做早飯的林先生拉大嗓門：

「天下的男人都像你這樣，沒有女人要嫁！」

夜晚，林先生坐在餐桌邊吃東西，而僅一、兩步距離就是可可房間門口，半掩。袁小姐也來到廚房，沒按好心眼似的，故意大剌剌站著問林先生：

「以前，你和可可、蔡小姐三角戀是怎麼回事？」

林先生脫口說了幾句，回應袁小姐。可想而知，可可在房間內都聽到這段對話。

這下子，第二天起，可可再也沒有理睬林先生。

林先生內心嘀咕、埋怨袁小姐：「哪壺不開，提哪壺！成事不足，敗事有餘的女人！兩天前，我才和可可破冰，講上幾句話。現在，就算我幫忙將郵差送來的信件遞交給可可，表達善意，也得不到她口中一個謝字。」

三七

七月十三日，星期天。

早上，可可將最近消息通報給張小姐：「後院的小木屋，好像租給房東自己開的酒店裡面服務小姐。」

張小姐氣沖沖立刻打電話給房東，追究：「為什麼租給非長期住戶？租房子給短期的房客？這樣，會讓居住環境複雜化！」

房東不悅追問：「誰告訴妳的？」

張小姐：「阿曼達。」

一旁可可慶幸：「還好阿曼達回上海了！否則被房東知道是我講的，不知會多生氣。」同時，領悟：「張小姐什麼話都留不住。下次，我得提防點！」

下午，無人在廚房，只留可可和朱先生兩人。坐在大餐桌邊，喝茶，瞎聊。

可可：「住在我們這裡的人，大都離婚。圖著不就是自由嗎？」但是，「王哥和老林這兩個人讓我受不了，嫌煩！」先說王哥吧：

「剛來的時候，別的室友就警告我，別拿煮好的東西給老頭子吃，否則，被纏上。一開始，還堅持。後來，大家熟了，有了感情，就分食給他。從此，我每次回來做飯，一小時之內，王哥藉故來到廚房六、七次，看我會不會給他東西吃？有次，王哥被張小姐大罵，為什麼要麻煩人家天天煮東西給他吃？王哥這才收斂。事後，我謝謝張小姐，謝謝她幫我解了圍。」

可可繼續：「有次，王哥生日。我好心開車載他去館子吃飯，因爲他像個父親一樣啊！誰知道，回程，王哥不但不高興，」反而，老人家自言自語：「三十年來，都沒有人照顧。現在，有人陪伴，別人還說東說西的！」這可把可可嚇到。

可可還意識到，每次晚上下班開車回來，或是準備開車上班去，王哥總會「粑在靠巷道的窗口瞄望，看看是不是我回來了？還是我出去了？我覺得自己的一舉一動好像被監視。」某回，凌晨三點才回來，「王哥竟然坐在我房門前、餐桌旁的椅子上，等我。」

王哥讓可可有種「不自由」壓迫感。

至於林先生，可可發現：「他不記仇。罵完他，第二天，還會叫我，說，來喝點酒吧！」「晚上，他愛在餐桌那兒喝酒，也就是我的房門前。呼朋引伴，喝喝嚷嚷，這讓待在房間裡的我都得不到安寧。」又「天熱，老林大鍋肉湯吃不完，就留在我房門前的餐桌上。肉臭的氣味飄進睡房，受不了！講也講不聽。」就算「老林向我道歉多少次，但都不改。他，說是一回事，做是另一回事。」老林唱歌嘛，「荒腔走板。而且他唱歌，不分時間、地點。半夜凌晨、後院、我的窗外，或在自己房間，到處唱。他房間隔壁，就是我房間。他常常聽耳機，隨口跟著唱，歌聲真不美妙，惹人煩！」

說完，可可接著講到袁小姐：「我認爲袁小姐活得好像沒有希望！有些女人，四、五個孩子，在家忙得不可開交，昏頭轉向，但活得十分帶勁兒！」

朱先生插話：「老林上次對我說，袁小姐看起來沒活力、死氣沉沉！」

可可接話：「她開的紅色汽車，車身漆色剝落整大片，像魚鱗片片泛白，塵垢厚厚一層。整輛車看起來褪色、荒廢，也不管。這跟她本人給人印象，太不搭軋。她本人做起事來，看上去好像很有潔癖似的。比方說，在廚房炒個青菜，都還要繫上圍裙。屋裡可沒人像她這樣子。」「還有，她的電鍋，沒鍋蓋，內鍋不見了，只空殼。電鍋四處污垢一層，她從沒動過，也從不洗。把它一直晾在廚房水槽邊的流理台上。」又再提到：「起先，我一直以為她年紀比我大，原來她比我小一點。」並補上一句：「她很少吃東西。很少出來和大家在廚房做菜、煲湯什麼的。」

關於這一點，朱先生猜測：「難道她在自己房間煮東西不成？」

可可：「不可能。有次，去過她房間幫忙，因為她電腦出了點問題。她房間內，家俱簡單，像男人房，沒什麼擺設。不像一般女人，喜歡脂脂粉粉。上次，幫忙檢查電腦問題。臨走，她把別人送給她的一瓶化妝水送我。」可可接著：「袁小姐有點神經方面問題吧！連室友都受不了她，更何況什麼丈夫的。丈夫，可是要天天與她相伴、共枕。男人怎受得了她？所以，一直到現在，都沒結婚，是有原因的吧！」又想到：「她穿衣服蠻中性的！常在屋裏穿男人長袖、長褲睡衣。連鞋子，也是一雙厚重黑皮鞋，沒有穿過高跟鞋或五顏六色花俏鞋子。」同時觀察：「她好像不愛學習新事物，整天把自己關在房間裏。她電腦還是跟不上時代，老掉牙笨重、大體積的機器。她身邊沒有跟得上科技腳步的筆記型電腦、平板電腦，或蘋果手機。她整天不出門，又沒電視、收音機。也不出去工作。」

可可想到一件事情，面對朱先生說：「袁小姐上次趁著張小姐、阿曼達和我圍著餐桌吃東西、聊天，而老林在一旁煮飯的時候，說，你在迴避她！我和張小姐立馬說，她太多心了！」當時，張小姐還打圓場，補上一句安慰她：

「當然啊！因為妳是純潔處女，對妳一種尊重，不敢褻慢！朱先生怎麼敢接近妳！朱先生跟我們熱絡，那是因為我們都是老女人了，才會跟我們嘻嘻哈哈。妳這麼清純、聖潔，他不敢接近啊！」

聽可可這麼一講，朱先生當面承認：「我真的在躲她，不是因為她對我做了什麼，而是她六月的時候，曾經對兩位老人，王哥和小趙，粗暴罵街的病態行為。我實在看不過去！」

朱先生又對可可坦言：「她外表看起來，客氣有禮，好好一個人，怎麼一下子變了個樣，狠毒像魔鬼。我可不想變成下一個精神受害者！」「妳現在知道，我為什麼躲著她吧！我想，她是不是有憂鬱症、燥鬱症？」

可可：「看起來，她是有憂鬱症。就好像張小姐一樣。」

朱先生：「她們兩個人都該常吃藥，否則，旁人不知道什麼時候會遭殃！」

可可：「袁小姐在屋內待久了，有時候，她也會出來跟我們聊天。」有回，「袁小姐也抱怨過，說，被老林唱歌干擾到。」

朱先生：「沒錯，袁小姐以前視老林爲眼中釘，向房東寫字條告狀：說他半夜唱歌，說他夜裡上廁所次數不但多，又聲響過大，說他洗澡得花上一個小時。不過，他們兩人現在沒事了！老林說，都是她主動找他講話。有次，妳忘了嗎？她叫妳煮的雜糧湯分一點給老林吃。」「我想，袁小姐轉念，放下身段，主動去找原先她認定為眼中釘的老林講話，是因為她太寂寞了。關鍵在於她發現，反正整不到任何人，不如回歸現實世界。她不想孤獨無聊吧？」

雖然如此，可可還是決定：「我寧願住在這兒，因為有人可以講話，雖然吵吵鬧鬧的。住在外面，一個人住，要找個人談天都不成。像我一位朋友，在外面自己一個人住公寓，快發瘋了！所以常找人去她住的地方，熱鬧一下。」「真的，朋友，是生活中不可缺少！」

晚上，張小姐回來，見林先生正在煎金線魚，湊上前去，曰：「阿曼達是騙子。這是房東講的。房東說，房地產女事務員透露，阿曼達她自吹自己多有錢。結果，半個影子、連一個銅板都沒有。」然後諷刺眼前林先生，譏曰：「你是呆胞！被騙，都不知道自己上當！」

這段評論，恰被路過的可可聽到。

隔日，可可對朱先生提到這段，並客觀認為：「張小姐講話不要全信。我上次開車載阿曼達出去購物，我親眼見到她買了精品名牌，花不少美金。阿曼達是有點錢，只是人很精靈，不吃虧。」

三八

七月十四日，星期一。早上九點半，朱先生正準備要出門，卻被剛起床且穿著中等長度寬鬆睡袍的林先生喚住：「昨天晚上，張小姐敲你門，她說了什麼？」

朱先生：「我只是問她，要不要吃核棗糕？她收下了。」不過，「張小姐順便提到，袁小姐問，為什麼我一直在躲避她？」「一聽到袁小姐的名字，我就不耐煩！沒讓張小姐講完，立刻打斷她的話。」對張小姐說：「我不認識她，跟她不熟。談不上什麼尊敬、純潔的！我來這兒，是租房子，不是要跟誰講話，不要跟誰講話。」迅速禮貌性說聲「謝謝！」就「把張小姐關在門外。回頭，去睡我的大頭覺！」

聽完朱先生敘述，林先生看起來好像還有話要講，於是，兩男頗有默契，一前一後走向前院，怕隔牆有耳。林先生：「昨天晚上，我又和張小姐鬥嘴。」

朱先生：「為了哪樁事？」

林先生：「張小姐對我說，房東告訴她，我是個大傻瓜！花了大筆錢在阿曼達身上。說，我這個台灣傻瓜，怎麼鬥得過精明上海人阿曼達？被賣了，都不知道！」略帶生氣：「張小姐在胡說些什麼？」那次，「還是張小姐慫恿我跟阿曼達兩個人一起作伴，去房東新開的夜總會見識一下，看看。」接下來，林先生還原現場。

「我和阿曼達走路去搭公車。上車後，阿曼達說，沒零錢，叫我先代付，之後再還我。所以，我幫忙她先付來回車票錢，四塊錢。」「我們兩個人到了車站，下車，走向夜總會路上，房東打手機，問，我們在哪裏了？我說，在路上了。房東說，馬上開車來接我們。接我們到夜總會後，等我們坐下來，房東叫服務生送上菜單，然後離開去忙別的事。我們兩個人看了菜單、價目表一、兩分鐘，阿曼達對我說，咱們不要點，馬上走吧！幾分鐘後，房東又出現。我徵求房東同意，可不可以進他們夜總會的廚房看看？我走進廚房一看，裏面的面積不大，只能容得下一個人，而且看到一位女廚子。她顯然幫忙料理客人點的菜。看完廚房，我回答房東說，彼此將來要不要合作？我兼差幫他們廚房掌廚？日後再談。同時，說，我和阿曼達要離開了。房東熱心說，送你們。我說，不用了。後來，我們兩個人離開夜總會，一個轉彎，走向 **El Camino Real** 大馬路方向去。才走一半，阿曼達問，還要走多遠？怎麼還沒看到巴士站？當我們終於走到丁字路口大馬路，在轉角，有加油站和一家 **7-Eleven**。我們兩個人都進去買飲料喝。阿曼達選了罐果汁，我挑了一瓶礦泉水，各付各的。由於阿曼達整鈔被店員找零給打散了，有了零錢，這時候，阿曼達拿了三張一塊錢紙鈔給我，並對我說，她還欠我一塊錢，回去再還我。我推不掉三塊錢，只好收下，還加上這麼一句，一塊錢，不用還了。」「換句話說，我花在阿曼達身上，只有美金一塊錢。哪裡有像張小姐講得那麼誇張！」「張小姐編謊來製造一個話題。她硬是推給房東，說，這是房東告訴她的。其實，都是她自己編的情節。什麼我花大筆錢在阿曼達身上？這些流言，真是無中生有！」

這些流言，「害我在上班做油鍋工作的時候，想想，忍不住拋出一句，肖吔！神經病！瘋子！」身旁廚子好奇地問：「肖什麼？」

林先生趕忙：「沒事，都是家裡發生的事。」一語帶過。

晚上七點四十五分，後院中央透明玻璃圓桌，配上兩把黑色鐵椅，椅面被釘鋪上棗紅色塑膠皮椅墊。整天公休的林先生和朱先生坐在院中戶外聊天，夕陽躲在灰雲後，好一個舒爽夏日黃昏。朱先生同時幫林先生看一下餐廳老闆要求員工填寫的英文「工作申請表格」，並逐項先用鉛筆幫忙填上背景資料，當草稿。當來到教育程度這項，朱先生問，該如何填？

「我在台灣高中沒唸畢業，填高中嗎？」

「上面說，畢業。」

「那就填上國中。」

告一個段落後，林先生發表對室友們觀察：

袁小姐，「是個神經病女人。看到她，不會有人願意和她講話。她是六十多歲女人，和張小姐年紀差不多。但是袁小姐，死氣沉沉。相較之下，張小姐比較活力四射。」朱先生笑著更正：「她才五十歲出頭，沒這麼老！只是老態。」

一聽，林先生簡直不敢置信。

接下來，張小姐嘛，「她像台灣火雞，呱！呱！呱！噪鬧之外，還會咬人！」

至於蔡小姐，「她還沒搬走前，有天，我對她說，不管發生什麼事情，妳都是我最好的朋友！沒多久，她就找房子，搬走了！」「她看上我的錢。她搬走後，有天，打電話對我說，老房東押金還沒還給她，新房東要求的押金，錢不夠。我熱心跟她說，我借妳。心想，大不了四、五佰塊錢。她回答，不夠！借她一萬美金。我試探她，說，好！我借妳。雖然，後來不了了之，但從這兒，我看出來，蔡小姐從過去以來，只是為了我的錢。」

朱先生插問：「你現在每個月可以賺多少錢？」

林先生：「三仟多。」

接著提到人仍住在療養院的王哥，林先生回憶：「過去，農曆新年的時候，他曾為可可守歲到天亮。」

最後，林先生主動提到可可：「她愈來愈像從事陪酒、按摩之類的工作。」

聽到這裡，朱先生忍不住笑道：「你是吃不到葡萄，說葡萄酸！」

三九

七月中，朱先生探友數日歸來。不在大雜院十一天期間，張小姐說，她去醫院探望過王哥：「老頭子的氣色紅潤。」

朱先生返抵楓樹巷沒幾天，張小姐自己私下帶些禮物，開著車再度去看王哥，朱先生完全被悶在骨裏，毫不知情。

「她不是有憂鬱症，應該儘量避免去醫院嗎？顯然，當初她找藉口，不願讓我搭便車去探望王哥。趁我不在屋內，自己跑去醫院。她真是兩面人！」朱先生終於認清到這一點。

四十

七月十七日，星期四。下午一點半，王哥的大女兒麗莎開車載朱先生去醫院探望她父親。麗莎走進病房將朱先生交待給父親後，面無表情地講不到幾句話，就帶著唸高中的女兒離開。爺孫兩人零互動，彼此像是陌生人，似乎毫無血緣關係。

王哥、朱先生相見，雙方打聲招呼後，朱先生遞上一盒餅乾，且祝福早日康復。王哥建議，何不去大廳會客區坐下來聊聊，因爲病房窗簾拉上，暗沉之外，氣味始終悶不透氣。

坐在美觀舒適如咖啡座邊，王哥憶及粗略印象並簡述上個月十二號發生了什麼事？「自從被撞昏，不省人事後，現在，有些事還記得，有些事，記不起來了！」記憶力退卻，僅零星記憶。以出事那天來講，大概印象：修補綁好人民公社後面破洞紗門，約中午。然後，走到前面大門口去澆花和果樹。忙碌告一段落，王哥對小趙打個招呼：「我要去買報紙，看世界盃足球賽新聞。」

可是，「我醒來，怎麼會在醫院，滿臉都是血？」「我問護士，怎麼會在醫院？她說，我跌倒，911 連絡救護車，把我送來。」

住院期間，王哥意外收獲：「英文，練習不少。」

王哥又語：「張小姐來看我兩次。」

朱先生噢了一聲。王哥繼續：「第一次來，帶小碗酸辣湯、一個包子和一顆茶葉蛋。第二次來，她帶王子泡麵給我，但醫生不建議我吃。」

「一箱泡麵？」

「不是，是一小包。」說完，眼睛微睜，王哥微笑：

「她來的時候，還告訴我，大肉彈要回去了。」

「大肉彈？誰啊？」

王哥笑得更是濃得化不開：「阿曼達啊！她要回上海了。」並語帶佩服語氣：「張小姐很會幫人取外號！」接下來：「她還跟我講，房東沒心肝，沒來醫院看望我。老林也沒心肝，因為，她晚上開燈，象徵點盞心燈，願我能儘快出院。老林卻對她說，管他的！跌倒，活該！撞車最好。」

朱先生問，康復近況呢？王哥對曰：「復健兩個禮拜以後，我就可以下床走路了。剛開始的時候，頭的半面在發痛，現在，不會頭痛了。頭腦基本上沒問題，沒有腦震盪。記憶，慢慢恢復中。」「住在復健醫院已經四個禮拜。現在，每天做兩個小時復健運動，包括球類和舉重項目。」「住院期間，政府支付醫療費，那是因為公民身份、聯邦保險、加州醫療保險、老人福利津貼，統統加起來吧！」「二女婿，愛美麗的老公，被 **HP** 高科技公司解聘，所以愛美麗的經濟緊張點。」另外，要是出院那天來到，最想「吃烏骨雞香菇湯，補補身體。」

說好一小時後來接朱先生返回大雜院，但兩小時過去，都快下午四點鐘，卻仍不見麗莎人影。王哥於是打手機給大女兒，催促一下，麗莎才姍姍來遲。

麗莎開車快到胡同巷口，對朱先生表達：「希望你常去看我爸！」

四一

七月二十日，星期天，早上十一點左右，朱先生和可可在聊天。

可可：「真正不理睬老林，不是像老林自己認為的，都是王哥從中說壞話所造成。我怎麼可能聽老頭子！」「都是因為我親眼看到他爆烈的脾氣，跟他把我維他命、花瓶扔掉有關。」並重提另一件往事：「還沒翻臉之前，有次，早上，老林敲我門，說，自行車爆胎，要我開車載他去上班。我想，這是偶發事件，助人一次吧！沒想到，第二天，又要求我開車載他去上班。我不耐煩對他說，他應該準備一些修理單車工具在身邊，應急。」

藉由林先生話題，可可再次關察他和王哥這兩個男人：「老林，年輕些，但是脾氣爆躁可怕。他不像王哥，王哥起碼經常閱讀報紙，攝取一些知識，所以在應對上，會注意到一些細節。因為這樣，王哥上次才會講出，對老林解釋，我為什麼非要把五十塊錢現金還給他，抵消掉他無緣無故送給我的梅西百貨公司的禮券金額，因為不想欠對方。王哥講的理由，事後我知道，一直讚王哥瞭解我那時的想法，還真不錯。」「相較之下，老林在一些與人應對方面，顯得鈍鈍的！又學習能力較慢。」而王哥，「人雖老，七十多，快八十歲的人，腦筋記性超強，但是，愛搓是非。」

四二

七月二十一日，星期一，早上十點多，房東帶一位五十幾歲男人來看房子，那間位於朱先生旁邊空房。最後，房東以月租七百五租出。

房東見到公休在家剛起床的林先生，兩人談了一會兒。

房東：「你起碼每年去我開的夜總會消費一次，見識，見識。不要每天只賺錢，不花錢。」

言下暗示，夜總會有喝酒、女人陪酒之類服務。至於賺錢，房東上次口頭上也問林先生，在中國餐廳做油鍋工作，月薪為何？「三千多。」林先生據實以報。

這時，眼前房東，讓林先生憶起，當初，搬來大雜院第一天，房東笑道：

「可以帶女人回來睡覺。」

其實，私底下，林先生蠻排斥風花雪月場所。忘不了，十五歲那年，父親賺了大錢以後，開始常常流連台北延平北路上的黑美人、五月花大酒家。一天晚上，母親邊哭，邊牽著身為長子的林先生去酒家找老公。見面，鬧場哭罵，完全不給父親面子。

今日，回想起來，仍然覺得「母親當時確實有點失去理智。」這件事情，讓林先生從小就討厭聲色場所及女人。女人，還是他成長到青春期，才再喜愛起來。不過，「特種營業場所」，始終是林先生痛苦回憶。

一直到現在，為什麼對可可就是有感覺、來電的感覺？林先生自己總結原因：「那是因為相處下來漸漸發現，她愈來愈像我前妻，會燒菜，會打扮自己，會買名牌。」另外，「漂亮。」

四三

七月二十三日，大暑。

張小姐始終相信，當初小張決定搬出去，房東都怪她，因為她，害他失掉好房客，藉機漲房租兩佰。今天，又在廚房冷不防地破口大罵：

「房東死要錢！害我現在不能常洗頭髮，常修指甲！」

四四

七月二十四日，星期四。早上十一點十五分，三位朋友開車去山景城公車站接朱先生，結伴去奧克蘭棒球場觀賞地主隊對抗德州休士頓隊。座位落在有陰涼遮陽的最高一排，近廁所、熱狗可樂及酒吧區。中午十二點半開打，直到下午三點半，兩隊打完九局上半場，戰況為地主隊以在場優勢以十三比一，大勝。接連的盜壘和全壘打，讓加州球迷振奮不已！

返回山景城公車站，還不到下午四時。逛了一下商圈，買了兩個三明治準備回去當晚餐。當朱先生跳上 22 路公車回歸陽光谷住處，五點四十分，巴士行進間手機響起。一接聽，是王哥從復健醫院打來，喜出望外。

電話上，王哥：「先不要跟別人講，我八月一號出院，可以回去住了！到時候，讓他們驚訝一下！」

朱先生：「你回來，我請你上館子吃頓飯。」

王哥：「謝謝！還有，謝謝你上次送的卡片。」

回到公社，朱先生滿臉驚訝，怎麼室友們都已經知道王哥要出院準備歸返？

四五

七月二十六日，星期六，午后，氣溫華氏九十八度，像昨天一樣熱。

可可告訴朱先生真相之一，為何當初決定不理睬王哥？主要原因，有天，有天，經由趙太轉述幾則發生事件給可可聽：「有天，聽到老頭自言自語，說，可可，妳不要結婚。」「以前，我還不知道妳的洋名叫什麼。從那次，才曉得妳的洋名叫可可。」趙太更親眼目睹：「平常，老頭藉口天天幫妳拿棉鞋到後院去曬。有次，見到老頭子雙手拿著妳的粉紅色棉鞋在聞。」

可可自己也發現到：「過去，王哥算準我會出門開車上班時候，藉機跑到前面院子掃地、澆花，並趁機目視我的背影跟車影。我的餘光，還有我的汽車後視鏡，都看得清楚。」「晚上下班回來，大概十點左右。我會注意到王哥會在他房間紗窗內往外瞧。」「有次，半夜三點回來，我見他坐在我房門前的餐桌邊等我回來。」可可結論：「老頭監視我！」「這種口口聲聲像父親一樣的關懷，太不正常！」

四六

七月二十八日，星期一，晚間做飯時間，袁小姐外出不在家，趙太說：「前天半夜，袁小姐敲我們門，說，我們夫妻吵架，太吵！要報警。」接著還原現場：「那天晚上，我只是說我先生幾句，嫌他踢到東西，聲音太響，怕吵到別人。」可是看到袁小姐小題大作，虛張聲勢。經歷文化大革命滄桑歲月，豈能嚇得了趙太？一反平常溫和體諒，趙太面對袁小姐吼叫：「不怕！妳去報警。美國才不管夫婦房間裏的事。妳應該自己一個人住在外面公寓。」

今日公休待在家，人正在熱炒韮黃雞丁、燉白蘿蔔排骨湯的林先生，聽到這兒，馬上回應：「袁小姐，她應該自己一個人住到山上去。」

趙太又提：「那個瘋婆子還懷疑我們和她共用的冰箱，是我們夫婦故意搗蛋，把指針調到高溫，害食物不容易保鮮。」

身邊室友替趙太徒呼無奈！

然後，趙太看了看後院一眼，突驚曰：「現在八點半，天色已經暗下來，表示秋天快來了！因為一般夏天，有時候都快晚上九點了，天空還亮著呢！」

林先生邀朱先生到後院野餐桌椅旁，共享韮黃雞丁和熱湯。
約九點鐘，張小姐開車歸返，嚷嚷：
「秋天來了嗎？因為中秋月餅已經出現在華人超市。」
夜間九點半，戶外氣溫舒適，
林先生敲朱先生門：「有空出去聊聊？」
穿著休閒短褲出外散步，朱先生少話，只愜意、輕鬆當一名聽眾。
首先，林先生回憶，二十歲那年搭乘軍方水鴨子運輸船，浮沉海面，搖搖晃晃前往金門外島服兵役。乘風破浪，船艙內新兵吐得吐、暈得暈，異味難聞。獨自走向甲板上，站立，頂著海風，風吹軍服，海鷗唱著歌。年輕人林先生想起一個人，一百六十二公分，鼻挺，小酒窩，氣質不俗，「她死心蹋地對我好！」曖！無奈又無奈！再無奈！心中空虛。當時人在甲板上感嘆：「我為什麼那麼清純，當兵前，為什麼沒向她表白？三年兵當完，我還會和她再相見？」隨後在海風中，即興譜出詞句，至今記憶未逝：

「乘風破浪，聽著海鷗唱歌
海風吹過衣裳
忽然間，想起一個人
無奈，無奈，再無奈！
我心霎時空虛一片
啊！有誰能暸解我心情？
遠離家園，奔向外島
不知何年？何月？妳我再相逢？」

林先生當晚不知何故？興致如此濃，且欲罷不能地對朱先生聊個不停：「我最近工作不忙的時候，腦子裏編寫一個愛情故事，還想好主題曲歌詞。」

朱先生微驚，淡問：「故事名字都想好了？」

林先生：「對！」

朱先生：「劇名叫什麼？」

林先生：「小姐與流氓」

盡忠職守。既然扮成聽眾，朱先生無言無語，且默然地偏了一下頭，表達出「接下來呢？」的神情。

林先生開始編織劇情：「基本上，四位主角。千金小姐、正義感的流氓、窮小子、窮小子的妹妹。」異於往常故事敘述，林先生事先揭露劇終：

「千金小姐、流氓、窮小子都死了。只有窮小子的妹妹沒有死，削髮為尼，為正義感流氓早晚唸經、普渡。」

林先生一頭栽進自己所編劇愛情故事裏，娓娓道來。

話說，窮小子和千金小姐是大學同學。一次系上郊遊後，兩人開始約會。因為有話說，相互來電，於是私底下互留對方電話號碼。

兩人外出吃飯約會一段日子。某天，某夜，千金小姐約窮小子去吃海鮮。忽然間，一群流氓調戲千金小姐。這時，一位頗富正義感流氓出現，挺身替千金小姐打抱不平。從此，千金小姐和正義流氓結識。正義流氓要追千金小姐：「男女未婚，誰都有權利追求愛情。」三角戀愛焉然誕生。

沒多久，窮小子的妹妹接著出現，此時此刻，男女關係發展成四角戀。兩位女主角心中各有所屬，窮小子妹妹追正義流氓，千金小姐喜歡窮小子。

窮小子自認家貧，立志好好讀書、打拚工作、積極創業。因此，顧不得兒女私情，不願被情情愛愛所綁，一心一意朝向未來創業。千金小姐真心追求窮小子，故對窮小子表達支持：「我可以出一筆錢，幫你創業。」窮小子拒絕：「我雖窮，但志不窮。」千金小姐問：「我要等到哪一年哪一天？你才能創出一片天給我看？」窮小子回答：「事業有成的時候，再娶妳！」說完，窮小子立即說聲：「以後再連絡」之後，調頭走人。這對男女分開。

正義流氓追求千金小姐，千金小姐乃曰：「我已經有男朋友！請不要煩我！」節骨眼上，窮小子妹妹出現，深情地望著正義流氓。然而，正義流氓瞄了窮小子妹妹一眼，掉頭，遠走。

窮小子妹妹和千金小姐結伴逛街。半路，碰到一群流氓，遭調戲。

這時，正義流氓再度出現時，心中仍不死心，依舊深愛著千金小姐。偶然，紅男綠女腳踏之地，恰為正義流氓地盤。正義流氓無畏地對眼前一群流氓表示：

「這兩位小姐是我朋友。有事？找我！讓她們走。」

那群流氓不願，於是雙方開打的架勢明顯。

正義流氓最後通牒：「最好不要打架！這是我地盤。我一吹口哨，我的兄弟們都會出來！」

那夥血氣方剛年輕人不信，帶頭開打。

正義流氓口哨吹響，果然，弟兄們出來了！

雙方互毆不可開交之際，有人報警。

警車及時趕到現場，人散。

慌亂間，千金小姐對正義流氓心懷感激，且匆匆謝曰：「欠你一份人情！」

林先生講到這兒，未繼續故事發展，停住。朱先生好奇：「後來呢？」

林先生：「我還沒想出來！不過，歌詞想好了。」

朱先生詫異：「電影啊？連續劇啊？」

林先生尷尬笑道：「以前，我在Mitchell中餐館工作。有天，午休醒來，窗外風雨，楓葉飄落，想起的字句。」

朱先生默然，邊走邊輕微點頭，不說一語，繼續忠於作一名聽眾這個角色。

旋即，說故事的林先生背誦起自創歌詞：

「我求求妳離開我　我是很愛妳　但是不能在一起
風蕭蕭　雨飄飄　夜沉沉
唯我獨自在街頭徘徊
不知不覺　一陣冷風吹向我心窩
雙眼朦朦朧朧　不經意流下男人淚
可嘆　可嘆　等不到伊人
只有影子陪伴我」

四七

七月三十日，星期三，午後五點二十分，天光亮亮。

小趙把從教堂領回來的救濟食物，分給朱先生兩個大紅洋蔥、一小堆迷你馬鈴薯、一條土司麵包。有了先前買回小雞腿，加上剛收下食材，朱先生在廚房準備兩道菜：兩隻雞腿炒洋蔥，以及兩隻雞腿紅燒馬鈴薯。手忙腳亂之際，小趙在朱先生身旁一邊煲湯，一邊聊到袁小姐：

「她那天像個瘋婆子罵我跟老頭子兩個人，她眼睛流露出病態可怕的樣子。我回罵，因為她羞辱人太甚！可是，當我回罵的時候，看到她雙手抓住椅把使勁猛搖，長髮亂飛，我嚇到了！就不再跟她對罵。」並嚴肅口吻：「她有妄想症。有天，她說，她有一把剪刀和一個小湯匙掉了。她竟然對我說，她聽到我們房間裏有剪刀掉落地面的聲音。她懷疑心很強。第二天，老王告訴我，袁小姐找到了小湯匙，是她自己忘了把它放在冰箱裏一個菜飯碗裏。剪刀呢，在她自己房間內被找到。」復言：「因爲我跟我太太和她共用一個冰箱，她食物的擺置、痕跡都記得很清楚。一有被移動跡象，她就會來找我們興師問罪！」

聽後，朱先生笑曰：「前天，我和趙太在後院。你太太跟我講，袁小姐適合一個人住在公寓裏。林先生說，她應該自己住在山上。」「趙太還說，袁小姐欺善怕惡。因為，她碰到一向兇巴巴的張小姐正在洗衣服，她上前，善意問張小姐，會不會太黑啊？要不要幫忙開燈？」

四八

八月第一天，王哥出院，內心歡喜地回到陽光谷老窩。

慶幸，此時，記憶也逐漸恢復正常。

王哥走進睽違多時老房間，內心深處感到愉快，難以言喻一種踏實感。

張小姐見面第一句話：「你要重新做人！」

聽者王哥內心嘀咕著：「講什麼話嘛！烏鴉嘴！我做錯什麼事了？」

走進久違的房間，放下行李，第一件事情，面壁，立於紅燈香爐前，雙手合十向菩薩輕聲請安：「過意不去！這些日子以來，住進天主教醫院，實在是情不得已！後來被人送去復健。不過，心中仍有你！現今，你再保祐我。」「今天，康復情況良好，不但出院，而且記憶力恢復！」

安頓下來，邊回憶，邊偶而自言自語片刻，像是向菩薩報告過去這段不在家的經過，也算是報平安，向心中神明交待吧！

話說，六月十二日，星期四那天早上十一點多，我用銅絲線修補紗窗破洞。然後，去前院澆花。「時間還早！」心想。於是出發去買中文報紙，好查看世界盃足球賽賽程。之後，什麼事都記不得了！

當有意識睜開眼，發現人已經躺在醫院裡，大夫在一旁。護理人員幫我拭擦滿臉血流，同時，叮嚀我好好躺在床上。不多時，急救人員也把牛仔長褲給喀喳一刀剪短了，好處理傷口。急救護理師還在幫忙擦血。

朦朧中，我詫異：「我去買報紙，怎麼會跑到醫院來？」

試著要站起來，看見大女兒麗莎站在旁邊。她會出現在病床旁邊，是因為緊急救護員在我不省人事時，搜索口袋，找到電話號碼，打電話通知她。而小女兒正在夏威夷渡假，鞭長莫及。

「我要去買報紙！」慢慢站了起來，醫護人員順勢扶我上急救的病床。不到一秒鐘，口腔忽然噴出大血，血濺病床白色床單。旁人扶我到另一張乾淨病床，躺下，又昏過去。再醒過來，我已睡在另一個病房內一張病床上。醫護人員告訴大女兒麗莎，我要住院一個禮拜，觀察是否有腦震盪？因為吐血現象，被安排躺在緊急護理床上，護士忙著量血壓，檢測血紅素，血液足夠否？

次日，無腦震盪的擔憂，但鼻樑、雙手、右臉龐摔傷發青，且背部不適。種種傷痛，可能由於人跌倒在人行道凹凸不平路面所致。照X光，顯示勒骨受損。

第一個禮拜，躺在醫院裏，整個人連站都站不起來。

超過一星期，六月二十三日，星期一，我被轉送到復健醫院，Valley House Rehab Center，211 病房。全身疼痛，躺在病床上，可有一陣子，護理師都會來量血壓。隔壁病床男病患，是日前夫婦倆駕車外出時發生車禍，駕駛先生不醒人事而送醫急救。

掐指算，小女兒愛美麗一家終於從夏威夷渡完假返回加州那天，王哥打電話給愛美麗，要她跑一趟陽光谷人民公社查看郵件，是否有收到申請老人福利金，政府寄來年度面談通知信函？

「有這麼一封信。」第二天，愛美麗電話回應。

電話上，小女兒同時強調：「政府出錢給你復健，你不要偷懶！因爲，在外面，復健一個鐘頭的鐘點費很貴。你要珍惜機會。」「你要照顧自己。我是不會照顧你的。要不然，讓你的鄰居室友去照顧你。」

我將女兒愛美麗這段話確確實實聽進耳裏。

沒幾天，政府老人福利處辦事人員親自前往醫院查看，是否我確實入住醫院？首先，前來的相關人員核對病房門上名字是否吻合？核證無誤，政府雇員告訴我，等病好了，再安排面談。目前，專心養病。

意識裡：「出事後，頭有點昏昏沉沉。有些事，記得，有些，卻糢糊！」

過沒多久，再被轉至病房 122 室，離復健運動室較近。

此後，早上七時，被喚起床。梳洗完畢，七點半，吃早餐如土司、一瓢蔬菜蒸蛋、牛油、果醬、牛奶、果汁、咖啡。九點鐘，復健人員來病房召喚病人去做運動。剛來第二天，仍坐在輪椅上，就被推進復健室，要求坐著但腳踩半小時，手搖半小時等運動。要不然護理師扶住輪椅，我站起來後，他們蹲下身來幫忙將病患的帆布鞋綁住，以防跌倒。然後，兩手放在助行器手推車架子上，隨著舞曲旋律，抬腳三十次。當大部分病人偷懶，只聽到工作人員對我發出禁止令：

「你做過頭了！」

由於我努力，復健成效顯著，被醫護人員推舉為楷模。

受到鼓舞，我發起「在病房內走路運動」。如病人需要，另一位護理師會幫忙抓穩病人皮帶。我利用機會，多多鼓勵其他病人：

「這裡醫師為我們所做的任何事情，都是為了我們好！不要自艾自怨！做復健運動，把它想成好像玩遊戲一樣有趣。」

我讓其他病友萌生希望。

一開始，行走病房院區一圈，後來漸漸變成走它好幾圈，才返回復健室休息，喝水，喝果汁。我主動積極，快樂地抓起啞鈴做拳擊運動。尤其，當做到兩手握住一根約重量兩磅多的鐵桿，前後伸出，收回，連續伸縮動作二十下，亦可朝上或朝下，三段運動時，其他病友卻避之唯恐不及，想偷懶。另外，我雙手抓住鐵桿，腰部左右旋轉，加強腰力。還有，腳綁重物，做伸腿運動。這些讓一般病友叫苦連天復健動作，我確甘之若飴，因爲想到：「以前，爲了保護老蔣總統，憲兵受訓，被要求手握步槍半蹲十分鐘。相較之下，這些算不了什麼！」

早上復健治療兩個小時至十一時許，休息休息。十一點四十五分，醫院送中飯至每個病房。飯後，自己手推著輪椅在醫院裡到處逛逛，再午睡片刻。

每星期，有專人前來病房幫忙洗澡一次。

努力復健，有了代價，我再也不需要依賴輪椅，身體狀況恢復良好。

住院療養期間，晚飯後，離開暗沉病房，逛至會客室與護理師工作站，找人聊天。要不，坐在沙發上想想心事、發呆。

禁不住口出感言：「待在醫院的日子，就這麼過去了！今天，總算平安歸來。」「菩薩保佑啊！」

的確，此刻，出院回到老窩，人嘛變得十分珍惜半個牆面均是陽光可穿透室內的玻璃窗、窗外藍天、寧靜中偶然傳至耳邊鳥鳴、清新自然空氣和身心自由。

自白：「這次發生意外、住院，是老天要我學習的功課。一個人沒什麼大病痛，就屬福氣。以後，我還是少管閒事。健康最重要。住醫院，怎比得上健康自在、好端端地住在家裡？」

再次想到，彼時，病房內兩人一間，瀰漫著大、小便及床單散發出異味。沒窗，房間黑濛濛，好像住監牢。沒窗？那是因為A床，近廁所，遠離窗戶。B床，靠窗，睡著一位非洲人，但是不愛打開窗簾之故。

因此，那時候，喜歡走到病房外一個戶外小花園，仰看天上飛機來去，一下子夏威夷航空，一下子西南航空。要不然，波音飛機的引擎在翅膀上，道格拉斯飛機引擎則在翅膀後尾巴附近。迷你花園過去，是停車場。每天看著員工上、下班，也看了一個半月。

進醫院，流了很多血，但學了很多，像是「沒摔成腦震盪，實屬萬幸」。像是「趁機複習英文，每天用英文跟護士、復健師溝通」。像是「自己懂得保護自己的身體，勤做復健課程中體操，獲取保健知識」。像是「目睹比自己更悲慘、更可憐眾多病人，加上他們又不會簡單英文。不幸病友包括摔跤、頭撞地、腦震盪等不同病情，但都得一直躺在床上不能動，也不能吃。天天打點滴、灌藥、灌營養素。還有病友罹患象腿、象手，粗手粗臂，全身動彈不得。總得派上幾名男護理師合力抬起這些病友，才換得了床單。又有病友得使用特製輪椅，因為身小、屁股小，但手大腳大。有的病友頭大，身體瘦骨嶙峋宛若非洲難民」。像是「變得有愛心，常在醫院裡鼓勵其他病人，勸說，這裡有好醫生，政府出錢，都是為了你的健康。所以，加油，努力復健，不偷懶。」

趣事也有！有次非洲裔美國護士正為同病房室友，一位鋸斷左腳、黃黑皮膚來自非洲三摩亞病人換藥。病人因熱溫以致患部疼痛，請求冰塊降溫：

「I love ice！」

護士驚訝，什麼？「你喜歡我的眼睛？不行！

「You like my eyes？No，not my eyes！」

我介入澄清，冰水的冰啦！

「Water ice！」

惹得護士呵笑不停。

由於在復健上表現積極、進取，康復快速，深獲醫護人員讚賞，以至於出院時，復健組醫療人員，停下來吃中飯，也要向我道別！祝好運！

大喜曰：「菩薩保佑！現在回到家，第一件事，就是開窗。看看窗戶外的陽光、綠樹、巷子裏來往的車輛。」

斜對門室友袁小姐，送上四個梨。

面對袁小姐，心想：「我住院的時候，她有車代步，但卻從未開車去復健醫院探望我。沒關係，不重要！況且，人家這不是好意送梨來嗎？今天，老命能保住，我已經阿彌陀佛！其他事，小事！」

當朱先生跨進大門，，尚未返回自己房間去放置背包、更衣，就已迫不及待地直奔王哥房間，欲表達歡迎、祝福。

兩人見面，王哥提到袁小姐送梨過來。

出院，重享陽光白雲，王哥對朱先生講了簡單一句：

「我現在不管別人閒事！只管自己的身體！」

這次出院回來，王哥發現愛美麗對待老父親似乎體貼些，例如購買食物方面，她會幫老父網購寄貨。偶而會開車帶個便當過來，但只待在汽車內等待父親出來領取。因為難忘那次王哥住院期間，愛美麗過來拿取父親換洗衣物去醫院，撞見張小姐。張小姐大聲指責：「妳爸爸偷吃別人的東西。他若出院回來，我要房東裝監視器，防止他偷別人東西吃！」愛美麗頓時受辱，並暗地發誓：

「我再也不想踏進這屋子一步！」

四九

八月二日，獲知王哥已經出院，已搬離的蔡小姐特別開車來雲雀巷，邀王哥去館子吃越南麵。

席間，王哥表達：

「想吃烏骨雞補血。因為出事的時候，胸口出血太多。」另盼望「一個月後，想裝假牙。那時候，牙醫處理牙根時候，又會出血，所以，想吃隻烏骨雞補血。」

蔡小姐當場承諾：「明天，我會把雞湯燉好，給你送過去。」

至於裝假牙需籌四佰塊錢，但沒錢。王哥：「房東說，先幫我墊錢。以後，以工代錢。

就是每個月幫他整理房子、搞衛生，每月扣工錢，直到償還借款為止。」

蔡小姐一聽，熱心提供：「我借你錢。」

王哥：「不用。妳也沒什麼錢！」

蔡小姐腦筋一轉：「我幫你跟林大廚借。」說到這兒，再連串追問：

「可可現在有爲你做菜嗎？」

「沒有。」王哥回應。

「林大廚還好嗎？你有和他講話？」

「不知道。沒有和他講話。」

「你現在還有跟可可講話？」

「沒有！」

「林大廚和可可最近有沒有任何進展？」

王哥：「沒有！」並補充：「自從出事回來以後，過去，一筆勾消。不管了。」

這次餐敘，蔡小姐再提舊聞：「還沒搬走以前，有天，我跟林大廚兩個人在廚房。他摸碰我肩膀，我立馬摔開。我不喜歡人家對我這樣。」「上次趙太問我，我和他的關係？我告訴她，林大廚，和他做朋友，OK！當老公，他太糟糕了！他像我前夫，都是廚子、愛喝酒、愛打麻將賭錢。」

吃喝聊天告一段落，蔡小姐驅車將王哥送回人民公社。

藏不住任何話，不多時，遇見朱先生，王哥將午餐閒話，全盤托出。

對林先生而言，一直心念王哥是破壞他和可可好事之人，而懷恨在心。因爲張小姐曾轉述王哥勸可可之言給林先生本人聽：

「老林不適合做男朋友或丈夫，以自己的大女兒、小女兒爲例。大女兒，遇人不淑，如今落得未婚，帶三個孩子的單親媽媽。小女兒，多年觀察、慎選，才嫁給現在在科技公司上班的洋人丈夫，婚姻幸福，家庭生活美滿。」

當晚，林先生果然找朱先生外出聊天。經由和朱先生聊天，林先生才知情今天中午蔡小姐約王哥外出吃飯的片段，領悟：「現在回想起來，蔡小姐曾經故意把排骨肉大湯鍋搬到可可房間前面大餐桌上，讓可可聞到肉味，惹她生氣、伙大。這又讓可可誤判，認為是我在搞鬼，這樣，更會不理我！」林先生竟然末了總結一下：「蔡小姐既然自己得不到，就破壞我和可可！」

五十

八月三日，星期天，早上，蔡小姐打手機告訴王哥，馬上會送烏骨雞湯過來。

近午，張小姐尚未離家去教堂。王哥跑出門，拿到雞湯，並吩咐蔡小姐趕快把車開走，「不要被張小姐看到了！否則，她會罵我。上次，就是聽說我還在幫妳收信，而且還會打電話叫妳回來這裡拿信，才對我開罵。」

蔡小姐：「關她什麼事？送雞湯又礙事了？我們是朋友啊！」

五一

八月四日，星期一，下午四點鐘，朱先生從外邊回來，一進門，見到小趙。

小趙：「解放了！因為袁小姐開車出去了。不過，她說不定馬上又回來了。」再言：「沒人了！」

朱先生：「屋裏，事實上，就算現在每個人都還在，待在自己房間內，人滿為患，但是只要袁小姐那個瘋婆子不在，感覺就自由、輕鬆了！」

一旁的可可主動向朱先生善意提醒：「冰箱上 Wi Fi 機器被人移動過，不能上網。不過，我有妙招，只要輸入： ID： Home - 4C65

PIN：555705E2CD3495D7

我們就可以再上網了！」接著委屈語調：「上次，我好心對袁小姐提出幫助，對她說，我的 iPhone 比較新，妳的電腦老式些……她馬上變臉，叫我，Stop Talking 不要講話。我非常不高興，因為好心沒好報！後來，我和袁小姐在廚房碰頭，雙方不講話。」這下子，可可總算體會到「袁小姐的怪誕，還有，說翻臉，就翻臉。」

朱先生走回房間。不久，可可在廚房四顧而呼曰：

「朱大哥，出來吧！把 iPad 拿出來。我教你中文打字。現在沒人了！」

其實，屋內一堆人，只是袁小姐一個人出去了而已。

這天，林先生休假在家。不過下午，他還是跑了一趟店家處理手機浸水問題，但無果。黃昏六點半回來，想先休息一會兒。這時，趙家夫婦和朱先生都在忙做飯。

巧不巧！蔡小姐也大老遠再次送來一碗雞湯，給王哥進補。由於張小姐車子沒停在前院，表示她已出門，所以蔡小姐堂堂入室。

男女在廚房偶遇，林先生笑問蔡小姐：

「妳可不可以開車載我去 Mall 找家店，我要修理手機。」

蔡小姐笑曰：「我怎麼可能拒絕？」

男女離開。王哥當眾戲曰：「他們老情人出去了！」又語：「我在復健中心，醫護人員、病友和我聊天，問我，可想找個老伴？我說，要找？三十年前就找了！不必等到現在。以前，孩子小，不想找伴，怕自己會成為夾心餅乾，夾在孩子們和繼母之間，左右為難，兩面不討好！現在，自己一個人睡習慣了。現在要是有人睡在旁邊，反而不習慣。這次出事後，我只注意自己的健康了。女朋友？沒錯，把自己身體弄好，回到復健中心去探望那些女朋友們。」

趙家夫婦捧著煮好飯食進屋，用餐去。

廚房裏，剩下王哥自顧地對朱先生一個人自白：「蔡小姐說，可可、張小姐不好！張小姐、可可說，蔡小姐不好！現在，蔡小姐說，小趙被可可收買了！因為小趙不懂英文，誰不好找，竟然把蔡小姐的信件拿給可可，請她幫忙看看收件人姓名？」

五二

八月六日，星期三，中午，朱先生請王哥在一家中餐館吃海鮮炒飯。

席間，王哥說到袁小姐：「我就發現袁小姐心理變態。張小姐說，哎！老處女。她沒被男人碰過，難免會如此。」王哥又說：「張小姐很會為別人取外號，像是袁小姐是老處女，阿曼達叫大肉彈，叫蔡小姐蔡賤人、不要臉的女人。但只有對可可網開一面。」

五三

八月七日，星期四，立秋。愛美麗開車載王哥回復健醫院回診，一切正常，康復良好。末了，醫師吩咐，每日喝一大瓶半的水，持恆使用健康器材，多運動，多喝牛奶。回程，愛美麗停車，買了一盒日本壽司給老爸帶回。快到人民公社，老父說了愛美麗一下：「我住院的時候，你們看，人家兒女多孝順！妳爸爸還算幸運，沒有傷到腦袋瓜。要不然，那時候，要救？還是不救？當時急救不成，如果不插管，就自然走了！否則，大家都痛苦！」

回到屋內，王哥勸朱先生，常去使用他房間內啞鈴器材，多健身。

當晚，朱先生剛走到王哥門口，袁小姐正好走出自己房間，朝廚房方向走去。帶上門，王哥對朱先生說道：「袁小姐每天把自己關在房裡，又心理變態，我猜，她年輕的時候感情路上，被人傷害很大！」

朱先生聽到老掉牙論調，沒說什麼，兩手各舉起一個啞鈴，按照王哥在復健醫療期間所學體操，邊聊其他，邊做運動。告一段落！王哥忽然平靜敘述：

「在醫院的時候，旁人都好奇，問我，怎麼不見你兒女前來探視？老美的兒女們都會送花、送汽球，並送上幾句祝福的安慰話。你們家為什麼不是如此？」「的確，小女兒只有從夏威夷渡假回加州，我要她回來這兒幫我拿換洗衣服的時候，順道載小趙和阿曼達去醫院探望我。就那麼一次，她就再也沒有去醫院看我！她都是打電話連絡。」「至於大女兒，只有在出事當天，被人家電話通知，去認我這位父親。因為我把女兒電話號碼放在褲袋裡。最後一次她去醫院見我，就是那次她載你去醫院看我的時候。」

朱先生：「我記得那次。她一到醫院，跟你講幾句話後，就帶著你孫女，她們母女兩人離開。說好一個小時後，回醫院接我回家。後來，你電話催她，兩個鐘頭後，她才回醫院來接人。」王哥接腔：「就是那時候，我在醫院特別交待她，回來接你的時候，路上，幫我買香蕉，好通便。她卻空手！」

回到小女兒身上，王哥：「她對我說，他老公被任職的 **HP** 公司解聘，失業中，沒錢。她要我多吃蔬菜，少吃肉類。她沒法給錢太多。其實，她有錢。女婿雖然失業，但是，他領高額失業金。因爲之前，他是公司高薪階層。小女兒不給我錢，只想叫我別多花錢！」

晚歸，可可一進門，在廚房遇到朱先生，寒暄幾句後，變成滔滔聊開。

四川人可可總結：「大陸男人以錢為貴，但什麼都沒有，精神貧窮。」

五四

八月九日，星期六，下午三點五十分，袁小姐早上就離開，張小姐也不在家，只有王哥、朱先生和趙家夫婦留下。趙太敲朱先生門，送來一碟兩個剛蒸好花捲。午後雲雀巷，舒適宜人。午睡一個鐘頭，醒來。一切顯得安祥，朱先生明知不久，男男女女回籠後，整個房子將會重回有形無形拉鋸矛盾中，他依舊享受短暫寧靜。

五五

八月十日，星期天下午，朱先生跑去專門放映老電影 **Palo Alto** 市史丹福戲院 **Stanford Theater** 看了兩部黑白電影。一部是三點半放映 **1953** 年由奧黛麗赫本主演「羅馬假期」，和五點四十分放映一九三三年由 **Greta Garbo** 主演「克麗絲汀娜皇后」。兩部影片都是說著皇家公主、皇后愛情故事。

前者，一位歐洲年輕公主馬不停蹄在歐洲大陸鄰國做官方友好訪問。密集活動使得公主油生壓力與倦怠，竟避開監護及戒備森嚴守衛之耳目，逃出訪問國之都羅馬的皇宮，潛入古城、民間，呼吸自由空氣，享受生活人情。意外邂逅一位美國記者，激盪出短暫但終身難忘一段自由自在與浪漫情愫。

後者，一位十七世紀北歐瑞典皇后，為了尋求能與南歐西班牙大使雙宿雙飛，安享愛情，寧捨皇冠，卸下皇袍，騎馬出宮，奔向港灣，會情郎，打算遠航安居他鄉。未料，迎接她的，卻是在一場由嫉妒所引起兩男情敵森林決鬥中，身負重傷那位大使躺在甲板上，奄奄一息。男女四目交接，流露濃情愛意。男人滿足地閉目，撒手歸天。女人，堅定地下令，按照原計劃啟程出海，義無反顧。這時，航海路上，她並不孤單。伴隨愛情追夢者，是陣陣拂面海風與海鷗飛處。

夜晚，看完電影歸返，拿出在「生計糕餅店」購買的台式麵包給可可、王哥、趙家夫婦每人一個。林先生剛洗完澡，走出浴室，看到朱先生拿一包東西給可可，且目擊兩人客氣、又談笑片刻後，可可才回房。林先生示意朱先生：「到外面談談。」

戶外，微涼但舒爽。林先生略帶嫉妒又好奇問道：「你拿什麼東西給可可？」

走在巷道，短袖T恤、短褲，朱先生告訴林先生：

「住在我們這裡，可可最好。她比蔡小姐跟袁小姐兩個女人都好。」理由在於，「如果說，怕惡，是人性；欺善，才真可惡。那麼，蔡小姐和袁小姐，就是屬於欺善的惡人。她們兩個女人都怕大聲婆張小姐，都對她忍氣吞聲，不敢回嘴。但是對屋裡的其他人，她們就粗聲粗氣。」提到袁小姐，朱先生又說，「這些日子以來，我觀察到，她向房東告你狀幾次，想趕你走。見無效，她見風轉舵，以後見到你，一如常人，早晚主動叫聲林先生，打起招呼來，像什麼事都沒發生。」「還有，袁小姐辱罵王哥。後來王哥跌倒住院，她對王哥不聞不問。她有車，也從未開車去探望王哥。當王哥出院回來，見王哥整個人變得健康，第一時間，她送上幾個梨。」「她辱罵小趙那次，當天晚上，當趙太下班回來，她立刻嗲聲嗲氣，叫聲，趙太。主動打招呼。像什麼事都沒發生！因為她怕會跟她吵的趙太。」

五六

八月十二日，星期二，下午四點半，王哥打開房間門，使得早年作曲家 Glenn Miller 作品和早期名歌星平克勞斯、法蘭克辛納屈、桃樂絲黛、狄恩馬丁動聽歌曲流洩四處。連帶其他老式情歌像是「大江東去」、「雨的旋律」，還有電影主題曲「第凡內早餐」、「出埃及記」、「西城故事」原音再現。

一股甜蜜滋味上心頭，王哥默然回味著：「今天早上，我向可可道聲，早！她也回我一聲，早！」還有「八月二日，出院第二天，我跟她說，早！她也回我一聲，早！」「不像以前，對我不理睬。」

頓時，幸福感滿懷，嘴角笑意傻傻難停。

晚上八點多，天黑了。王哥在朱先生面前喟然嘆息，曰：「醫院臭！這裡煩！」最近，復健醫院派人四度來探訪王哥康復狀況，但都被張小姐擋在門外，不讓別人進入。王哥為此煩心，跟愛美麗在電話上訴苦，小女兒說張小姐「是狗嘴吐不出象牙。」趙太勸王哥別被張小姐攪擾。王哥百般無奈地興嘆曰：「她是烏鴉嘴！」

朱先生插話：「張小姐這個人，兩面矛盾。比方說，你跟小趙幫忙房東整理清潔，每個人各拿五十塊錢工資。有天，你不在，她說，你多出來這五十塊錢，顯然違反低收入每月最低存款。不過，她卻叫你出院後，等到她買房子，你搬去做她的房客，並且幫忙她照顧房子。」又「叫我不要和剛搬來的阿曼達去散步、接觸，因為她會偷男人證件、騙錢。第三天，她自己卻主動開車載阿曼達出去逛街購物。」

五七

八月十六日，星期六。早上，王哥告訴朱先生：「昨晚我失眠！」

原因有二。第一，六月出事住院直到出院，期間，健保部份，政府來信通知，只付一個醫院醫療費用，另一個復健醫院部份，不予醫療費用補助。無牙老人於是擔心錢從哪裡來？是否從此陷入後繼無錢之窘境？是否仍有政府先前每月八百塊錢補助，讓他可以繼續住在大雜院？如果經濟陷入困境，這樣如何生活下去？傷腦筋！而小女兒愛美麗此刻重提往事，大加報怨且怪罪老父：「你當初為什麼聽馬克的話，放棄搬進低收入戶老人公寓的機會？房租便宜多了！你竟然相信馬克對你說，爸！我陪你住，我再也不去找男人了！」

王哥反駁愛美麗：「我當然希望和自己兒子住，不願意孤單住在老人公寓啊！」

第二，王哥向愛美麗提過，配假牙，政府付錢，但是磨牙費用四佰百塊錢得自付。不解，小女兒為何不願意幫老父付這筆錢，好讓他去磨牙，好配上一付由政府資助的假牙？竟對老父言曰：「你和房東之間，由他先墊四百塊錢，以後，你每個月再以五十塊錢工資，幫他打掃環境衛生，還債。這部份，我沒意見。」況且，「你不是沒牙齒很久了？多年下來，不是已經習慣了嗎？幹嘛要裝假牙？你不會習慣的。」

對此，王哥又反駁愛美麗：「當初，我在復健醫院要做運動訓練，好健身。一開始，我也不習慣那些訓練，後來，不也就習慣了？」

這兩件煩惱事縈繞心頭不散，焉有不失眠之理？

聽完，原本打算出門的朱先生於心不忍，故決定暫且留下來，陪王哥談談天。

五八

八月十八日，星期一，早上八點，趙太上班前在廚房分一把青綠波菜給朱先生。然後，帶領朱先生到一格格木製公用置物架前，指著她那一格，怨曰：

「王老頭拿走我們一包麥片。那包，在老頭從醫院回來之前，一直放在那兒，沒人動。」

朱先生想到前幾天，王哥把朱先生喚進房間內，幫忙確認愛美麗為老父網購所寄來一箱食物的英文說明：豆類罐頭、蔬菜高湯罐頭、雞胸肉塊罐頭，還有麥片。

五九

八月十九日，星期二，下午近四點，王哥戴頂小圓帽出門，一路上推著四輪推車要去買報紙。

朱先生午眠初醒。小趙：「她出去了！解放了！可以大聲講話。」因為，最近，朱先生在廚房都輕聲示意室友們，小聲講話，否則，袁小姐聽到朱先生講話聲音，總是藉故出來晃一下。

不多時，王哥買報紙回來。朱先生建議：

「下次出門，可以戴付太陽眼鏡，以免曬昏！」

王哥：「小趙告訴我，解放了！暗示袁小姐出去了。一聽，我趕緊就出門買報紙去了。」接著：「剛才一路上，先是隔壁鄰居太太看見我從他們家經過，她特地跑出來用國語對我說，我上次跌倒，滿臉都是血！她建議我，下次出門，別忘了使用拐杖或者是手推車，比較安全。」「後來，去大華超市，不少熟識員工都表達關切，問我，好久不見，發生了什麼事？」「最後，到上海飯館，老闆娘送我十個綠豆沙餅吃。」忍不住感嘆：「哎！在外，我的人緣可好哩！回來，可可和老林不理我。張小姐嘛，時好時壞，一下子又翻臉罵人。她翻臉像翻書一樣。咦？她翻聖經有沒有這麼快？」「出院，回來，張小姐在我門外嚷著，說，老先生這次回來，要重新做人。奇怪？我又沒殺人放火，幹嘛要改過自新？趙太也聽到她這樣說我，替我覺得奇怪，她也不明白，幹嘛要重新做人？趙太說，我看張小姐啊，才要改過自新，不要在晚上十一點以後，還大聲講話。」

王哥還說，這次出院回來，小鳥和烏鴉不再啼鳴。講到烏鴉，又提到張小姐，而十分不解：「以前，她一早起來，在大門前的馬路上撒了一大堆麵包屑餵烏鴉。結果，那時候，天天有一群烏鴉來報到。」

末了，王哥自慰曰：「今天，小女兒載我去政府相關單位面談，有關低收入補助。這次住院，政府原本只答應支付一家醫院的錢，另一家醫院醫療費用得自付。不過，面談官是位女黑人。她說，她會寫封信去說明，我沒錢付另一家醫院醫療費用，希望政府再給我補助。官員向我們獻計，如果下次被問到，就說政府每月補助的八佰塊錢付了房租。如果問到三餐張羅這部份，就解釋，仰賴救世軍定期分發的食物，再來就是室友們提供食物。我上次在面談現場，見到小女兒和面談官兩個人談笑風生。一切到此，我才卸下煩惱，定下心來，不愁沒補助了！」心底，老人慶幸，幸好救世軍讓他每個月有兩次去拿水果、蔬菜，一次去拿罐頭乾糧，加上一次免費的長者午餐會。

六十

八月二十一日，星期四，早上九點多，朱先生準備出門時，林先生正在廚房燉綠豆湯早餐。林先生輕聲叫住朱先生後，轉身，打開火爐上端廚櫃，從中取出一包乳白色塑膠袋，然後遞給朱先生：

「我買了兩個，這個給你。」

朱先生低頭一看，是生計麵包店的芋頭千層麵包。

六一

八月二十六日，星期二，約下午三點，朱先生從外面回來，正要打開房間門時，身後，被王哥叫住：

「小趙託我拿一包蔬菜給你，放在我那兒。等一下，你來拿。」

去拿菜時，隨身帶給王哥一個可剝皮的橘子，而非柳丁，因為知道他無牙，軟肉橘子倒可吃。當離開王哥房間時，朱先生手上多了小趙轉送的紫色包心菜、小巧馬鈴薯十六粒。

不多時，袁小姐返回。一進門，見到王哥，立即不悅地抱怨：

「幹嘛把大門關起來？屋裏太臭！應該把門打開，讓空氣流通。」

王哥溫和解釋：「張小姐的房門沒關，而且她房間內電燈亮著，所以才關大門，以防小偷見機入侵，偷她東西。」「有一次，我好心幫她關上門，反而被張小姐罵多管閒事。所以，我今天打手機給她，問，如果需要幫忙關燈關門，請回電。一直到現在，等不到回音，所以，我不敢自作主張。」雖然如此說明，袁小姐口氣仍顯不耐，王哥於是順從溫和曰：「那麼，我再打通電話給張小姐，試試看。」並提出權宜之計：「要不然，我把大門用石頭夾開，留一條縫，不用把門全打開，這樣，空氣多少流通一點。」

朱先生聽在耳裏，心中為王哥打報不平：「妳袁小姐只會對屋內善良老頭例如王哥、小趙指使來指使去。妳有種，去對張小姐也這樣，我就服妳！不要只會在屋內東嫌西吼，來平衡自己，證明自己的存在，卻走不出外面世界。發瘋起來，變成另一個人，面目出奇猙獰，言語惡毒極盡羞辱之能事，像個披著羊皮的魔鬼！裝瘋？」

黃昏六點，王哥敲門，朱先生探頭。

王哥：「你出來見見我的乾孫女，安潔莉卡。」

想給王哥做面子，朱先生隨王哥身後走出大門，來到戶外巷道。

汽車引擎仍發動著。由於王哥示意，安潔麗卡從車內駕駛座起身，下車。

朱先生含笑趨前，伸出右手，雙方握了一下手，開始寒喧幾句。

王哥和安潔麗卡鑽進車內，駛離前，王哥坐在前座，仰頭且叮嚀：

「九點鐘，別忘了來我房間練啞鈴，鍛鍊身體。」

晚飯後，七點半，天光依舊，通體舒泰。朱先生出門散步，直到微涼氣候，約九點回來。當進入王哥房間要練啞鈴時，卻見老人坐在電視機前面，滿臉通紅，身上散發些許酒味。同時，見到圓板凳上，有半盒未吃完生魚片和一瓶醬油在旁。

朱先生開玩笑：「我要告房東，你酗酒。」

王哥說，黃昏，正在吃水餃，出乎意外，乾孫女出現。所以，「沒吃完整盒生魚片。」又「安潔莉卡每兩個禮拜來看我一次，載我出去吃飯、買買便當、理髮、去銀行。」同時，頗感欣慰：「她今天還對我說，爺爺，我不會像麗莎、愛美麗她們那樣，都推說，沒空來看你。我每次來，帶你外出買生魚片和啤酒。」老人滿臉笑容：「這下子，明天吃飯有著落了！明天中餐，我可以吃剩下的水餃，還有這盒沒吃完的半盒生魚片。」

瞟了一眼浸泡在醬油那半盒生魚片，朱先生問：「那麼明天晚餐呢？」

王哥：「剛在永和中國人超市買的外帶便當，裏面有魚、豆腐、牛肉滷白蘿蔔。」接著指向大瓶啤酒、生魚片，說：「這些是在韓國超市買的。」

不久，從沙發旋轉椅上起身，王哥熱心地教朱先生舉啞鈴一些要領，以及如何使用它來鍛鍊手肌、腰力。王哥再坐下，繼續盯著電視螢幕觀看有線電視中文連續劇「紀曉嵐」，老人餘光，仍留意朱先生運動方法是否正確？隨時提出糾正。

一段時間過去，王哥忽然脫口：「好馬不吃回頭草。」「現在，不會再向可可主動打招呼了。除非，她先打招呼。」「屋裏大小事，男女之間的事，一概不管了！過去的教訓，多管閒事多吃屁，少管閒事，少拉稀！過去由於無知，吃了不少屁，拉了不少稀！」「當街撞傷出事，住院，這些都是管閒事的後果。幸好，老命保住！」「屋裏的人都不喜歡我們隔壁鄰居香港人。但是女主人在我八月一號出院回來，有天，主動親切向我打招呼。她告訴我，她親眼看到我在門口被單車從後面撞倒，前身趴地，血流滿面。是她打電話給急救中心的。她勸我以後外出，最好拿一支拐杖幫助走路，或者使用手推車，這樣比較安全。」

快十時，林先生下班回來後，直接使用浴室的洗手檯，雙手搓洗內衣。朱先生回房拿出一個白色塑膠盆相贈，說明它可用來天天洗澡後，洗內衣褲之用，不必那麼辛苦在洗手檯洗衣服。

收下白盆，林先生：「我煮了一鍋綠豆湯。等一下煮好了，分一半給你。」

六二

八月二十七日，星期三，早上十點多，走向洗手間途中，不期而遇，撞見住在廁所正對面的袁小姐也剛好走出房門。她手中拿著一件掛在衣架上的衣服，穿著厚重黑色圓頭皮鞋。乍見，朱先生微驚。男女匆匆擦肩而過之同時，同一時間，朱先生餘光，不但瞄到腳已踏出房門半步的林先生，而且也瞄到他警覺到迎面是袁小姐後，立刻縮頭回房，刻意迴避。居於毫無預警狀態下，剎那間，袁小姐臉部閃過之際，朱先生又微驚：「她怎麼變得更老了！難道看錯了？雙眼無神，半白半黑長髮披肩，如昔。」當轉身要進廁所，轉頭，見林先生這時已站出房門外。朱先生用無聲唇語：「倒—楣」兩字。林先生噗哧笑出聲。

用完洗手間，經過廚房，發現可可這時已起床並燒開水準備沖咖啡。

朱先生怨曰：「怎麼這麼倒楣、不幸！一早起來，就撞見瘋婆子兩次。另一次是在八點鐘，我正要用微波爐熱杯水。見到她，水也不熱了，立馬轉身回房。幾分鐘後，確定她不在了，我才再出來熱水。」

可可：「袁小姐生活沒有目標，又不願意幫助別人。整天把自己關在房間裏，不是整個上午，就是一個下午或整晚。」「眼無神。別說找不到工作，身邊更沒有一個朋友。平常，又不做飯菜，營養不足，臉色怎麼會紅潤？」

朱先生提到昨日袁小姐對王哥發牢騷，為何大門深鎖？屋內臭死了！

可可反應：「大門是我上班臨走前刻意給帶上的。因為怕張小姐房間，又開燈又開門的。擔心進屋的大門，如果敞開著，怕引賊入室，大家遭殃。袁小姐太自私了，不顧別人。她怎麼不為別人著想？」

朱先生：「妳對她這種想法，跟王哥一模一樣。」

可可：「受過教育，不見得有品格。袁小姐是生病、病態的一種。」

趁機，可可提到王哥：「我和他不講話，好一段時間。前天，我在廚房準備中飯的時候跟小趙聊天，自我解嘲，說，我怎麼一洗菜、做菜，就會把廚房水槽附近、地板上都弄得水滋滋的。剛出院的老頭子聽到，在附近，小聲放話，故意說給我聽似的，講什麼，水濕滑跤，會腦震盪。我立馬用托把將地板托乾。」

可可又不解，難道張小姐頭腦不清楚？花好幾百塊錢購買組裝儲藏小屋，再花一佰二十塊錢找人來拼裝塑膠小倉庫，搭架在後院，最後，房租每月得多繳一佰塊給房東。這樣，還是沒法把張小姐塞在各角落的雜物都塞進去。自己房間內床上、角落，被衣物堆積像山一樣高。睡覺僅能雙腳拱起來才能睡。「儲藏垃圾成性。她不是口口聲聲台大畢業？拿了美國兩個碩士學位？真搞不懂，怎麼會這麼頭腦不清？」

朱先生應曰：「妳這種想法，又和王哥一模一樣。」說完，當場進而另外爆料，剛搬來一個多月，有天下午，袁小姐在廚房問新搬來不久的朱先生：

「王哥說，張小姐要撮合你和可可在一起，真的嗎？」

如果傳言是真，多嘴如王哥不可能藏住話，一定會向朱先生透露。然而，朱先生對此一說，從未聽聞過，想必是對方只想套話而已。當下，朱先生溫和地順水推舟反將袁小姐一軍：「可可很好啊！她的本質很好，我喜歡她。說不定，我將來會和她結婚，生小孩。生三個吧！」袁小姐見八卦無果，立即阻止：

「好了！好了！不要講了。就當我沒問。」

事關可可，可可聽到朱先生如此轉述一段，哈哈大笑。

今晚，林先生邀朱先生結伴前往房東新開的夜總會，接受房東小女兒妮可請吃飯，為了商談林先生晚上下班後，可否前往夜總會兼差炒鍋工作？林先生下了班，先回大雜院梳洗片刻，約晚間十點，才和朱先生出發，搭公車22路，並於Mary街下車。順著街道走至鐵道附近，左轉，為一條偏僻馬路，不久，前方中文招牌醒目：「金錢櫃」。走進夜總會，白色Bud Light霓虹燈的另一頭，紅色星星和綠色Heineken霓虹燈相對稱。左邊，酒吧枱提供各式洋酒，並配上三張皮革棗紅色旋轉圓椅。

至於黑色皮革沙發區，分成情人座與六人座，兩個不同區塊。

酒店中央為墊高的舞台，其背景為切換不停倒三角形及其上方一條橫的彩光，緩緩變色。而聳高舞台腳踏的淡乳色壓克力整片地板上，被打出優緩旋轉不停紅、綠、黃圓圈彩光，流轉再流轉。舞台上，可供客人歡唱卡拉OK，舞台下方較低地面，是一方舞池。

舞台邊，設置一台ATM提款機。

妮可前來招呼後，陪坐一會兒，再親切地招呼：

「我交待廚房為你們炒兩道菜，九層塔炒海瓜子，三杯雞，並以茶代酒。」

時針指向十一點時，妮可把林先生帶進廚房去認識環境及介紹大廚。大廚是位女仕，月底將離職，因此工作沒剩下幾天。

朱先生環視，挑高黑色天花屋頂，以及裸露在外電線、鋼架，和一顆大型銀亮玻璃圓球閃啊閃。舞台中央大螢幕上，不停播放台灣新潮 MTV 歌舞，節拍有明快、有哀怨。MTV 歌曲聲掩蓋住吧台男女兩員工的國語對話，唯有在樂曲淡逝，換曲空檔，才聽得到兩位年輕男女對談聲浪。至於客人，僅一位，年約五、六十歲男人。他和一位坐枱小姐面對面輕談，像是處於這麼一個雅緻空間，期盼培養著一種速食歡愉，就算是短暫，又何妨？短暫，總比漫無邊際孤獨寂寞好吧！

凌晨十二點半，房東才走進夜總會。他看到林先生和朱先生房客兩人，但面無表情，直接走向廚房。後來，房東稱保全人員未來上班，稍後他會開車送他們回胡同。返抵大雜院，兩人正要打開車門下車，房東要林先生把精美菜單留下，他要帶回夜總會。同時，三番兩次對林先生薦言：

「你晚上九點半下班以後，自己坐巴士，或者是騎腳踏車來上班。」

兩男下了車，房東腳踩油門，一溜煙駛遠。

林先生不滿房東態度，竟和他女兒妮可如此迥異。

原來，今晚，妮可邀請林先生從九月開始接替離職女廚師，每晚十點半到凌晨一時，幫忙夜總會廚房炒鍋的工作，月薪一仟元。而且，夜總會保全人員會開一輛專車負責接送上下班。當時，林先生索取夜總會精美菜單一份，說，好攜回參考，妮可也慨允。未料，房東處處斤斤計較。這使林先生想打退堂鼓。

朱先生相勸並建議：「即然剛答應人家，怎好轉頭就反悔？豈不沒誠信？為了報答妮可對你的信任、爽快，別理會房東三心二意。我們做人厚道點，願求問心無愧。這樣吧！勞累一個月後，找個身體無法負荷的藉口，再辭職。這樣，不就圓滿一點？況且，你現在還住房東的房子。」

六三

八月二十九日，星期五，黃昏六點半王哥大嘆，他真不瞭解張小姐，每天罵國民黨，因為父親在二二八事件被黨害死。但是，在灣區，她都會參加由國民黨所舉辦的所有活動。另外，「香港保釣團體來灣區募款，她叫我去。我花了二十塊錢去參加。她跟以往一樣，都會去主桌主動講些話，才會回到原桌。那天，她高談闊論，揚言自己曾經參加過保釣。主桌貴賓都靜靜地聽她講話，直到她主動離開。」

至於大門前，白蘭花開，可惜沒多久，被人剪掉。

「我和房東都認為，這一定是張小姐幹的。因為，她上次就把後院漂亮玫瑰花給摘掉，小桃子給拔掉，都堆放在餐桌上。」王哥對朱先生表達心中猜測。

六四

秋日，下午五時，5號台電視新聞播放將士公墓畫面。

王哥看著電視，獨思：「越南人狡猾。叫美兵打前陣，衝鋒陷陣，聲稱他們會在後面支援。事實上，帶老婆、小孩溜走。所以，越戰中，死了不少美軍。怪不得舊金山、華盛頓特區公墓裡面，軍人石碑這麼多！」當然，立即聯想到前妻，「她是越南華僑！」

六五

九月五日，星期五，朱先生從黃石公園旅遊歸來。旅遊巴士沿途將旅客送到 Fremont、Milpitas、聖荷西，最終才到 Cupertino。當人車於加州首府 Sacramento 城市做短暫停留時，即接到可可手機，表示她會去接人。朱先生婉謝，稱朋友早先約好會來接。日暮時分，七點一刻，安抵 Cupertino 永和超市，坐上朋友汽車不到十分鐘，朱先生返抵雲雀巷。

見到可可，送上在愛達荷州買的一份紀念品，以表達八月三十日早晨開車送朱先生去搭遊覽車出遊。接下禮物，可可講些寬心語：「如果怕麻煩別人，就會沒有朋友。」並盛了一碗熱騰騰綠豆湯給剛踏進門的朱先生暖暖胃。

第二天，星期六，早上九點半，朱先生被房東約木工老張來拆支架的聲音給吵醒。正要走出房間去盥洗，見袁小姐身影，立刻縮回房間內，等待袁小姐離遠。留在自己房間內，等待之際，轉身，這時見到林先生剛好經過窗外，兩人隔著紗窗輕聲打招呼。林先生隔窗解釋：「我剛在廚房，袁小姐隨後進來。一見到她，我趕快躲進後院，想繞到前門，等她煮完開水，我再從前門回到廚房。」

確定袁小姐返回房間，朱先生走進廚房，應付張小姐一下，講了幾句話。

不一會兒，林先生打開黑色冰箱，拿出一盒月餅，挑了其中兩個綠豆凸給朱先生嚐，並透露近況：

「我現在晚上下班後，去房東開的夜總會幫忙掌廚。我做的第一天，只出了一道菜，牛肉炒空心菜。第二天，從進門一直忙到打烊。第三、第四天，掛零，沒有出任何一道菜。」「昨天，一位男客人不滿意菜單內容，我剛好在廚房閒著無所事事，走出廚房，出來坐坐，我們兩個人就聊上了。我對他說，客人想吃什麼？我會另外安排，特別準備。所以，第二天，我買了條魚，收據留著，好報帳。」同時，「我感受到，妮可不希望我和客人之間有太多互動，以免他們營業真相被洩漏出來，被我發現，怕我回來亂講。我心想，我才不管客人來夜總會真正目的是什麼？對我來講，只要打點好出菜，而且客人滿意，就好了。」

之後，林先生跳上單車，前往中國餐廳上班去。

不久，趙太出現，朱先生也送她一份愛達荷州買的紀念品。趙太回饋一袋從教會領回來的蔬菜，馬鈴薯和紫色包心菜。朱先生一邊和其他室友閒聊幾句，一邊來回使用洗衣機以清洗旅遊期間所堆積一星期髒衣服。

午餐後，王哥來敲門，送來一個義美月餅綠豆凸。

朱先生：「你自己留著吃！」

王哥：「我已經吃了豆沙和鳳梨兩種口味的月餅。愛美麗警告我，少吃甜食，因爲我有糖尿病。」小女兒還對父親語出威脅：「否則，將來斷指、斷腳什麼的，我可不管。」過沒多久，張小姐從棕色紙袋裏拿出雇主家果樹上摘下來的蘋果，分給在場室友們，即曰：「這可是我天天幫他們澆水的成果！」張小姐順道又提到，她幫雇主照顧小孩和一位正處於餵奶階段幼嬰。

朱先生問張小姐：「今天會送食物給小兒子馬克吃嗎？」

張小姐應曰：「小兒子原本勸我別如此費心，因為他早已成年！」但兒子道德勸說不奏效，因為「這是我唯一機會在我小兒子面前晃啊晃的，看看他啊！」

朱先生追問：「大兒子，妳也送飯去？」

張小姐：「他在蘋果公司上班，忙得每天看不到人影，況且他年薪佰萬吔！」

下午，王哥又向朱先生主動提到張小姐：

「我沒搬來前，原本被我兒子的男朋友辱罵，受了不少氣。那時候，心想，只要搬出來，好好跟別人和睦相處，就可以遠離被罵。沒想到，搬到這裡，張小姐常對我開罵，我左右都不是。例如有次，她要給我吃紅豆湯圓，我沒吃。她怒罵我，說，我給你吃東西為什麼不吃？」「小王沒搬走以前，他和張小姐共用一個冰箱。一天，小王發現自己的湯圓怎麼不見了？他跑去問張小姐。張小姐說，老王天天在家，嫌疑最大，一定是他。爭議中，小王告訴張小姐，如果是老王拿去吃，我不介意，我請他吃。結果發現，是張小姐自己拿錯了別人的湯圓，卻錯怪我這個老頭子。」「張小姐對剛搬進來的老李吹噓，她大兒子在蘋果公司工作，如何如何。而我從不在眾人面前吹噓我小女兒愛美麗在蘋果公司上班，如何如何。虛榮心！張小姐每天對別人講，她北一女、台大畢業。我從不跟人講，我妹妹也是讀北一女、唸台大。這有什麼好天天掛在嘴巴上？」

六六

九月七日，星期天。

晚間約九點五十分，朱先生跑去王哥房間練舉重鍛鍊身體。

王哥邊看電視，偶而轉頭跟正在做運動的朱先生閒聊：

「上次，房東問我，當初年輕的時候為什麼不再續絃？落得今天沒人來照顧？房東又說，我年輕的時候應該狠下心，去做一些事才對。」「我想還不是為了孩子們感受！」「不過現在三十年過去，一個人睡慣了。大床上，如果多了一個人，還真不習慣。」「房東也說，他和他太太兩個人美國、台灣兩地隔離。多年下來，情淡。就算太太回美國，也是待不了幾天，夫妻倆相聚，也是左右分床睡。房東也不習慣身邊多一個人睡覺了！」

朱先生做完運動，離開前，王哥又對朱先生提及：

「房東上次跟我講，大聲婆張小姐如果是啞吧的話，那該有多好！」

夜晚，林先生在廚房等候朱先生從浴室洗完澡出來，示意，到外面聊一下。朱先生手中拿著盥洗臉盆，點了點頭，並且輕聲：「得先回房，添件外衣。」

室外氣溫舒適。

戶外，林先生淡語：「一年多前，你還沒搬來。有天，我聽見張小姐獨自一個人躲在沒開燈、黑濛濛房間裡啜泣！因為她想搬去和兒子住，但是兒子還是不願意。」這倒勾起朱先生回憶：「記得七年前，我來這兒只住一個暑假，也是住在我現在住的這一間，隔壁，真巧，也還是住著張小姐。那時候，我記得她兒子開車送她搬來這裡住。那時候，就聽說，她不願意來住，悶悶不樂，自閉憂鬱症加劇。我還記得，那時候，她每天把自己關在房間裏，房門半開，僅留一個小縫。當我從外面回來，要打開自己房間門的時候，不經意，偶爾會看見隔壁陰暗角落，她那一對亮晶晶的眼球往外看。還真有點怕人！」

六七

九月八日，星期一，中秋節。

下午一點半，房東開車來接王哥去拔牙根、弄假牙，遇到尚未出門的張小姐。

張小姐對房東提出建議：「叫老林搬去後院小木屋，月租一仟。」

房東：「他沒錢。」張小姐接著針對林先生發難：「他每天晚上下班回來煮排骨湯，薰人得很。我也是受害者。」「前天，老林託我送兩個月餅給可可，說，他願意和她做朋友。可可十分不滿，說，一年多下來，好說歹說也好幾回了，請他不要把燉好的排骨湯大鍋放在餐桌上，免得天熱，肉的臭味飄進可可房間內。就算是以鄰居的立場來請求，都做不到，老林還想跟可可做什麼朋友？」又舊事重提：「老林不是東西。以前，可可還幫他燒過幾次菜，又好心買三十多塊錢的維他命給他。不知道為了什麼？他把維他命丟到垃圾桶。王哥把它拾起來，去告訴可可這件事，可可非常傷心！」

下午三點，見完牙醫返家，棉花塞住嘴巴不能講話。王哥用手寫：

「今天，拔左邊兩顆牙根。下次，拔右邊。再約一次，去拔左邊剩下的牙根。這麼做，是為了吃東西方便。如果一次全拔掉，就無法進食。」

朱先生對王哥說幾句加油打氣語，並勾畫美好願景：

「忍著點！將來裝上假牙，不但可以痛快吃東西，而且看起來會年輕幾歲。」說完，前去廚房煮了四根雞腿蕃茄湯。飯後甜點，是林先生送的綠豆凸。

晚上十點多，林先生吃完飯菜，敲門，約朱先生出去聊天，想當然耳，可可是談話重心。朱先生祝福他和可可，男女能儘快破冰並成為伴侶。還說，以局外者觀察，相較之下，可可過去對林先生實在不錯，且是屋內最好的女人：

「你看蔡小姐，簡直像個紅衛兵，粗線條，像個男人，哪像可可有女人味！跟蔡小姐湊到一塊兒，簡直就像跟另一個男人上床。你有病啊？」「記得嗎？蔡小姐上次在電話上竟然好意思開口，叫你借她一萬塊錢，雖然她最後沒有真的這麼做。」可可就不會！「她不會佔男人錢財便宜！你對她好，她會大方爽快還給你。尤其，她明知道你喜歡她，她不會利用這一點，在錢財上，對你予取予求，搜刮你，玩弄你。」朱先生又提醒林先生：「蔡小姐搬走沒多久，有天，你陷入低潮，打電話給她約她出來聊一聊好舒解苦悶。結果，她願意出來嗎？沒有啊！這算哪門子你口口聲聲把她當朋友？你忘了？」「再說，你提過幾次，蔡小姐過去住在這裡，對你不錯。那只是平常示好，小恩小惠，經不起考驗。」「看不慣她，我上個月跟你提到，不過，我還要講一次，怕你忘掉，就是欺善怕惡！我親眼看到她對王哥、小趙講話的嘴臉，一付對下人講話一樣，很衝又無理又尖酸苛薄！」「她就不敢對兇巴巴的張小姐這樣子。記得有天晚上，張小姐大聲罵她，說什麼，虧蔡小姐她每個禮拜上教堂，自稱是基督徒。她少在那邊丟人現眼了！被罵的人待在自己房間裏，悶不出聲。」「可可，就不會欺善怕惡！」

比較袁小姐呢？朱先生對林先生數算：

第一，「她是瘋婆子，趙太叫她神經婆。」

第二，「害人的時候，盡其所能。害不成，轉變成對你有禮，主動開口打招呼，林先生早，林先生好，什麼的。」

第三，「她又哪壺不開提哪壺。當著可可面，問你和蔡小姐、可可之間三角戀。害得才破冰、跟你講一兩句話的可可，又不理你了！」

第四，「還有一天，張小姐好意教袁小姐染髮，同時直言，袁小姐整個人顯得老氣，沒精神。袁小姐不悅，趁機，她向你報怨張小姐嫌她老氣。這時候，你除了順水人情向她示好，又本著自己對張小姐新仇舊恨想報復，於是想出一個妙招，叫大家簽名，叫張小姐搬走。你沒想到，她不但當你的面回應，這樣不好吧！而且，第二天，她還跑去向張小姐告狀，說，你提議，要大家簽名把張小姐趕走。她簡直是佔了便宜還賣乖！」更離譜的是，「有天晚上，一進門，她連房間都沒回，馬上向可可抱怨，說，你林先生半夜穿條內褲站在走廊上，害她一出廁所就被嚇得大叫一聲。後來，你向我澄清，她神經病啊？你當時可是裹著半截式的睡衣。關於這一點，趙太說，袁小姐老處女，心理變態。因為，有次，袁小姐敲隔壁趙家房間門。小趙怕熱，打赤膊來應門。袁小姐一見，馬上用手遮住眼睛，說，傷風敗俗。另外，你忘了？你自己告訴我，有天早上，袁小姐見到你坐在餐桌那兒吃早飯，她主動對你打招呼，林先生早！你回應一聲，早。你描述當時情況，她馬上用手遮眼害羞的模樣，低下頭匆匆走開。你還說，好像觀看古裝戲裏千金大小姐。」「看不慣她欺善怕惡。有時候對王哥、小趙老實人粗魯、吼罵，肆無忌憚！她就不敢對兇婆子張小姐這樣，像老鼠見到貓。可可就不會欺善怕惡。」

朱先生向林先生做個總結：「大部分細節，都是你自己告訴我的。所以，你喜歡可可，是明智選擇。」不過，朱先生內心並不看好這一段單戀，因爲近期所見，可可似乎不太爲對方動情。

六八

第二天，九月九日，星期二，下午。

王哥見袁小姐即曰：

「我現在是，只要張小姐在家，我就不出房門一步，免得被她罵。」

袁小姐回應：「張小姐一天到晚罵人，莫名其妙！」

無牙王哥雙眼眯成一條線，笑道：「我聽到妳的聲音，就會從房間裏出來。」

六九

九月十日，星期三。

下午兩點鐘，房東開車載王哥去看牙醫師。

大夫先照X光，打麻醉針，且用儀器偵測口腔：「共九顆牙根。」

牙醫把左邊下端兩顆牙根挑掉，非拔掉，接著將止血紗布塞進口腔，並表示兩、三小時後，沒出血，即可食用液體粥汁或軟的食物。

下回，再約兩次，先後將剩餘牙根挖清。做完假牙模型，才再去磨牙床。

「四佰塊錢磨牙費得自付，政府則付假牙的費用。」

晚上八點多，朱先生在王哥房間閒聊。

包打聽老人透露：「樓上五、六十多歲貴州來的老太太，離過婚。女婿是洋人，女兒有時候會開車載她出去。她上次告訴張小姐，她跟隨張小姐去教會參加活動，也好！因為她還想找個男朋友。」

朱先生突發奇想：「咦！你可以跟那位老太太做男女朋友啊！」

王哥回絕：「她咳嗽太厲害！No！」

七十

九月十一日，星期四。今天是紀念二〇〇一年九一一事件之日，黃昏六點左右。

王哥身著T恤，頭戴著一頂藍色九一一紀念帽，帽上印有紐約消防隊英文簡寫，FDNY。當年，王哥花費五十美金捐獻而得到那頂帽子。朱先生拿著手機，吩咐無牙王哥到前院一株結實有青有紅蘋果的樹旁攝影留念。

王哥：「這星期六，解放了！」「我不要再為了避開張小姐，硬是把自己關在房間裏面大半天！否則，跑出來，張小姐講不到三句，就會把我罵一罵！」口氣轉為愁悵，不為別的，只是：「幾天前，我在房間裏收看球賽電視轉播。史丹福校園球場上，史丹福對抗南加大，結果史丹福敗陣下來！」

九月十二日，星期五。

朱先生下午四點回來，王哥相告：

「一早，看到一輛 Santa Clara 縣的公務車從我窗前經過。不久，木工老張開車來，他把林先生窗外的棚架拆得淨光。因為隔壁鄰居打電話向相關單位投訴，說，房東封死房子和籬笆之間唯一空隙，違法改建成為儲藏空間。」

今晚，朱先生煮鱸魚湯。因爲自從星期二做攝護腺切片檢查以來，大、小便均帶血之故，想喝點鱸魚湯好止血。一旁趙太熱心地傳授如何燉鍋好魚湯：

「先煎魚。然後，將魚置於鍋內，加入清水，不多時，火滾開，這時候，加入薑片後，開始慢熬。過段時間，就會熬出乳白色鮮魚湯。」

說完，趙太插手幫忙煎魚，發現粘鍋，她當場要借給朱先生不粘鍋，但被婉謝。

七二

九月十三日，星期六。

乾孫女安潔莉卡最近交往的男朋友參加抽獎，抽中三張大學足球賽 CNFL 入場券。近午，約十一點半，乾孫女和身材胖胖白人男友一起開車來接王哥，三人結伴去觀賞午間二時的史丹福隊和西點軍校對壘。乾孫女請王哥吃 Sizzler 連鎖餐廳的沙拉吧，並把她花五塊錢在 Target 購買史丹福紅色球帽給王哥。王哥手中把玩著代表史丹福大學、印有 S 標誌球帽片刻，再戴上它，笑咪咪：「我一直是史丹福球隊球迷！」

王哥已有多年未踏進史丹福足球場，如今，經過整修，當初木頭部份改為水泥外，尤其增加不銹鋼扶手裝置，更彰顯對老年人和殘障觀眾無微不至！入場後，以前也曾踢美式足球的安潔莉卡男朋友跑去買了兩個紀念杯可樂飲料，七塊錢一個。其中一杯遞給王哥喝，喝完可樂，空杯帶回家做紀念。

球場中，兩隊激烈競技。第一節比賽為十五分鐘，第二節亦為十五分鐘。接下來，二十分鐘中場休息。然後，第三、四節比賽，每節依舊維持十五分鐘賽程。前後三個小時，近五點鐘，賽事結束，史丹福以三十五比〇獲得大勝。球賽即將結束前幾分鐘，安潔莉卡催促離開球場，希望能早點到達停車場，儘速駛離，避開人潮與塞車。

歸途中，王哥請兩位年輕人吃頓麥當勞簡餐。

回歸，已六點半。

七三

九月十四日，星期天。

早上，朱先生笑嘻嘻略帶開玩笑口吻對王哥戲曰：

「看得出來，可可還是你的心上人！你騙得了別人，可騙不了我！」

無牙老人唇角迅速上揚，然後滿足甜蜜「嘿！嘿！」笑出聲。

不久，趙太出現在廚房，三人閒聊一會兒。

王哥：「房東說，張小姐有躁鬱症。」

趙太應曰：「張小姐忌妒心強，看不得別人好，喜歡比來比去。」

下午，王哥待在房間裡獨自看完一場職業美式足球賽，丹佛市對堪薩斯市，丹佛以二十四勝十七。下一場五點半現場電視轉播足球賽更令他期待，灣區舊金山 49 er 球隊對抗芝加哥球隊。尤其，精彩球賽將在住家附近 Santa Clara 市嶄新 Levi 球場舉行。

舊金山 49 er 表現得令王哥生氣，因為四分衛球員誤傳三、四次之多，太離譜。加上跑鋒接到球，抱球多衝幾碼，球卻掉落。終場，輸給芝加哥熊隊。不管贏輸，看球賽，就已經讓老人百般無聊生活有了重心。

回想，三十年前剛來美國，完全不懂美式足球。妹夫聚精會神地看電視轉播球賽之同時，順便教王哥如何入門觀賞美式足球賽。此刻，讓王哥又回想起那時候，王哥還在聖荷西一家電子廠做工，星期一至星期五，上晚班，由下午三點半做到夜晚十二點。這份工作乃經由妹夫介紹，因為工廠老闆是他朋友。下工後，王哥住在王媽教會朋友家中，租一間雅房。每個月除了房租，再貼點錢請房東晚餐留點菜給晚歸的王哥能飽餐一頓。房東夫婦原本賦閒在家，由於王哥和妹夫緣故，亦被介紹進入工廠，於是和王哥在同一電子廠上班，但他們從上午七點半上班到下午三點半。王哥週六、週日，則返回聖馬刁市妹妹家，探望王爸、王媽和自己的三個兒女，由於一家人都住在妹妹、妹夫家之故。從那時起，王哥與妹夫一起觀看足球季賽，為生活頻添不少樂趣。然而，兒子馬克對運動沒興趣，故甚少陪父親、姑丈坐在電視機前看球。那時，渡完周末，王哥返回聖荷西之前，王媽會下廚燒點便當菜像是炒豬肝、炒肉絲，要兒子帶走。

七四

九月十五日，星期一，天氣舒爽宜人。

早上十時許，趙太從戶外準備走進屋裡時，撞見正要出門的朱先生推開大門。趙太手中握滿八顆帶蒂小紅蕃茄，急呼曰：「剛從雇主家院子裡摘下來的。雇主全家外出渡假。稍早，我騎單車去他們家巡視一下。」並強調：「這些蕃茄可是我自已種的！」分了一半蔬果至朱先生手中後，進屋。收下蕃茄，當朱先生正要舉步，聽到「嘶！嘶！」聲響，並輕喚：「喂！」。尋聲轉頭向右，未開燈小紗窗口，看見王哥整個頭貼在紗窗上，兩人四眼相對。聽見王哥刻意降低音量，怕是被人聽到：「你回來，我請你吃龍蝦片零食。」

「你怎麼會有？」

「一早，我去大華買報紙，順便買回來的。就是買些零嘴啦！晚上過來吃。」

耳尖老人，其套房衛浴間內，格子般大小紗窗傳來室友進出動靜、談話，都逃不過坐在起居間看電視的無牙老人雙耳。

黃昏六點半，閒不住，張小姐開車出門去。整個星期，雇主放她假。

王哥出現在廚房區，打開冰箱欲取出放置底層的半個西瓜時，卻發現張小姐不作聲地自作主張把王哥西瓜丟進垃圾桶，卻將她買回的一盒蛋及一個外帶便當遞補冰箱空出來的空間。

張小姐曾講過理由：「老王和可可兩人共用的冰箱比較乾淨。」

趙太搖頭，不以為然：「哪有人喧賓奪主，這麼粗魯？」

小趙說，有天，放假沒出門的張小姐忽然嚷嚷：「兒子用兩百塊錢美金買給我的平板電腦不見了！」最後，張小姐在塞滿雜物汽車內找著。小趙根據過往經驗：

「否則，她準會懷疑別人偷她東西。」

半個小時後，約七點鐘，天未暗。王哥在廚房晃了一下，待要回房時，可可竟然早歸。朱先生向她打招呼，寒暄幾句時，王哥識相地轉身回房藏起來，免得可可見到他就不悅。當可可走進房間，朱先生去王哥房間借用榔頭。

王哥悄聲笑曰：「沒辦法！我還是喜歡可可。」，聳聳肩。老人然後回憶：「有次，她跟我吵架。晚上睡覺，做夢，夢中，我對我父母說，我快來了！」

晚間八點，再度前往王哥房間探望一下。

朱先生：「我剛才故意跟可可多講了幾句話，好讓你享受可可美妙的講話聲音。我知道你的門半開，你耳尖，一定聽得到。」

王哥笑眯眯，如獲知音：「我對可可的心情，就像一首歌。」笑意更甜蜜幸福，馬上嘸著無牙嘴唇輕唱：

「喔嗚喔嗚耶乙耶乙！

我愛妳在心口難開，我不知道應該說些什麼？

喔嗚喔嗚耶乙耶乙！」

接著，他拿出花了一塊七毛九買的龍蝦片招待。

王哥：「老林性子急，又暴躁！」「今天早上十點鐘左右，房東開車載我出去。車子開到十字路口，我們看到他騎單車闖紅燈，匆匆忙忙趕去上班。」

朱先生擔心：「我下次提醒他，這樣太危險！」

王哥急忙攔阻：「隨他去！不要警告他。」同時提到，他最近常喝乾李汁 prune juice：「八月從復健醫院回來，常常大便不通。小女兒買乾李汁給我喝，很管用！我不會把這個秘方告訴老林！我知道他上廁所蹲很久，消化不良，大不出來。他每天半夜，大魚大肉，又不運動。」

「爲什麼不告訴他？」

「我住院期間，老林對我不理不睬。當張小姐告訴他，她要打開所有電燈，打亮屋內光明燈，求好運，願我能早點康復。他卻對張小姐說，讓老王早死，最好！」

七五

秋天！

蘋果公司新一代手機 iPhone 6 和 iPhone 6 Plus 正式在美國本土各地開賣。那天，悶在鼓裏，朱先生按照往常搭公車去做義工。只見不論在國王大道(El Camino Real)或 Palo Alto 市的大學路上 3C 店家無不大排長龍。知情後，朱先生喝完咖啡走出 Subway 三明治店，八點四十分，想順著大學路逛逛二十分鐘再走向老人中心，好為中餐服務做事前準備。驚訝，蘋果電腦分店外頭人潮洶湧，人龍排到轉彎街角一直無限延伸。原來，執行長庫克（Tim Cook）首賣這天現身加州 Palo Alto 大學路上此店，笑臉相迎等候多時忠實蘋果粉絲和多家媒體。拍手鼓掌歡呼聲中，眾人齊聲倒數。據說，早在開賣時間八點一到，執行長一馬當先打開玻璃門，歡迎顧客所帶來滾滾財源。見狀，朱先生立刻掏出手機拍照留念。招呼完老人享用中餐，義工們和經理這才坐下用餐。朱先生向經理瑪麗及旁人提起美國蘋果公司產品魅力無法擋，尤其是這次推出大螢幕手機。未料，瑪麗說，中國電子商務巨擘阿里巴巴集團於紐約証交所發行初始股，掛牌交易首日，一開盤，股價直衝，終場以每股 93.89 美元作收。此舉，讓阿里巴巴成為史上最大規模首次公開募股案。瑪麗還說，該中國公司市值隨之暴漲，遠超過亞馬遜、電子海灣 eBay，連臉書都比不上。

分別發生在加州和紐約州的嶄新科技產品與金融股市，這兩件大事發生在同天，九月十九日，星期五。

也就在這天，可可跑去一家蘋果分店想買新手機 iPhone6 回大陸探親時顏面增加光彩，無奈人多貨缺，未果。

也在這天，一位居住在紅木市（Redwood City）女老師爬到樹上舉牌抗議逾十二小時，全為了拯救一棵將被市政府砍掉的橡樹。而市府回應，樹木栽植專家認為該樹根部感染到一種菌類，為了公眾安全非砍不可。當然，抗議期間，女老師一度因欲上廁所而暫停片刻。最後，聲稱，如果該樹市府堅持要砍，她希望另一株新橡樹能種回原處：「因為橡樹是當地土產植物。」

想起半島區，另一樁有人抗議市府砍樹者是位男子。他爬到 Menlo Park 市某公園內大樹上表達心志。那時，警察毫不客氣，嚴重警告男子，繼續胡鬧下去，會即刻遭到逮捕。事態發展如此，男人乖乖爬下大樹。

次日，朱先生首次搭巴士去山景城的教會做義工，這是專門為飢餓民眾提供餐食，每星期六早上八點至十點。朱先生幫低收入市民打菜如油煎臘腸餅。身旁一名高中生義工負責打菜部分為烤馬鈴薯塊。其他食物包括優格、煮蛋、馬芬糕、起士及牛奶和果汁。下工，返回陽光谷。跑去中國超市點了大芝麻球、叉燒包、蘿蔔糕外加熱豆漿充飢。轉回人民公社途中，快下午二時，心中念記：「今、明兩天是夏季尾聲！」暖暖陽光下，喜見社區庭院中幾粒殷紅石榴掛枝頭，它們比紅蘋果還碩大。巷道兩旁楓樹，僅一棵樹上楓葉早已全部變色，經風輕拂，三兩片楓紅款款墜落。

夏天最後一天，下午，可可萬分興奮，終於排隊買到了蘋果公司剛出爐新產品，iPhone6 手機。握住手機瞬間，心想：「這下子，三年後的這趟返鄉，家人一定很激動收下這款還沒在大陸販售的最新手機！」內心忍不住歡呼：「受人之託的任務，達成！」回到貧民窟，可可迫不及待地打開白色包裝盒，取出新手機給朱先生瞧一瞧。

朱先生：「這下子，我也見識到最近讓世界為之瘋狂的蘋果科技新產品！」

秋分。秋天揭開序幕第一天，九月二十三日。這天早上，可可為了搭飛機返回四川家鄉，特別找來朱先生看磅秤。可可雙手吃力地抬起一個黑色超大行李箱，放立一般量體重的秤上，記下重量。接下來，又將一個紫色行李放在秤上，記住重量。兩件行李加起來，未超過一百九十磅，並未超重，符合航空公司國際航班旅客攜帶行李的規定，這才讓可可安心下來。

其實，直到今日，可可不理睬王哥也有好幾個月了！然而，在秤量行李過程中，朱先生和小趙一直圍繞可可身邊，幫忙出主意跟協助。聞聲，不甘寂寞和不願被冷落的王哥，不請自來，亦提出意見，像是：「大行李，橫放比直放在秤上，會比較穩重、容易秤重量！」加上，朱先生有意無意之間，提點可可：「王哥說，橫放，會比較準確秤出行李的重量。」

可可靜默地將王哥拋出提議聽進耳裏後，照做。果然，效果甚佳。

近十一時，計程車已抵達大門口，準備載可可去舊金山國際機場返回四川老家，探親兼渡假兩個月。可可匆忙間，幸好萬事就緒，臨出門前往機場前，王哥把握時機，開口祝福：「一路順風！」此時此刻，對可可而言，再多埋怨老人，卻在離情輕催下，輕易地卸下多日來怨懟，溜口一聲：「謝謝！」這一聲回應，不但夢寐以求，同時，另王哥飄飄欲仙起來！

三個男人跨出紗門，向可可送行，並揮手告別！

當晚，林先生下班回來，向朱先生詢問：「我早上騎單車上班前，敲你門，要你去幫停在大門前的可可汽車套好布罩。」「一切順利嗎？」

朱先生：「小趙幫忙做了！」

林先生吃完飯菜，敲門，約朱先生出門散步聊天。

林先生：「聽說，張小姐當初要搬來這裡之前，自己開車來這裡看房間四、五次，每次，都說，不願搬來這個寒酸的小房間。不過，她現在，房東趕也趕不走！」

朱先生：「真的？」有點明知故問。

林先生：「前一陣子，不少室友因為受不了她的強勢、無理、亂罵人，一狀告到房東那裡去，一個個搬走。房東氣她斷了他的財路，於是，叫她走人。她跑到後院，打手機給房東，我親耳聽到她苦苦哀求。她知道房東愛錢，所以電話上自動加碼房租，每個月多付兩佰塊錢，她這才留了下來。」

朱先生：「她上次跟我說，房租漲兩百，是房東要求的。她對我說，當時，自知擋了房東財路，所以甘願接受房東片面漲房租的要求。她一付阿莎力的語氣，完全沒提她哀求房東的那部分。」

林先生：「不是！她自己加碼房租的。我親耳聽到的！」

朱先生：「她要面子吧！」

秋月初昇，張小姐竟是兩男聊天題材。

次日，秋天的第二天。

朱先生才踏入胡同，王哥迫不急待訴說心情：「昨天晚上，失眠！因為可可回大陸。有兩個月時間看不到她，聽不到她的聲音。」還說：「我懷念可可過去有陣子幫我燒菜、鋪床，又教我洗廁所。」轉為微怨：「張小姐忌妒可可對我好。加上，老林告白，說，他喜歡可可。張小姐主動去撮合老林跟可可兩人，並叫可可不要幫我做菜。你看，張小姐的一箭雙鵰，好厲害！」

朱先生：「你說，你昨天失眠一夜？不對！說不定，你今天晚上又失眠哩！」再加上一句：「搞不好，你失眠兩個月哩！」這麼一講，逗得王哥呵呵笑！

王哥：「可可搬來這裡住以前，曾經住在一個公寓的三樓。那時候，二樓，住著一位越南男人。他每天拿著茶杯上樓找可可喝茶。可可煩死了！」然後，「搬來這裡，老林天天找她喝酒。可可也煩死了！」

當秋日第三天來臨，難得一見屬秋陣雨於深夜出現。通宵大雨，有人疑惑：「咦，加州雨季正式登場了嗎？加州通常不是十月底才會開始下雨？難道提前幾週？」

夜雨，觸動王哥對可可百般思念。

七八

當王哥將自己關在房間內盯著螢幕觀看華語連續劇時，聽到張小姐在門外喊他。老人紋絲兒不動，來個相應不理。

王哥又聽到張小姐自言自語：「他可能還在睡覺！要不然就是在看電視！」其實，張小姐當然知道王哥不可能在睡覺，由於電視劇音量遠傳。給自己下台階，張小姐改敲趙家夫婦房門，並對趙太言曰：「我原本要給老王一包調味醬，尤其配蒸魚吃！」說完，將它轉贈給趙家。

第二天，九月二十八日，星期天，早晨。張小姐給王哥一個小巧精美紅色轎子，轎內裝有幾顆喜糖：「這是我參加婚禮，帶回來的伴手禮。」接著：「給你沖喜用的！你上次遭撞骨折。」

王哥收下小紅轎，道聲謝。同時，心中略感詫異：「我現在幾乎每天規避張小姐。只要她在家，我就把自己關在房間裏，不出門，少和她接觸。怪事了！這樣子一來，張小姐反而善待我。她不像以往，動不動就罵人！或者是，隨時翻臉，訓人，又亂放話！讓我經常陷在憂慮、不安，甚至失眠。不得安寧！」

不多時，朱先生做完禮拜，被教友開車送回公社。一下車，見張小姐坐在駕駛座上，汽車引擎發動中，欲駛離。奇怪，當她看到朱先生回來，張小姐竟然熄了火，下車，不走了！她悶著頭，安靜地，邊用右手忙按手機上鍵盤，邊走回屋內，走向廚房。朱先生不解：「要走就走！幹嘛欲走還留？」

朱先生懶得跟張小姐打照面，故繞道改由後院紗門進屋。朱先生一腳跨進廚房餐廳區，這時，張小姐低頭，雙眼盯著手機螢幕。朱先生不發一語，插身而過，未主動打招呼，悶著頭，走回自己房間。

後來，再度聽到汽車引擎被啟動聲響。沒過一陣子，朱先生猜測，張小姐應已離去，才踏出房門，走向廚房，燉了一鍋馬鈴薯、紅蘿蔔、雞肉湯在爐上。接下來，跑到後院清洗衣服、床單、被套、毛毯，期盼「今晚，有個好眠的秋夜！」

九月底，愛美麗趁丈夫奈德白天不在家，帶著一雙兒女，邀王哥、姑媽家的兒子，結伴去館子飲茶。午餐歡宴結束前，家中排行老二混血外孫，仰頭對媽媽愛美麗建議：「開車送公公回去。公公沒有車！」

愛美麗低頭回答兒子：「表舅會開車載公公回去。」

讀幼稚園大班小兒子天真：「噢！好！我們就可以去參加 Party 了！」小伙子知道飯後他們要趕場赴另一場派對。

回到住所，下午時光，王哥對朱先生坦白：

「如果我年輕二、三十歲，會追求可可。可可說，我比他爸爸大兩歲。」又冒出：「袁小姐的爸爸，以前在台灣是軍人。」再提起往事：「我姨夫活到八十幾歲。他不只一個老婆！」王哥從墮胎聊開。他說，媽媽的朋友去日本學專業技術，放一顆藥進入子宮內，尚未成胎形的血塊，屆時，化為一灘血流出體外。媽媽的朋友學成返國。當時，知名食品公司老闆女兒遇上一位小太保，懷孕。小太保一直威脅大老闆：

「我和你女兒有小孩。你要給我一筆錢，否則，我散佈消息！」老闆報警，同時，媽媽朋友放一顆藥在老闆女兒的子宮內將胎兒打掉。墮胎後，女兒馬上搭機飛往美國，刑警也立即趕至小太保家逮人。

媽媽那位朋友後來自己罹患大腸癌，接受開刀手術。結果，醫生開刀一看，大小腸都黏在一起無法切腸，立刻又縫起來。她愛打麻將，有天，胡了一把雙龍抱，驚喜不已：「啊！我胡了！」然後，低頭趴桌上，當場心臟病發過逝。

媽媽那位朋友去逝前，姨媽也及時找上這位媽媽朋友墮胎。這位姨媽是姨夫的二太太，大老婆病逝後另娶。而大小老婆事實上是對姐妹花。當初，王媽出主意，建議「二妹跟喪妻的姊夫結婚」，好照顧遺孤。姨夫再婚，時值對日抗戰時期，婚禮在江蘇嘉定舉行。姨夫後來跟隨國民政府，且被調到他處工作。他生病住院，二太太無法陪伴照顧。近水樓台，卻對照護他的護士小姐日久生情，姨夫三度進入結婚禮堂。局勢發展之下，兩位太太和孩子們齊赴台灣，定居下來。兩個女人同住屋簷下，不同房間。星期一、三、五和星期二、四、六，姨夫分別安慰不同女人，以盡丈夫之責。年幼，王哥一度問王媽：

「我們有兩個姨媽啊？」

七七

十七世紀英國詩人密爾頓，晚年，又瞎又貧，其作品竟多產且精彩。眾多傳世鉅作中，有幾首，就在這人生黃昏時期產生出來。

今天，十月的第一天，朱先生想到：「晚年？多大歲數算晚年？對我們陽光谷人民公社而言，多產、有意義的生命為何？」經過一段時日，觀察到「其實，同在屋簷下生活的我們，人人希望有吃、有穿、有住、有愛！期待被人讚美。」

那些被劃割為晨、午、黃昏的時間，可能就這麼平平淡淡地掠過。有形無形被框架起來的空間，也可能就這麼平庸無奇地呆滯在那兒。熱情，一旦被挑動，頓然，原本淡庸時空及個人都變得多層次，憑添幾許細緻！

朱先生回想，今年夏天，看到不僅是熱情，可是熱情如火。

那天，夏日。七月九日，星期三，午後一點五十分左右。

搭乘 **Line P** 史丹福大學校車，從巴洛亞圖（**Palo Alto**）火車站駛進校園。

借問東亞圖書館值班館員：「東亞圖書館什麼時候搬到位於商學院附近的新家？」

一位女性圖書館員回答：「八月二十三日是這兒閉館的日子，直到九月中旬。之後，圖書館將在 **Lathrop** 大樓新地址重新開張。」

獲取資訊後，轉身，眼前有位先生上前來打招呼。馬上認出他是巴洛亞圖市老人中心（**Senior Center**）營養午餐顧客之一。印象深刻，緣於某個星期五早晨，身為義工的朱先生正在大廳忙著張羅擺設鮮花、刀叉匙、杯子、餐巾、生菜沙拉和甜點準備工作。一位陌生男子謙恭有禮地打斷了手邊工作：「怎樣購買營養午餐卡票？」朱先生稍請對方留步，緊忙推開廚房側門，閃進三名廚師忙於備餐雞飛狗跳天地，左轉，輕敲經理辦公室房門。就教經理後，返回大廳相告。隔週，再次下海巡桌服務顧客斟茶水送咖啡途中，兩人再度碰面。低身為他添加熱咖啡時，聽到原本陌生中國男子卻用英語說：「你的服務第一名！」

基於這層初識，當兩人相遇於東亞圖書館，彼此就不再那麼陌生。

對方：「以個人研究人員名義常來這裏蒐集二程、朱熹資料。」並稱該館地下室書架上藏有自己過去翻譯著作「二程兄弟的新儒學：中國的兩位哲學家」。二程者，北宋程顥、程頤。

「一定要好好拜讀！」說畢，朱先生留下告辭語：「現在要去胡佛研究中心檔案室。」朝向胡佛塔方向邁進時，難忘方才雖處人生黃昏階段，但日夜奔跑標竿努力不懈身影。

守信激發下，第二天下午，人在圖書館地下室書架上找到譯本。朱先生讀到序言，恍然，程先生勤勉熱情背後，原來他是二程後代。手中譯書，乃根據一九五八年首次在英國出版的葛瑞漢（Angus Charles Graham）博士論文。文中，這位英國學者以西方視角來看待二程理學思想及古代兄弟兩人哲學源流與特質，並作中國、歐洲哲學比較。葛氏看出東周戰國時代孔孟思想（西元前五〇〇至前二二一年）後，宋代理學（九六〇至一二七九）為另一個中國思想史上重要時期。任繼愈認為：「宋朝儒家學說以融入佛、道教思想觀點，經吸收、消化，形成儒家思想新體系——南宋朱熹的補充和完善，形成儒教，歐美學者稱之為新儒家。」從此，自十六世紀以降，中國思想主流「不再是春秋戰國時期孔孟為代表的原始儒家，而是宋代朱程以後新儒家。又宋儒奠基者為二程。」

依舊是夏天，人在當時借殼於邁爾紀念圖書館(J. Henry Meyer Memorial Library)四樓的東亞圖書館內，靠近雜誌書架區一張長形木桌椅上靜聽程先生聊到：

「研究唐代，去日本。」接著：「研究宋代，去韓國。在韓國，儒學教育的根本，鄉校。鄉校是學子接受儒學教育之地。」

移民美國前，他曾擔任電視台高級工程師。

移民美國後，一直以來雖深受理工思維訓練，如今歲數大了，身在加州卻鎮日「樂與宋代古人為友。」而這，「得從咱們家譜說起。」

程先生細數，宋代以前，家譜由國家管理，理由是皇家一旦面臨提拔人才官員時刻，大抵會從大家族中提名。做官，世襲。古時，不是每個人都有姓，唯大家族成員才冠有姓氏。宋代以後，科舉考試制度，方有「朝為田舍郎，暮登天子堂」之人生奇遇。普通百姓這時可因進京趕考表現優異，一躍貴為朝中官員。至此，國家漸放棄家譜管理。雖然如此，一開始，仍有多人未冠有姓氏。後來，登入戶口，家譜下放民間。

「程氏，」繼續說下去：「早在周成王七年，部落族長向周成王貢獻三異之瑞，三樣奇異珍寶，分別是禾（指農作物）、玉（文化意義）和車輪（輪車製造，指工業）為貢物。王甚悅，故將洛陽郊區一塊肥沃土地賜名程國，附上邊界，回贈部落。自此，部落人士移居新地，以程國的程字為姓。」日後，程先生自己體悟出「程」這個字，果真有玉（古代，王、玉，這兩字相通），有口（隸書本為○），有禾。

「程姓家譜，」他說「本身已儼然成為一本歷史書之一。」「歷經一百二十九代，才傳到我這一代。」第一代至第一百代，家族成員大都是武官。直到宋代，出現二程，程顥、程頤兩兄弟，文人始出。前者（一〇三二—一〇八五）學者稱明道先生，後者（一〇三三—一一〇七）稱伊川先生。兩兄弟不但是宋代（九六〇—一二七九）哲學家中極富創意性思維，被尊為中國哲學源流，亦是宋代新儒家代表人物。儒學孔孟後，新儒學程朱，撥亂反正，吸收道佛教精神，昇華為哲學。大程，王陽明繼承；小程，朱熹繼承。自此，程氏後代文武雙向發展。程氏家族在宋太祖趙匡胤兵變取得政權之際，因對宋代建立有功，被視為功臣之一。

宋代有科舉，也有世襲。

應是「二程後第二十九代，才傳到我們。」

宋朝以降，民間興起自己去做家譜。三代不修譜，豈不是變成野人？姓，是人類最後一個資源、DNA、身份證，最後資產，且是身為人的價值所在。

回顧，黃河一個九十度大轉彎，河南，這個中原地區常發生戰亂。因此，不少鄉人逃難舉家遷至山西浦州，後又遷回河南中原。程先生補上一句：

「山西浦州，西廂記故事發生所在地。」

二十世紀，一九六六至一九七六，文化大革命期間，二程故里河南嵩縣經常遭到破壞，前後估計十三次之多，皆因農民起義。古時候，程頤一度避難到山區，後來也死於斯，不過屍骨卻埋在河南洛陽伊川縣。墓園是宋朝皇帝賜給程家。因此，該地現有一間規模頗大家廟。

文化大革命後，某日，三兩位嵩縣掌管家族事物之士，專程拜訪當時任職於河南電視台的程先生商量整修家廟。

「不知家譜在哪兒？」程先生問。

「四九後，人都避諱提及此事。」訪客回應。

不過，程先生還是帶領鄉人走了一趟文化廳宣傳部，試請省級領導批錢。出乎意料，雙方談起二程家廟，一拍即合，萬事搞定。

自此，程先生隨即開啟了尋根調查工作。

打算從河南省會鄭州出發，遠赴開封老家。

上路前，想起小時候家鄉點滴，依稀憶起小學老師曾說過：

「學校對面太白胡同，是李白以前住家！」猶言在耳。

那日，跨進家門，詢問母親第一件事：「咱家可有家譜？我們這一支打從哪兒來？」

母親：「從朱仙鎮來的！」

說起朱仙鎮，可是遠近知名城鎮之一，像是其他名城仙台、景德鎮等。

不多時，春節熱鬧登場，當時，程先生卻心繫家譜，於是帶著二哥之子滿懷熱情靜默地踏上尋探祖先足跡旅途。侄子少年時可是開封城武術冠軍。叔侄兩人就這麼背上簡單行囊前往朱仙鎮。一到小鎮東大街，隨意問問，發現程姓算是小有名氣。原來，清末，某家程姓兄弟八人溫良恭儉讓，紛紛在鎮上不是開油行，就是開銀行等各行各業。程先生提起父親「程自修」爺爺「程克亮」名號時，一位當地村民報上本名「程國祿」，其父「程自省」，老爺「程克明」。乍聽，不就源於一家？自然喜出望外。

「家譜有嗎？」程先生追尋。

「它給燒了！」村莊社區居民回應。

「燒了？」

「嗯！土地改革時給燒了！因為受了大地主、大商人之累！」

程先生好奇地又問：「你們從哪兒來？」

「山西浦州，程門薛氏。」

心想，當初八字線索追來朱仙鎮，這下子，得再去趟山西浦州探個究竟。

不巧，大年初一，火車停駛。

幸好，黃河拐彎地，登上僅有一截火車頭老式蒸氣機交通工具。天冷，待在熊熊爐火旁，一方面可取暖，同時，亦未覺得那麼燠熱難耐。

到達山西浦州站，下了火車。身臨當地街道，攔人問：「這附近可有人姓程？」

陌生老人對曰：「跟著眼前這位女子。因為她的夫家姓程。」

走進女村民居家住宅，一位陌生老人亦尾隨其後，爭曰：「兩處，一遠一近，都有這個姓的村落。」

程先生：「咱們先去遠處程氏聚集地吧！」

叔侄兩人就這麼被一個騎摩托車小伙子給載走。

夕陽西下。

暝暝中，「有回故里的感覺！返鄉親切感！」

大年初一夜晚，抵達小村落，一個離中華文化發源地黃河僅半華里處。

夜遊村莊，處處沾染古代文化氣息跟習俗。

熱心村民安排訪客入住新房，且備豐盛餐飲。

半夜，被吵醒。突然來了五位小伙子，進屋盤問外地人身份，扣住河南電視台工作證。

當夜，代表當地最有文化水平的黃河水文站站長審查外來客：「省長名為啥？台長名為啥？」

這是因為在這偏遠地區，從未有陌生人來問家譜一事。

另一頭，村委會亦整夜未眠，認真開會，會中討論著外來人，即眼前叔侄兩位訪客身份真偽？事實上，小村原本也在找家譜哩！尤其再經外來客這麼一挑動，更興起村民開始積極尋探血源念頭，這一被攪動，就是翻天覆地。

當時，村長不姓程，所以面對叔侄兩人到訪可能有些保留，謹慎以對。

不過，一旦找到當時已往生、前村長的老家，主人家兒孫輩應門，出乎意料之外，竟然在屋檐找到程氏家譜。一為清初重修版本，另為母版。然而後者被老鼠咬爛多處，幸好程先生會修古籍，急忙糊裱一番以盡搶救之責。次日，大年初二，晨起，見村內各家媳婦灑掃庭院。午後，經整理過後的兩個家譜版本都呈現在鄉親眼前，鄉民每張臉都激動莫名！序言中，看出些端倪。第一，程彥明因爲中原戰亂從河南嵩縣避難到山西浦州。在這兒，第一代，即二程後裔。第二，從家譜中尋找程門薛氏，好印證先前聽聞。果然，見「程子亮」之下：「妻薛氏」外，並記載：「薛氏之子孫，遷朱仙鎮。」

興奮之餘，再回朱仙鎮，尋找程氏墳地、薛氏墳地、後代子孫墳地。原石碑被打掉，幸好墳頭未動，逃過被文革摧毀。

至此，「我也找到自己的位置。」程先生欣慰地表示。

抄完家譜後，準備告辭，離鄉上路。

回到家。幾天後，大年初十五，過小年。黃河邊小村幹部將家譜送到鄭州電視台，登門找到程先生本人。驚喜之餘，程先生放下手邊工作，特地去省地資局一趟，利用該局特殊影印機將珍藏家譜複印下來並裝訂。同時，雙方約定好時間來取回家譜。

「時間久遠、更老一糰糟的家譜文獻，一定得留存好，待修復後，它更有文化價值。」由於翻閱間，程先生可看出古人生活細節如地契、官印、買賣雙方契約等。

如今，北加州退休光陰歲月，程先生投入先祖二程研究。

不關心二程修廟、修家譜，這些均非重點，這些早在歷史洪流中被毀數次。程先生目光鎖定程顥、程頤兩位老祖先「二程全書」這部經典文獻。

基本上，後代家族只要有錢有影響力，就會研究一下家刻「二程全書」不同版本。追溯，二程在世時，王安石居主導地位。老二程頤約七十歲一度處逆境，被放逐到長江涪陵，七十五歲過世。相較之下，老大程顥英年早逝，四十五歲即先逝。生前，這兩位宋代承載中華文化的思想家、教育家、哲學家都曾在洛陽講課全書。其著作幾度難逃被燒燬、被禁等坎坷命運。

程頤死後二十年，北宋朝亡。二程其弟子，在帳篷裏偷讀經典著作外，也不斷有人去蒐集二程過去著作。

明萬曆年間，五百年，有五個版本，約九十萬字，分七個部分。文集，含明道先生文集及伊川先生文集兩部分。語錄，分為遺書二十五卷與外書十二卷，由朱熹整理。易傳，乃解釋易經（易經，歷來分兩大派，預測算卦和哲學上解釋。放逐時所寫的易傳，其哲學價值影響千年）。經解，則解註論語、春秋。粹言，乃游酢、楊時，這兩位弟子把口語語錄作分類且文言化論語。至於大學問家楊時，程先生對朱先生說：「這位曾追隨大程的弟子，後來從福建北上拜小程為師，其扮演著將北宋二程文化傳承至南宋下一代非常關鍵角色。」

至今悠忽又是五百年過去，卻無新版本被整理出來。程先生欲把新發現資料收入全書當中。努力不懈之下，真有些許收穫，計劃來時發表。雖然二程全書富三千多條語錄且難讀，但早在三百年前，韓國人已作了完整梳理。程先生將把日本人、韓國人資料納入研究彙整中。重申心情：「研究二程，現在不是出於家族，或企圖復活二程思想。正在著手進行之事，只願家中珍貴資產能整理個清楚！不忍凌亂地被擱置在那兒。」

接著想起一個月後，八月八日，午間。

朱先生和程先生走進書庫，驚奇史丹福大學館藏鉅作「中華再造善本」，一本一本被分別安置在長排層層架架書海中。他們用手機攝影留念。當下，掃瞄這麼大堆頭、堆積如山脈綿延文獻資料，一時書深不知處！見狀，程先生善解人意地解惑：「這些都是中國基於保護古籍措施中重點文化鉅大工程。」把分別保藏在國家圖書館和各省、自治區、直轄市圖書館或高校、科研系統圖書館，乃至博物館的珍藏古籍善本，「有計劃地利用現代印刷技術複製，適量出版。例如正式印製出版資料從唐代到清代的重要古籍善本，分為唐宋編、金元編、明清編等善本三部分，所選書目共七五一種九二一二冊。」

那日告別之後，挺長一段時間，朱先生瞎忙到忘記踏進東亞圖書館。

某天，臨時起意，想回到史丹福校區好熟識一下圖書館新址時，已是十月的第一天。安靜館內，埋首專注於台灣文學雜誌。

不遠處，出其不意地響起女聲一串，愈來愈清晰終至耳畔。朱先生抬頭，見對方招呼幾句之際，內心感到困惑：「請問您是哪位？咱們在哪兒見過面？」

吞下好奇，笑望應對片刻。

「我在這個圖書館工作四十年，現在退休了！今年七十二歲。」她笑語。

難忍好奇，朱先生終究直言：「我們是不是多年前在東亞圖書館見過面？那時候，圖書館還在胡佛中心，胡佛塔那兒。」

「我以前根本不認識你！老人中心啊！」

恍悟！近日擔任義工緣故。雖然記不住每位營養午餐顧客面孔，別人可輕易認出朱先生。由於東亞圖書館及老人中心雙重交集，聯想到人不在場的程先生。為了延續談天話題，朱先生拋出：「程先生，他好像現在正在找房子。」

她回覆：「他也向我提過。不過，我回答他，找房子事，我不懂。問問學問的事，我還有興趣些！」

彼此寒喧片刻，再各自去忙。

不久，朱先生獨自出門透透氣。

戶外，長桌上被鋪了濃濃喜氣棗紅桌布，又三個白色長方形大瓷盤上擺滿杏仁巧克力布朗尼點心、燕麥葡萄乾酥餅、精緻小泡芙上點綴著新鮮水果或擠上些巧克力醬。星巴克咖啡館外燴人員還準備了熱咖啡、碎冰涼水和各種風味茶包供人享用。

側問現場工作人員，方知當天下午恰巧為「東亞圖書館遷入新址開幕典禮」。該館樂邀貴賓與讀者共襄盛舉，齊來參與這個極具紀念意義歡欣吉日。拾階而下，眼前七位年輕華人組成鑼鼓陣熱鬧登場，喧天振奮！一大堆圓滾滾紅氣球、白氣球被放滿在圓形尚未注入任何清水的乾涸噴泉池裏。

回頭，程先生即時出現。

「我們剛剛還談到你。房子找著沒？」朱先生開口。

「找著房子了！」程先生回應。

結果發現，兩人住在同一個城市，陽光谷，但位於不同街道上。

品味著甜食，喝口熱咖啡，雙方站立淺談。

「老人中心營養午餐份量，只夠撐到下午四點。現在四點多，吃點，喝點，恰好！」程先生笑談。

接下來，兩人返回新開張東亞圖書館內，登四樓，參觀程先生的研究小間。館方告知，只要無人開會就可使用。近黃昏，兩人於研究小間繼續悠哉淺談。

投入二程研究，程先生深感史丹福大學對學術研究之尊重。比如說，急需「靜嘉堂文庫宋元版圖錄（圖版篇）」和「靜嘉堂文庫宋元版圖錄（解題篇）」。一天，程先生向採購組圖書館員解釋：「靜嘉堂，是日本民間最大收藏中國古書的圖書館。」經蒐尋一陣，「發現這兩冊圖錄只有柏克萊校園館藏，而且書價特昂貴。」不過，史丹福東亞圖書館掌管日文圖書部門一位日語流利白人女性主管知情後，爽快允諾：「我們自己買！不用向柏克萊大學借。研究上有需要，就值得去採購，不管多少人會使用。」果真，一個半月後，新書一批由日本寄來美國史丹福校園。

朱先生接手過來宋元版古籍，翻閱經、史、子、集的文字內容，有感抒發：「遠古書法讓人忘憂解勞。」同時：「對我而言，中文繁體字，確實，使古今心靈交流零阻礙。」然後接著問程先生：「你對自己先祖二程哲學觀知多少？研讀全書心得如何？」程先生對曰：「現在著手研究工作偏向硬體，只想把聖賢哲思整理並傳承下去。也就是把文化進展中散落片段相關著作加以還原，至於他們哲學思想為何？則放一邊。」基本上，程先生關注國內失傳有關古代二程的書。

又埋頭研究過程中，程先生油生心酸事有二：一為，不少中國古書流傳到日本，中國後來還得翻刻才能還原先祖文化；一為，日本靜嘉堂文庫之充實，起緣於清朝陸心源藏書。一度，陸家為了現實生活考量，後代子孫將中華文化古籍賤賣給日本人。

朱先生趁機插問：「你贊同日前專欄作家所言，韓國是儒家朱熹學的世界中心，中國如果有意振興中華文化傳統，則應該向韓國朱熹學派虛心求教。只有真正中國文化復興，中國才配得稱上和平崛起？」得到的答案，可想而知。

欲起身離開東亞圖書館，眼前程家後代再說「程門立雪」這個成語典故：兩人赴洛陽拜程頤為師，適巧，師長正於屋內閉目養神。不敢驚擾，雙雙學子佇立門外雪中，靜待。聽完此則成語典故，雙方告別。朱先生搭乘史丹福大學電動巴士回家。車窗外，北加州灣區十月初暖秋。然而，朦朧中，朱先生看見一位不再年輕長者是如何孤獨地屹然奮搏，深怕辜負了家譜和太平洋彼岸鄉土大地！

七八

十月四日，星期六，近午，華氏八十八度，好天氣。王哥身穿一件條紋短袖襯衫、藍絨長褲、寬皮帶束腰，腳穿一雙厚頭皮鞋，敲朱先生門：

「小女兒要來接我出去吃飯。她說，老公外出，不在家。她現在去中文學校接完小孩，會過來接我一起出去吃飯。她還邀了我妹妹的兒子、媳婦。那個媳婦，是美國出生的越南華僑。」

朱先生：「你接到愛美麗的電話，邀你吃中飯，是不是有點驚訝？這下子，你就可以看到外孫和外孫女！」說完，走向廚房查看方才下鍋燉煮的綠豆湯。王哥尾隨。

邊加入麥片，邊用調羹攪和熱湯。王哥在身旁繼續說著：「這下子，我就沒辦法看電視十二點半轉播的聖母大學對抗史丹福大學足球賽了。」

忽然，朱先生問王哥：「如果你想，我可以幫你去一趟 CVS 藥房，馬克工作的地方，代你傳話，或送東西給你兒子馬克。」

王哥婉拒：「馬克，近兩年來，對我這個爸爸不聞不問！他不想知道我住哪裏？」「愛美麗不滿馬克只顧老外男朋友。要是哪天她知道我主動去連絡馬克，會氣得不理我。到時候，我就真的沒人照顧了！」連帶想起麗莎：「大女兒窮得自顧不暇。馬克、麗莎兩兄妹，目前都在陽光谷城市 El Camino Real 路上，CVS 藥房上班，但不同家。馬克工作地點，二十四小時開放。麗莎工作的那家藥房，只營業到晚上九點。這兄妹倆，離我這麼近，從來就沒有來這裏探望過我！」

朱先生無言以對。

王哥倒也習慣了，平靜地敘述完兒女對老人家疏離後，右手指向爐台邊的流理台上瓶瓶罐罐，聲調微昂，且充滿生氣洋洋起來：「你看，這些可可留下來的醬油瓶、塑膠容器、杓子、長刀，我都用保鮮膜一個個包起來。這樣，她感恩節從大陸回來，這些東西就不會蒙上灰塵。」

十二點十分，愛美麗汽車已在門口等待。

王哥隨著一夥年輕人來到「鍋貼大王」店家，大夥點了鍋貼、酸辣湯、牛肉麵及幾碟小菜。飯後，王哥滿足地回來。

七九

十月十日，星期五。早上十一點，王哥邀朱先生進房間瀏覽小女兒愛美麗結婚照片：「這是我們家唯一正式婚禮！我有三個兒女。大兒子，同性戀。大女兒，未婚生子，三個孩子的單親媽媽一直到現在。所以，這是我第一次，也是最後一次參加兒女正式婚禮。」

打從掀開精裝厚重結婚相簿第一頁開始，王哥熱心介紹相片中歡樂氣氛與時光：

「我自已剪紅紙雙喜字，囍」

「妹夫用毛筆題字，請柬，這兩個字。妹夫的爸爸，以前是台灣財政部高官。」

「英文邀請函。」

然後重溫幸福洋溢照片：「婚禮，在葡萄園舉行。」

朱先生：「在加州哪裏？」

王哥也說不清，只記住：「離 Woodside 城不遠的一個酒莊。」才說完，眼睛馬上一亮：「有了，請柬上應該會寫。」果然，酒莊名字叫「Thomas Fogarty Winery」

朱先生：「你臉圓的，認不出來！你的牙鑾多，沒全掉光，而且胖多了！」

王哥：「這張，是我們預習走路，進禮堂。」

「我拉著小女婿 Ned 的手，要把我女兒交給他。」

「參加婚禮預習後，全體照。妹妹、妹夫、兒子、大女兒。男方家的父母、妹妹、女儐相。」

「居高臨下的觀景台，觀看大葡萄園風景。」

「這一張，目前見到馬克唯一的全家福照了！以後，就再也見不到他出現在家庭照片裏。」每個人西裝、禮服。

「愛美麗和 Ned 戀愛九年！第一次見到 Ned，是愛美麗帶我去柏克萊看足球賽，由她的同學開車。女兒介紹他給我，說，這是我男朋友。那時候，我女兒唸 Santa Clara 大學，Ned 唸柏克萊大學。男女雙方在同學會上第一次見面，愛美麗朋友的男朋友的朋友介紹他們倆認識。Ned 是克羅西亞人。」

「正式婚禮，二〇〇五年九月九號，那天天氣很好！酒席是自助西餐。」

「敬酒。親家、雙方親戚、新郎新娘的大學同學和高中同學。」

「我和愛美麗開舞。美式婚禮。白紗、黑禮服。」

「三層白色奶油蛋糕，頂端，十朵紅色、粉色含苞玫瑰花。」

「蜜月，年輕人新婚後回到克羅西亞老家看老奶奶，順道去法國、義大利威尼斯。這張照片是巴黎鐵塔，那張是克羅西亞海邊。回歐洲老家，依山坡而建的建築，山谷村落，白色房子紅色瓦片屋頂。新婚夫婦拆開親友贈送的一堆禮物。」

「他們現在生了一男一女。外孫女讀小學一年級，外孫上幼稚園。時間好快！女兒在蘋果電腦公司做事，女婿在 HP 高科技公司上班。」

回想三個兒女成長過程：「都是唸 Los Alto 高中。他們讀書的時候，我發現大女兒交朋友都是一些講西班牙話的墨西哥人或者是黑人。小女兒交朋友，家庭背景大都是有錢白人。我母親叫愛美麗帶姐姐麗莎去參加派對。愛美麗出席派對，我開車送，所以知道她交友背景，因爲其他的父母也會開車去接小孩。大兒子馬克，交友都交男生，不打籃球。反而，我常跑去看他們高中校際足球賽。」

晚上，王哥再邀朱先生去房間幫忙貼上背部止痛藥膏。王哥脫下上衣，朱先生在王哥背肩塗抹藥膏之際，王哥有感而發：「有次，我穿上一條長度到膝蓋的休閒短褲，搭上一件特大號T恤也幾乎長及膝蓋。走廊上，遇見對門袁小姐。袁小姐馬上大叫，不要過來！不要過來！我不敢看！」

第二天，一早，王哥對朱先生嘆道：「哎！人，活到老，學到老。少管閒事！因為多管閒事，多吃屁！管閒事，管到沒被摔跤撞倒，死掉，算不錯了！害人之心，不可。防人之心，不可無。我就是以前少防人。以前，我的問題是愛幫助人。現在，學到，要看人而定。」

八十

十月十二日，星期天。下午四點，王哥幫朱先生投幣洗衣服，未果，嘗試再次投幣，洗衣機方啟動運作。後院，等待衣服清洗及烘乾之際，兩人閒聊片刻。當下，美好秋日，朱先生舒適地穿著休閒短褲，享受戶外秋陽。

「目前，沒人搬出我們這個貧民窟嗎？大家好像蠻習慣住在這裏？」朱先生問。

王哥回答，張小姐如果搬走，她就沒法子做大姊頭了！至於自己，兒女都不要跟他一起住，沒辦法！

朱先生光聽，內心自有答案。張小姐有一次在閒聊中透露，兩個兒子都不要跟她住。可可曾表示，自己租一房一廳公寓，會寂寞，令人發瘋。她一位朋友自己住，無聊到常邀可可去其住處，好解悶。林先生餐廳老闆設有員工宿舍，房租每月只要三百塊錢，但哪比得上有可可這位心中愛慕的人毗鄰而居，來得幸福？

八一

十月十四日，星期二。清晨六點十五分，朱先生起個大早，摸黑出門散步運動，直到天亮七點半返回。這時，趙太已在廚房蒸饅頭、包子，配酸奶，忙著他們夫妻倆早餐。朱先生和趙太兩人打了招呼，互道早安。

趙太：「早上三點鐘，還沒辦法好好入睡。因爲想到六八年十月，我十七歲，正是文化大革命上山下鄉的日子。那時候，連除夕坐兩個小時公車要回廣州老家過年，都要寫報告。那天上午，我就開始和單位糾纏，一直到下午四點鐘，我才上車回家。到了家，父親被抓走。完全沒有過年的喜悅，全家籠罩在愁雲慘霧當中！」

八二

十月十七日，星期五，天氣好得不得了！五點半。

朱先生從市場買回八隻棒棒雞、鰱魚頭、牛奶。

巷口，遠遠見到袁小姐那輛掉漆斑駁破車停在路邊，心情一沉：

「怎麼這麼早回來？平常不是會晚一點，晚上七點多才回來？」

進了屋。王哥知道朱先生一直迴避這位五十幾多歲未婚小姐，且怕她偶會精神發作，亂箭傷人。於是，善解人意：「我們到外面講話！」好迴避聞聲就會露臉的女人，打壞了朱先生的心情。

站立屋前院子，王哥：「我去救世軍拿蔬菜回來。分出一些青蕃茄、紅椒、洋蔥、胡蘿蔔，裝進塑膠袋內，要給你。」

接下來，兩人刻意降低音調，悄悄低語，深怕引來最近不知何故？一直注意朱先生動靜的那位住在同一屋簷下女子，袁小姐。

朱先生邊講邊抬頭，未料，眼前忽然見到披著一頭半灰半黑長髮的袁小姐。她穿上男人格紋睡衣、睡長褲，靜默地站立大門紗門裡面，聚精會神向外凝望。那雙黑亮眼球盯著朱先生，朱先生被嚇跑，邊怒斥：「神經病！」

被識破，袁小姐立即閃人，無蹤影。

回到廚房做晚飯，朱先生站立爐前，熱了一鍋海鮮麵，感嘆：

「還是可可好！正常！熱心腸。」語畢，轉而對王哥開玩笑：

「可可感恩節前夕，從大陸探親回來，我告訴她，你為她失眠！每天燒香拜佛，願她在大陸玩得愉快！」

坐在餐桌旁，王哥故曰：「我天天燒香、默唸，保佑一些人，像是小女兒愛美麗，因為她載我去醫院看病。大女兒麗莎，幫我去藥房拿藥。乾孫女安潔莉卡，載我出去逛逛、吃東西。你，陪我聊天。房東，載我去救世軍拿食物。」

說到房東，「他今天載我去拿菜，路上，問我，怎麼遲遲不裝假牙？」王哥繼續：「我回答他，沒牙齒，也好多年年了！習慣了！沒牙，照樣吃得下東西。平常吃維他命，消化好！沒事啊！」

朱先生岔題，詫異：「氣象局預測，今天會下雨。結果，沒下！」

八三

十月十九日，星期天。

早上，王哥打電話給愛美麗：「怕拔牙出血。」

小女兒應曰：「那就別拔！你已經習慣沒牙齒。」

王哥：「我沒錢。房東說，既然已經申請下來，去拔吧！他先墊。下次，我幫忙他在屋裏打掃清潔，每個月五十塊錢計算，還他錢。房東還說，星期五下午三點，他載我去拔牙根。他建議我，星期五早、午餐多吃一點，免得手術後腫痛得無法進食，會挨餓。」

中午，朱先生正忙碌煮一鍋鰱魚豆腐湯。

王哥聞聲，經驗判斷，確定是朱先生，於是跑出來找話聊，講些當年往事片段，殺時間。看到熬煮鰱魚豆腐湯，王哥觸景生情，回想二十五、六歲，那時剛從日本學習冷凍技術回台灣，未婚。當時，父母和朋友投資漁業冷凍廠，母親掛名經理。透過這層關係，王哥於冷凍廠內擔任管理員一職。期間，某些人物、畫面依舊清晰：

「工廠女工，吃魚方便。她們天天熬魚頭酸菜湯吃，補奶。補到平常都會漲奶，滴奶！」

王哥繼續對朱先生說：「記得有一位女工，她在廠房負責煮飯。吃完飯，員工一個個離開。我常看到她奶大又圓，穿背心，彎著身子擦桌子。有天，我忍不住，用手去摸奶，然後就回到台北的家。她跑去向工頭告狀。當我從台北回高雄廠房，工頭就幫我介紹一位女朋友。女方爸爸是製造漁船的。她知道我爸爸在政府機關農復會，專門管理外島漁船，常往金門、馬祖地區巡視。我約她出去看電影。我騎機車，她不願意。她千金小姐不坐公車、要搭計程車。在高雄看完電影，送她回旗津的家。到了渡船口，她要坐手搖船回旗津。到達旗津，當地沒計程車，她要坐三輪車回家。後來，女方主動提親。我媽對他們說，兒子年紀還輕，而且還沒存夠錢，擋回這門親事。後來，中秋節，女方送月餅，禮盒下方放了一萬塊錢現金。我爸一看，馬上把現金原封不動交給農復會負責水產部門的組長，不貪污。我爸廉潔、老實。

不久，我爸不管外島漁船事物，換到另一個單位去服務，但是，仍然屬於水產業務。」

八四

十月二十三日，星期四，霜降。

早起，王哥先焚香膜拜，檀香味道漫延開來。只要在走廊上聞出香薰味，室友們大抵知曉無牙老人已起床。

王哥房間，簡易祭壇上，金色電子香爐兩尊，左右各一，如聖誕樹燈，終年明亮。祭壇中，另有每日插入焚香的金色容器。

八點多，王哥緩緩走到朱先生房門前，敲門，直言：

「昨天晚上我失眠！」

問其何故？

「大女兒麗莎三個孩子的爸爸肝癌死了！」接著自言自語：「他這幾天剛死掉。以前，喝酒、吸毒，本身又有糖尿病。三天打魚，兩天曬網，不愛工作，都是靠父母、姊姊來照顧。做工賺了錢，買大電視、大沙發。有次，還花了一百多美金買舊金山足球隊 49er 褲帽T恤一套。」

朱先生問：「怎麼要一百多？這麼貴！」

王哥：「NFL 美國職業足球協會認証，權利金的緣故。」然後繼續：「他生前，醫生給最好肝病藥，但政府保險不給付。藥貴！」「我女兒之前離開他，因為藥錢已經這麼貴了，負擔重，他還是去喝酒，不去賺錢！兩人吵架後，我女兒離開他。」憶及：「他媽媽做打掃清潔工作，爸爸拿老人福利金，麗莎賺錢養家、養小孩。他們住在山景城、陽光谷這兩個城鎮之間的鐵道旁，那裡是墨西哥人住宅區，兩房一廳。麗莎和他生了第一個小孩，就跟爺爺奶奶住。那時候，我們和男方家人還常常聚在一起BBQ烤肉。」

麗莎和她孩子的爹，「兩人從未正式進入禮堂結婚。」然而，王哥講述告一段落，又喃喃自語：「我的大女婿死掉了！」

另擔憂：「怕申請住家看護如果通過，房東雖然答應，但政府機關透過看護人員，發現我們這裡住太多人，不合規定，叫我們搬家，到時候，大家會怪我，怎麼辦？」還有「張小姐上次對我說，看護人員不能進入。她也怕外人來，見這麼多租戶擠成一堆，去告狀，大家都要搬走了！」

王哥表達完顧慮後，又分別就房東、張小姐話題，嘮叨自語不休：

「房東對我說，這間租屋，他當然有年年繳稅。況且，以前，我們這裏室友糾紛吵架，打電話報警，警察都來過。當時，也沒事！這跟屋內住幾個人？無關！如果一個房間內住很多親戚，政府也要管嗎？張小姐嚇唬你的！」「我告訴房東，擔心看護申請案通過，張小姐到時候反對外人進來，哇啦哇啦叫。房東叫我忍耐一下張小姐，多待在自己房間，少出面。」王哥又說：「張小姐上次當我面大聲反對，將來看護人員要是進屋裏來，怎麼辦？而哇哇叫。我對她說，不知道！不要跟我講。這是我女兒、醫院醫生、房東、社會服務部門的事，不要問我。妳去問我小女兒，看政府能幫忙我什麼？我也不知道。張小姐聽我這麼一講，上班去了，沒再煩我！」

王哥還說：「昨天晚上失眠，睡不著覺。想可可！」

講到牙齒：「原本，九顆要拔。上次，拔了下面三顆。明天，要去拔牙，拔三顆。明天後，剩下最後三顆，未來預約日期、時間，再統統拔掉。」「弄牙齒，是五月申請的。哪曉得六月十二號摔跤，住院。八月一號才出院，回來這裡。所以，拔牙托延到現在。」「我對愛美麗說，妳看，房東叫我弄牙齒都這麼起勁！這星期五，也就是明天下午三點，要載我去看牙醫。」

王哥又對朱先生聊起：「我上次問房東，拔牙會不會出血？」

「怕什麼？」房東不解。

「自從上次摔跤，看到自己流了一灘血，現在，看到血，都會怕！」王哥回答房東，同時拋出結語：「現在，除了乾孫女安潔莉卡帶我出門理髮、買東西、去銀行，還有房東你帶我去救世軍拿菜之外，我都不想出去了！怕又摔跤。」

朱先生發現，王哥不需要人提供任何意見，甚至任何安慰，只想找一個人聽他拉拉雜雜傾訴而已。王哥轉身，邊走邊自言自語地重述：「我的大女婿死掉了！」緩步，沉重地遠離。

九點五十分左右，林先生起床，較平日晚二十分鐘。做早餐。

朱先生：「昨天晚上，餐館投資，談得怎麼樣？」

林先生：「談完後，不想投資。」接著改變話題：「昨天晚上九點多，張小姐故意坐在餐桌旁低頭盯著手機看。我煮好菜，本想坐下來好好吃東西，但是，忽然間，聞到她身上有股尿味和腳氣味。不理她，我拿菜到後院野餐桌上吃飯。」

朱先生：「趙太是有那麼一次跟我說，印象中，張小姐早上起來，從不刷牙洗臉，就衝出去。」「還有，可可說，張小姐一個禮拜才洗一次澡！我回答她，不止，有時候，時間更長，她才洗澡。」「講到洗澡，張小姐有次竟然問我，怎麼天天洗澡？還對我說，這樣，會把元氣洗掉！」

八五

十月二十四日，星期五。

早上，王哥對朱先生笑盈盈，喜曰：「再過五個禮拜，可可就要從大陸回來了！」「我每天求菩薩，願可可在大陸玩得快樂點，平平安安回來！她離開的第一天晚上，我失眠，想她！」「自從她回四川老家，我比較少走出房間門。她在的時候，我常會藉故出來，走到廚房，打開冰箱，拿出牛奶、麵包。」

朱先生沒接話。王哥自行脫口而出：

「可可，四川鄉下畢業，但想上進，學電腦。前夫是台灣人。以前，糊里糊塗兩人要好。」「如果在十五、二十年前，我可能會追可可。因為，她懂得上進！」

中午，房東開他那部灰色賓士車來接王哥去牙醫診所。

汽車進行中，王哥笑問房東：

「你好像都不怎麼休假嗎？我很少聽說你要去哪兒玩？」

房東哈笑一陣。接著王哥繼續以一種恍然大悟聲調：

「我知道了！你看到錢和好車，就是渡假。」

房東更是笑開了！

輪到房東有感而發地對王哥直言：

「你是老實人。肚子裏的話，藏不住。不適合當刑事憲兵，因為直腸子。刑事憲兵，暗中調查案子，而要面不改色。」

王哥：「我以前當兵當憲兵，站崗站衛兵，保護老蔣。被要求，要耳聰目明，事事報告上級。這樣，才能去防備、準備啊！」

房東：「我送你小電爐、微波爐和一些餐具擱在你房間，讓你一個人用，就是叫你少出門，避免和張小姐碰面。你吵不過她。」

王哥：「張小姐說，我害她，因為房東你不喜歡她。我搬來前，都是她在總管屋裏的事。我搬來以後，房東就讓我接管她的工作。」

房東：「我們這裡，住的人，行行色色，什麼樣的人都有！」

王哥笑道：「以前，我們這裏住過一位龍先生，年輕人。不知道，你還記不記得？」「那個時候，他從紐約來，在紐約大學擔任電腦助教。他從東岸來我們這裏蘋果公司短期實習。」「龍先生臨走前，對我說，在加州，什麼事都沒學到！只學到這屋子裏充滿不同的故事。回紐約，講給朋友聽，他們會笑死！待在這屋子裏久了，都可以寫故事了！」

想到張小姐和龍先生，王哥默想過往：「當時，龍先生第二天一大早就要飛回紐約，房東押金還沒還他。張小姐還熱心地開車載龍先生去房東經營的汽車旅館那兒，拿回押金。」王哥又默想到，當初尚未搬進來，小女兒愛美麗表達，想先來看看租屋情況，再做決定是否承租？想不到，強勢的張小姐阻止：「九月一號，直接搬進來。八月三十一號那天，不准先來看。」王哥搬來，簡直不敢相信，屋子裏面住著那麼多人！「如果，先看一下，人這麼多，我可能當初就不會搬進來！」默想歸默想，此時此刻，這部分都沒和房東講。

到了診所，牙醫師這一天總算把王哥口腔內上面六根殘留牙根，和下面三根，共九根，都統統給敲掉，拔掉。由於上面牙根和後面大牙較棘手，主治醫生親自操刀。幸好，見牙醫前，王哥先服用兩粒止痛藥。大夫用小鏡頭照X光，X光影像呈現在小電視上，可立即觀察。眼睛瞄一下螢幕，口腔是黑色，牙和牙根是透明白色。王哥此刻已沒有任何牙根，而且僅能吃些較軟食物。

牙醫當場說明：「現在，你等著下次來訂做牙齒模型。每個人，牙床不一樣，所以要訂製模型。將來，假牙才能弄得牢靠。」「到時候，下面，不會掉，因為有嘴唇皮。上面假牙，會掉，所以要用特別膠水。」「模型製作好，我們會通知，你再來試戴假牙。」

老人嘴巴裏被塞進紗布、棉花後，離開診所。未立即歸返雲雀巷，房東卻駛往目前自己經營酒店「金錢櫃」，探班去。

一路上，房東跟坐在駕駛座旁無法言語的王哥自白一番：「酒店，今年萬聖節要辦聚餐舞會。二十一歲以上，才准進入店裏消費。酒店裏有卡拉OK、有跳舞和喝酒。」又「經營酒吧、夜總會，不比飯店，可是要申請賣酒營業執照。」

接著介紹，如果客人來酒店租大包廂，黃昏六點到晚上十點，平常吃飯時間，很少人會來喝酒，便宜收費一五〇元。晚間十點到凌晨兩點，則要價三〇〇元。小包廂，依不同時段，分一二〇元、二五〇元。消費滿三〇〇元，送兩張禮券，每張禮券面值十五元，這價格，剛好可叫一盤台灣小吃熱食，例如三杯雞、檸檬蝦。

到達酒店，房東開始忙些店裏雜事。王哥樂得四處看看，這總比待在房間發呆好多了。頭頂上，旋轉球體綻放五彩光芒。獨自安坐摩登舒適沙發上，想到自己跟房東之間互動。靜思：「我準時繳房租，又幫房東在屋裏打點雜事，同時，去做他所交辦的事情。」另一方面，房東對王哥信任並維護老人，像是張小姐曾告狀，說，大家不喜歡王哥，王哥不好，最好趕他走。

房東反駁：「王哥不會做這種事的人！」

因此，王哥曾告訴小女兒愛美麗和妹夫：

「你們不關心我！但房東反而關心我！」並私下吩咐他們：

「聖誕節時候，送份禮給房東！」

房東忙完酒店雜事，才載王哥回歸。

到了家，拿出嘴中棉花，仍有出血。於是，換了一下乾淨的紗布。

黃昏六點多，王哥已睡去。

此刻，廚房內，趙太和朱先生各忙各的，洗菜、切菜、燉湯、洗米煮飯。兩人並隨意聊天。

趙太：「今天早上，張小姐跟我提到袁小姐。她說，袁小姐變態，怪怪的。已經五十五歲，快五十六歲，國立舊金山大學會計系畢業這麼多年，卻找不到工作！不化妝，披著一頭長髮，白頭髮，也不染一染！張小姐看不慣，還教她化妝、染髮。還講，袁小姐神經婆，什麼人都看不慣！」

袁小姐異於常人行為舉止，偶會成為室友們閒話素材。

朱先生：「張小姐先前告訴王哥，袁小姐是老處女，沒被男人碰過。王哥卻對我說，他猜測，她應該被男人碰過，只是被男人玩弄、甩掉，傷得很重，才落得今天這個地步！」

趙太不以為然：「張小姐上次說，感謝上帝！因為，神經婆屬於真耶穌教會。根據真耶穌教會，男女婚嫁，只能在同一個教會裏面找對象。袁小姐和她媽媽，多年來在教會裏發瘋、變態，早把教會裏的男人嚇跑！誰敢跟她約會？娶她？」

繼續以袁小姐為主，只是話題轉向，趙太卻以自己和袁小姐互動情況為內容，趙太：「住我隔壁的神經婆，真的很奇怪！」

朱先生轉頭看著趙太，想聽個清楚如何怪法？

「她總是在我早上八點十分走出大門上班後，才開門出來。」還有，「我老公如果下午兩點鐘在廚房備菜，神經婆會叫我老公先進房間，靜待她在廚房忙完，我老公再出來洗菜、切菜什麼的。」

朱先生聽後，皺眉頭，不敢置信：「真的？」

入夜。

凌晨兩點，戶外刮風，風勢不小。無雨。

半夜三點多，王哥醒過來。再度拿出口中棉花，同時，抽取一張面紙，吐口水在紙上測試，即知牙齒有否還再出血？一看，無血。這時，覺得有點餓。於是，吃起昨天上午已燒好的稀飯，冷稀飯。幸好，王哥預先料到，牙根剛挖起，他只能吃冷食，不能吃熱食。

不久，凌晨四點，王哥的背有點痛。

風停，天空開始降雨，天冷。

王哥決定沖個熱水澡。之後，身體的確舒服多了！

窗外，天還沒亮！

八六

十月二十五日，星期六，農曆閏九月，第一天。

清晨七點，陰暗天色。

朱先生出門散步，晨雨。難得雨天，雨水兼涼意，一直走到天漸亮，方休，時間是八點多。

早上十點左右，無風無雨，陽光普照。這時，王哥前胸後背微微作痛。自從六月中，被人騎腳踏車從背後撞摔，王哥往右跌倒，傷及右肩。住院回來後，只要雨天，背就會疼痛，有如被風濕所苦。想起醫生護士建議：「多喝牛奶，讓前面肋骨長好些。」以及「背痛，用熱水沖背，沖到紅，可減輕疼痛。」

護士，王哥聯想到兒子馬克的同性戀伴侶，那個義大利渾小子但丁，曾去過伊拉克，擔任男護士。

現在，每逢下雨或陰冷天氣，整個背部會痛，如果全歸罪去年六月，則有失偏頗。因為，王哥這時憶起另一個遠因：

「以前，在台灣，做冷凍廠工作。檢驗局人員來工廠抽查，檢查運到美國的海鮮，是否新鮮？重量是否足夠，偷斤減兩否？鮮蝦尺寸大小整齊？比方說一磅重的包裝，要裝進十二隻蝦，就要有十二隻，不多不少。」「有天，依往常，前去冷凍庫包裝海鮮。一紙箱一紙箱往高處疊放。想不到，高處，工人搬運途中，冰滑，一個不小心，裝滿海鮮沉重紙箱狠狠地砸在我左邊的肩和背上，痛苦不堪！」

十點半，陽光透過窗戶灑滿房間。王哥獨自坐在沙發旋轉椅上，曬太陽，並聽西洋老式情歌。像是 The Everly Brothers 唱「雨中哭泣 Crying in the Rain」和 Sammi Smith 所唱「幫我渡過長夜 Help Me Make It Through the Night」。

待在房間聽歌之際，王哥想：「星期六，張小姐不用去雇主家當褓姆，在家休息的時候，都會找人講話，講不停。如果沒人，找不到人，她就會敲我的門，藉故送吃的東西來，講幾句。」「今天，她會敲我門嗎？」

不久，王哥聽到老李從外面買東西回來，張小姐拉著他講不停。

王哥把 CD 西洋歌曲音量降低，側耳傾聽，聽到張小姐又在罵國民黨。

王哥一方面不解，一方面覺得有趣：「張小姐是客家人。灣區客家飯店寄來請帖，她熱心參與客家同鄉會活動。同時，她也參加台灣同鄉會活動。除此之外，罵歸罵，連國民黨活動，她也去！」

這天，一對來自上海母子看房子，本來講好要租的，結果，母親打電話告訴房東，不租了。因為，一位老太太講了一些話。老太太者，張小姐也！

房東曾告訴王哥，如果張小姐再趕走一位房客，就要連她也趕出去。

房東講歸講，可從來沒執行過。有天，一位房客聽多了，忍不住問王哥：

「房東是不是有什麼把柄落在張小姐的手中？」

第二位接話：「張小姐聰明。每次把人罵得給搬走，或是惹惱房東，她都會投房東所好，帶朋友去房東開的夜總會，大大消費一下。」

可可：「還有另一個更重要的原因，依我看，是房東知道張小姐懂法律。如果哪天抓狂起來，她會去報警，或者跑去法院提告，說，房東違反租屋規定和安全。那時候，房東吃不完，兜著走！」

不管室友們如何七嘴八舌，王哥始終保持沉默，不予置評。

八七

十月二十七日，星期一，早晨。

王哥再提：「我每天燒香，口中唸唸有詞，謝謝很多人。」

朱先生明知故問：「哦?像是誰？」

王哥：「像是房東啊，他對我很好，常開車載我去救世軍拿蔬菜、罐頭、食物。救世軍那邊工作人員還以為他是我兒子。還有可可，以前送我床單、被子。我也求菩薩讓她快快樂樂。還有你啊！」

朱先生：「真的？」心想，老人只是順水嘴甜，才提到眼前人。雖然朱先生心裡存疑，但沒說出口，反而追問兒子方面：「馬克呢？你每天燒香也會想到他？」

王哥：「沒有。他都不管我，不關心我，也不來看我！」

八八

十月二十八日，星期二。冷秋。

晚上十點鐘左右，朱先生散步回來時，張小姐車子已停在正門口遮雨棚。

朱先生本想閃躲聲音如宏鐘，又愛叨叨不休不知節制而擾民安寧如張小姐者。不過，張小姐主動將聲稱從朋友家院中摘下來美國芭樂，又小，但又不太像土芭樂，分送給朱先生。寒喧一會兒，快閃，朱先生於是找藉口：

「我要去洗澡了。妳要先洗嗎？」

張小姐謙讓，然而，她未就此打住，繼續問：

「你可以去申請老人公寓。房租便宜。」

朱先生：「不會去。寧願多花一點錢住在外面。」

張小姐認同：「我無法忍受住進老人公寓，都是老人。心境會變得更老。」然後道出：

「人老了，連租房子都不容易。在外面，比方說，我們這裡快八十歲的老王就租不太到。」同時：「外面的房東會設定一些限制，像是有些房東不租給四十歲以上獨居男人。因爲年紀這麼大還不成家，不是個人有問題，就是 **gay**。未婚年齡大的女人，不也是問題多多，大有人在？」張小姐默默指向袁小姐住房方向，說出：

「她就是有點怪怪的！」

朱先生問張小姐：「妳記得我上次跟妳要陽光谷警察局電話號碼？沒告訴妳原因，妳可能納悶，所為何來？讓我現在告訴妳原因。袁小姐下次如果敢這樣對我，像對王哥、小趙那樣無緣無故發瘋狂罵，我要報警處理。不想被精神虐待。她有虐待狂，我可沒有被虐待狂。」

張小姐建議：「打電話給九一一更有效。他們是衛星定位。」藉機講出對袁小姐觀點：「她父親現在九十二歲了。她在家中排行老么，五十幾歲，還不到六十歲。在台灣，唸五專。來美國，她爸出錢，讓她唸舊金山公立大學。畢業後，找不到工作。她是憂鬱症加上躁鬱症、荷爾蒙分秘失調症狀。她星期天，都會去真耶穌教會。」「住這裡，袁小姐對每個人都看不順眼，包括老林、趙家夫婦。」「有次，帶她去參加朋友飯局，好心希望她多認識別人，好擴大生活圈。隔天，我朋友對我說，袁小姐是一位從打心底就不快樂的人！」「我開二手店委託行，有回，請她幫忙到山景城去顧店，每小時，十塊錢。隔天，店面內其他攤位租戶對我說，她不適合擔任店員。那次之後，我就比較少找她顧店了。」

八九

十月二十九日，星期三，近十一時，坐在門前塑膠小板凳上穿球鞋，準備外出。聽到聲響，王哥從廚房三、兩步來到跟前告訴朱先生：

「拔完牙，等牙肉長好一個月，才做牙齒模型。」

不知怎的，老人繼續聊下去，主題竟換成可可，老調重彈。

早期，可可和林先生曖昧期間，「我勸可可，找個好男人。別找個像老林，只是炒鍋。林先生，他如果英文好，又有執照，今天可是大廚了！可在法國餐廳、義大利餐廳，或王朝中餐廳。我那時候還勸可可說，妳兒子想從四川來美國從事餐飲業，男孩可來美國把英文搞好。另外，去社區大學唸餐飲系，再考上廚師執照，這樣，就不愁未來。」千萬別指望「跟老林在一起的主要原因，是期望兒子將來想從事中餐業的動機，才和老林走得近。」同時舉自己兒女為例，「大女兒麗莎高中畢業，沒執照，今天只在CVS的化妝品部門做基層員工。不像她哥哥馬克，高中畢業後，去Foothill College唸攝影的課，而且考到柯達、富士兩張執照，才有可能當攝影部門經理。多年下來，搞不好，現在也已升遷、當上分店副經理，也說不定。」

講到這邊，王哥又跳離主題，對朱先生主動提出：

「你下次去藥房找馬克，告訴他我的現況跟住址。你說，你是我的室友之一。」

朱先生：「你希望他來看你？」

王哥：「叫他給我打個電話，也可以。告訴他，我被撞，住院兩個月。跟馬克連繫這部份，我不會告訴小女兒的。」

王哥表示，常擔憂，老林會打可可主意，希望她能出錢，投資他未來開家中餐館。因為可可「有輛好車代步，又有好幾家銀行郵件寄來，這表示她有好幾個帳戶。人漂亮，又肯學電腦。」

九十

十月三十日，星期四。上午九點十分，袁小姐氣急敗壞地出現王哥眼前，大聲嚷著：「林先生大便，噴得馬桶內到處都是！洗不掉！擦不掉！」

王哥理解為什麼：「他每次都吃得消化不良！蹲廁所，大便會放響屁，大便時候會噴！

我房間緊臨廁所旁邊，聽得一清二楚。每天晚上下班回來，吃得多！吃排骨湯。不運動，變成空氣。大便時候，放屁像放禮炮那麼大聲！噴完，也不刷馬桶。」老人接著表明：「我現在不管事！妳跟房東講，也沒用。妳嫌髒，自己刷。」「要不然，妳自己去跟小趙講。妳自己不講，誰不滿意，自己出去找房子住。」

目前負責打理環境衛生的小趙回應袁小姐：「我昨天下午才清潔過！」

林先生晚上下班回來，聽此一說後，又好氣，又好笑，反將了袁小姐一軍，笑著對朱先生揭露：「我住在她隔壁，都聽到她在她房間裡放屁的聲音。」並強調：「還是連環屁噢！」

這天，天陰，偶雨，陰溝內水流湍急！

九一

萬聖節，十月三十一日，星期五。上午，落雨！

今年，舊金山巨人隊於這五年間得了三次世界棒球賽冠軍，二〇一〇、二〇一二、二〇一四。今天下午兩點五十分開始電視實況轉播巨人隊冠軍遊行活動，激得王哥這一天生活變得有目標、有趣。

今天也是美國萬聖節，這節慶有時還真有點像兒童節。男女裝扮成各式妖魔鬼怪、動物後，齊聚，然後瘋狂興奮地在室內屋外群魔亂舞，並挨家挨戶討糖吃。

加州灣區民宅院落裏，不止七彩夜燈，應景手工裝飾物件如大南瓜、大蜘蛛、動物、骷髏頭、白色蜘蛛網絲亦在庭院中被照明得十分醒目。

美國萬聖節，南瓜季節。

這一天，做完義工，埋首圖書館瀏覽數本雜誌期刊，吃飽「熊貓快餐店」檸檬雞和鮮炒菜蔬配炒麵晚餐，已經八點多。夜幕低垂，寒冷夜晚。歸途中，朱先生遇見住宅區內年輕父母們熱心地亦步亦趨陪伴幼童，穿梭巷道鄰居，挨家挨戶敲門索糖。更覺醒目者，當屬父母本身打扮變裝，開著車載天真爛漫男童女童到某定點，下車，大人背著大布袋，尾隨在登門要糖的孩子們身後。

轉個彎，走回楓葉巷，稀落街燈下，寬闊巷道，今夜怎麼靜幽如昔？

進屋，趙太從大深碗中抓把牛奶巧克力糖：「給你吃。」又說：「今天晚上我們準備好糖給上門的小孩，沒想到，沒人來。去年，我們這裡室友沒人準備糖果，結果，鄰居小孩朝我們大門丟石頭。所以，今年我才叫我老公跑去買巧克力。」聽後，朱先生笑出聲來。

九二

十一月第一天，張小姐生日。早上，朱先生口頭上祝她生日快樂。張小姐說要買杯子蛋糕請客：「巧克力口味？還是奶油？」朱先生選了巧克力。

她心情愉快：「朋友請吃飯。飯後，還會去跳舞。」

朱先生好奇地問：「去華人酒店夜總會？還是洋人？」

不假思索：「當然是洋人夜總會。因為，就氣氛來講，洋人的比較快樂奔放。中國人，追尋快樂好像是罪惡。」

張小姐轉身和同樣星期天上教堂的趙太轉移話題聊天：「韓國人上教堂，穿著比較正式。華人教堂，露胸露背或破破爛爛，上帝似乎不存在似的。上教堂做禮拜，要有穿衣服禮儀，dress code。」

中午，王哥敲門，叫朱先生到前院，有事相告。

王哥：「袁小姐對張小姐說，室內網路不通，叫張小姐要我去向房東反應。」

朱先生內心清楚其中微妙，即袁小姐深知王哥怕張小姐且聽她的話。

王哥轉述，他當著兩位女人面前聲稱：「我看到老林為了手機上網，查看網絡機上盒的密碼，他動了一下。」朱先生憶起，早先，王哥有次竟然說，上次六月摔跤昏倒，懷疑老林是嫌犯。因此，朱先生只聽，未妄下論斷。顯然王哥言下之意，老林就是造成網路不通主嫌。

九三

曾經，王哥常去兒子馬克工作地點 CVS 藥妝店接兒子回家，因而認識了馬克的同事席拉伍德小姐，金髮碧眼三十歲出頭。伍德小姐任職於化妝部門。王哥當時使用簡單英語和她搭上。父子倆曾與她一起外出吃飯幾次，記得其中一次是在山景城麒麟閣中餐館內共享午餐。兒子馬克幾次也曾邀這位女同事來 Palo Alto Garden 住家聊天看電視。

那年，聖誕節前幾天，王哥送花，花內藏了一對耳環。席拉即刻帶上串串耳墜子在店內招搖時，旁人起鬨：「我知道誰送妳這份禮物！」

第二年聖誕節，王哥只送耳環沒送花，但吩咐兒子在卡片上幫忙寫句英文：

「祝妳永遠健康美麗！」

那年，王哥約五十幾歲。

至於為何會利用接送兒子上下班之便，主動找伍德小姐寒喧幾句英語？多虧當時成人學校（Adult School）英語老師鼓勵王哥去兒子上班地點，找店員朋友聊天好練習英語之故。

席拉的男朋友早先因吸毒被關進牢裏，出獄了。

說到男友，席拉發現年輕男女交往過程其間，他不找工作上班賺錢，只愛衝浪。

重返自由身，他又追求她，她不願。然而經不起熱烈攻勢，她還是被追上了。

這時，王哥對席拉說：「既然妳男朋友回到妳身邊，我們就分開吧！」畢竟，

「我年紀大！」

之後，王哥趁著接兒子下班，會走進店內順便買東西。

席拉跟同事講，王哥在偷看她。

非洲裔女同事回應：「依我看，妳是真喜歡王先生。因為我們一起排貨上架，我感覺不到他在看我啊！」接著又問：「妳喜歡馬克爸爸，為何不嫁給他？」再追查：

「你跟他上過床？」

伍德小姐沉默不語片刻後，只說：「太老了！」

一聽，女同事反駁：「妳沒跟他上過床，妳怎麼知道他太老？」

上床？其實早上過了，沒人知道而已。第一次，那天，馬克上班，王哥當時在電子工廠任臨時工，正留在家裏休息放假一天。

門鈴響起，王哥開門，大驚曰：「妳怎麼來了？」

席拉：「來看你！」

兩人先坐在沙發上看一會兒電視節目。接下來，席拉主動起身馬殺雞王哥的背部，男女肌膚接觸，摟摟抱抱，自然而然地交媾纏繞住。

日後，席拉男朋友知道王哥常去店裏看席拉，心生不滿。

一天，醋罈終被打翻了。那天，王哥和兒子剛好在中國飯館用餐，冤家路窄，遇到席拉男友，對方找王哥理論。就算王哥都說出了口：

「席拉喜歡你。我跟她已分開！」

還是遭醋男一拳打中，面頰都被打青。飯館老闆見狀，彎腰隨手從地上拿起一根鐵棒，作勢打人狀並吼道：

「你打我的朋友王先生？」這才止息醋男動粗行為。

次日，王哥走了一趟CVS，告訴該店經理，自己被挨揍所遭受到委屈。經理電話報警處理後，席拉男友毆打馬克的爸爸消息在店內傳開。接到報案，警方上路調查時，藥妝店已打烊，受害人王哥也接走兒子返家。警察決定直接驅車前往中國飯店詢問老闆案情。老闆證實洋人男子真有毆打王哥，當下，男子本不願離開，是老闆手持鐵棍才把男子嚇回車內。隔天，警方打電話到藥粧店找席拉：「妳男朋友住處？」

往後，洋人男友仍一直去CVS店內找席拉。

至於王哥，依舊來店裏如常地和人打招呼。

馬克一度說，想出面邀席拉吃飯。

聽聞，席拉和洋人男友還是分手了！

王哥照舊來回接送兒子上下班，順道會在店內買些東西。

一段時日後，席拉託請分店副經理轉告王哥少來店裏買東西。經理知情，這下子可把副經理罵了一頓：「馬克的爸爸是員工的爸爸。席拉男友打了王先生。我們要求打人的男子不要來店，才對啊！怎麼本末倒置起來？」沒多久，副經理被調走。

席拉喜歡找男人作伴，下班後，總會和女友們結伴前往舞廳酒吧玩樂。

某日，上班時間，席拉問同事馬克：

「這段時間，你爸為何不像以前一樣進來看看我？」

席拉終究離職，決定離開北加州灣區前往南加州洛杉磯發展前，趁空檔期間，想休息一陣子。當她向馬克告別時，順道問了一句：「你爸恨我？不來看我？」

其實，王哥等席拉車子開走，才開車過去。

沒幾天，王哥搬家。家中窗戶對著 CVS 店方向。透過玻璃窗，王哥疑似有位女子躲藏在停車場一輛車內，凝視如鷹且出神。馬克叫父親來吃飯，王哥不捨依依轉身，餘光，王哥看到像似席拉女子伸頭，朝房子的方向窺望。

幾年過去。

愛情至上，馬克有天逃家奔赴聖地牙哥幽會同性戀男友。當時，兩男好巧不巧開車旅遊洛杉磯並逛大街時，馬克遇到老同事席拉。

席拉：「你還記得我？」

馬克：「記得。」

嫁給一位軍人，生了兩個孩子，開了一間化妝品小舖。分離之際，席拉問：

「你爸還好吧？」

從此，王哥告訴自己：「不交女朋友了。」

這段深藏感情秘密，王哥主動洩露給朱先生聽。朱先生回想，自二月二十二日搬進來，直到今天，十一月五日，星期三，王哥透露這段埋藏心底深處情事。朱先生心想，忘年室友之交八個多月時間，彼此之間增添不少信任與瞭解吧！

離開王哥房間前，見王哥望向窗外夜空：「月亮有點扁，因為農曆九月十二。再幾天，十五，月亮不是扁，而是會圓。」轉身，又對朱先生說：「我的背有點痛，預估天氣要變壞。果然，電視氣象預報，明天有寒流籠罩。」

九四

立冬，十一月七日，星期五。清晨六點，晨間散步於濃霧裏，冷氣襲身。六點四十分左右，出門搭車去做義工。晨光微淡，未全亮開。

公車內，遊民裹著棉被坐在椅子上低頭打瞌睡。南灣地區公車 22 路，基本上，是一條長途公車路線，從巴洛亞圖到聖荷西，設有暖氣，藍色雙截連結公車好像提供無家街友一個暖和、安全的移動式汽車旅館，歇腳補眠。美國黃金加州高科技走廊上，外觀稱頭的公共巴士裏，經常幾位推著、提著大包小包所有家當街友乘客們，男性女性占據中段或後段座位呼呼大睡。隱約中，偶有一陣異味。

午後三點鐘，朱先生返陽光谷。王哥一見到朱先生，馬上熱絡起來：

「早上房東載我去救世軍領罐頭食物。在 Wolfe 半路上，還沒到 El Camino Real 大馬路前，那家溫蒂漢堡快餐店，你知道吧？」

朱先生：「知道。幹嘛？」

「我看到兒子和同性戀伴侶正在路邊走路。」他們倆都身穿藍色短衫配黑長褲。一開始，手持方向盤不知情房東打趣起來：「兩個男生都穿同色裝！」

「那是我兒子和他的同性戀。」王哥定睛一看，立刻脫口而出。

「要不要停下車來打招呼？」

「才不要。兒子從來沒有來看我，也不打電話給我問候。」接著：「大女兒麗莎和小女兒愛美麗都沒有把我的電話號碼給他。」

房東：「怎麼穿一樣的衣服？」

「同性戀制服吧！」說完，王哥猜想，中午十二點半，兒子休假不上班，兩人出門吃漢堡午餐吧。一方面，心中默默比較，兒子同性義大利伴侶和生前僅跟女兒同居的墨西哥大女婿。在王哥眼中，兩個年紀輕輕男人都不出去找工作，不過，起碼大女婿背後仍有父母幫忙打點、關心。哪像馬克身旁男友，沒人管，愛做啥就做啥，自由放任。

下午，窗外，陽光明媚。

本著樂於分享好東西那種心情，王哥引領朱先生進到房間，邊說：「我要給你一些東西。」王哥彎身在紙箱裏挑出一大盒早餐玉米脆片及一包雜糧斑豆，起身後，將食物遞交給朱先生，朱先生推辭：「留著自己吃。」但是王哥堅持：「我不吃這些。這些都是從救世軍那兒領回來的。」

入夜約九點半，林先生下班回來，問朱先生「要不要出去散步？」

平常沒事，林先生不會開這種口，會這樣開口，準是心中有話不吐不快。想到林先生也蠻可憐，住在公社裏，心事找不到人來傾吐，朱先生於是跟隨他走出大門。

果然，林先生咬牙氣呼呼：「房東要漲我房租一佰塊錢。」隨後切齒：「房東兩個女兒三十多歲都還沒嫁人，報應。大女兒未婚，遠在洛杉磯。房東還叫小女兒在自家經營的酒店擔當公關經理這種工作！真想不透。」

立冬之日，竟然風也和，日也麗。

九五

十一月八日，星期六。

可可回大陸探親，人不在公社裏。

早上七點半，張小姐開車出門了。不知為何那麼早？

接著，袁小姐於九點多開車赴醫院探父，由於九十多歲老父吞下假牙而緊急送醫。十點半左右，林先生騎單車上班去。十一時，趙家夫妻倆各騎一輛單車也出門了。

公社內，僅剩下王哥和朱先生兩人在後院有一搭沒一搭地講些話。當時，朱先生正用雙手清洗毛毯，曬毛毯，而王哥站在旁邊找話聊。洗曬工作告成，王哥叫朱先生前去他房間瞧瞧他珍藏在一個小塑膠櫃內兩支手錶。果然，一支是勞力士 Rolex 滿天星，鑲著水鑽，另一支是精工錶，都完好如新。

王哥：「這兩支手錶需要裝電池。但是電池太貴了，所以一直沒用，收藏起來。你看，跟新的一樣。」

獻完寶，王哥小心翼翼地把手錶放回小布袋裏，然後再塞回塑膠櫃裏。

下午三點左右，袁小姐和張小姐都尚未歸來。王哥敲門，叫朱先生到戶外前院聊天。室外氣溫七十度，溫和如春。朱先生穿休閒短褲、長袖薄毛衣，和王哥在停車棚及花圃之間走走聊聊。這時，小趙戴著一付墨鏡，頭上戴頂帽子，拿著掃把勤奮地清掃滿地楓紅落葉。不一會兒，小趙也加入談天行列，三人快樂談笑著。趙太在另一頭廚房內忙著包筍肉包子，蒸了一籠手工製作的包子。蒸熟後，趙太拿了一個熱包子到前院給朱先生嚐嚐，看味道如何？朱先生當眾吃了一小口熱包子，因太燙。

趙太看著朱先生吃東西，邊等對方開口評論同一時間，她搶先自嫌：

「麵皮沒發起來！泡軟，發不起來。」

吞下肉包後，朱先生敢忙讚曰：「不賴！妳包的比林先生好吃。」

趙太進屋去。

小趙：「希望掃完秋天落葉季節以後，就可以不要再出來掃葉子了！」

王哥以多年經驗告訴小趙，落葉以後的季節，還是要出來忙著掃院子。那時候冬季要掃的，是那些從楓樹禿枝掉落地面顆顆楓果，滾圓沾滿尖刺的楓果，它們掉落不停，有得忙。「年紀大的人，還會擔心被它拌倒滑跤。」王哥警告說。

小趙再提：「袁小姐搬來第二天，嚷嚷她的調羹掉了，不見了。她懷疑是住在隔壁的我們偷了她的調羹。後來，她在自己房間裏找到。」「又有一次，她說，剪刀不見了。幾天後，袁小姐敲我們的門，說，她在自己的房間內，聽到我們房間有她遺失剪刀落地的聲音。結果，她也在其他地方找到。冤枉人。她有幻聽。」其實，這一段，小趙早在夏天時已經向朱先生一個人透露過。今兒個，秋天午後，小趙忍不住再提此事，只是聽眾多了一位，王哥也。

由於繞著袁小姐話題，王哥開口回應，重提：「還有一次，張小姐告訴我，袁小姐是老處女，沒被男人碰過。」

小趙：「不見得吧！」

王哥：「她應該被男人拋棄過，傷害過。」

走近花圃，王哥坐在花壇邊厚木板條上，然後說起自己往事：

「能夠住在這裏，當初的確是張小姐介紹的。那時候，我想搬離馬克跟他同性戀兩個人。這件事和附近美容院女老闆聊起。女老闆說，常來洗頭的老顧客張小姐，她的房東可能有空餘房間出租。結果，我叫小女兒愛美麗打電話給張小姐。電話上，愛美麗告訴張小姐說，她想和我，父女倆來先看一下房子。沒想到，張小姐不准。張小姐說，如果要搬來，九月一號就搬。」接著：「起初，認為，我一個人和房東夫婦同住。沒想到，竟然跟一大堆人住。」

九六

十一月十日，星期一，天氣舒爽宜人。

晚上，休假無需上班的林先生聽說朱先生正要上路去看電影「Fury」，點亮雙眼，說，他也想去！這樣，朱先生可以重點翻譯劇情給他聽。否則，平常，想看電影，苦於聽不懂英語、看不懂，故甚少進入戲院。「當然，動作片例外，無需任何翻譯。」

買了電影票，趁著空檔，逛百貨公司 J C Penny。逛到地下室商場傢俱部門，見到一張小牛皮棕色沙發。林先生忍不住坐在沙發上一會兒，幽幽地語出：「這讓我想起我老婆剛來美國定居，住在 Milpitas，也買了小牛皮沙發。」

觸思，那段曾擁有的家庭生活過往，不勝唏噓！

林先生回憶：「當初，被老婆趕出家門，很冤枉！」「以前，唸成人學校英語班。唸到後來，我變成班上唯一男生。以後，不管是辦活動，還是出遊，班上女同學都會打電話去我家，相邀。有幾次，都是由我太太接到，產生誤會。」

林先生另說，那年，三十多歲，在華人永和超市工作過。「那個時候，在海鮮部殺魚。我殺魚、清洗內臟乾乾淨淨，不少女顧客信任我，常來找我買魚。」當時，「我對魚塭養殖、海水魚、淡水魚也都培養出興趣來！」「顧客當中，有位在 AT&T 上班，也是三十多歲女孩，她說自己是史丹福大學畢業。她每次來，一定找我買魚。因為她認為我殺魚、清洗魚鱗比較乾淨。幾次下來，我直覺她對我也有某種程度上好感。我知道自己長得不帥，但是有女人緣。比方說，上班的時候，午休午餐時間，我都會在熟食部和很多女員工一起用餐。結果，被永和的男員工取個外號「福氣男」。有天，我主動邀請史丹福那個女的，利用中午休息一個小時空檔一起吃個飯？她答應！她開著一輛賓士車，我們到永和超市附近一家餐館用餐。對談當中，她告訴我，她未婚，父母不在身邊，自己一個人住在豪宅裡。後來，我和她吃了幾次飯。她給我的感覺，好像當兵前曾經交往過的三個女孩，一種神秘感！而且，我對她們當初三位都有好感！比方說，那時候，我和在台北羅斯福路擔任會計的女孩交往。那家會計公司是女孩親戚經營的。還有，我和聯合電子公司千金小姐來往。還有，我和連勝機械公司的一位女職員互有好感。」「史丹福那位女孩也有打電話去我家，我太太、女兒都接過她打到我們家的電話。」「有天，她說，住在山上老舊房子裏有滴漏雨水的問題，得自己修補。聽她這麼一說，我勸她，身為女人，這種修膳工作需要體力跟技術，要多注意自己的安全。她笑了！」「後來，她搬新家，92高速公路往東的方向。我一直不會唸，也記不住她居住新家城市的英文名字。她對我說，這個城市名字，就算唸一百遍，也要把它唸熟。」「有天，我對她說，妳教我英文？她說，好！那麼你每小時要付我多少錢？說完，她馬上講，拿錢，是開玩笑的！」某天，「她打電話告訴我，她要離開加州。」林先生說。說完，林先生就未再講下去，一旁的朱先生沒有追問故事發展細節，林先生亦未交待婚姻失和與邂逅史丹福女孩，兩者有因果關係否？

此刻，林先生卻自然而然接著講到自己的父親：

「小時候，我爸爸常打我。小學二年級到四年級，幾乎天天打。成績總是班上後段生。四年級的時候，想通了！用功一下，或許不會挨打。結果，進步到班上十幾名。想不到，老爸照打不誤。想通了！唸書也挨打？乾脆不唸了。結婚後，我對兒子管教嚴格，打罵教育。我太太主張不需要打罵。」

說是逛百貨公司，逛購物中心，其實都是在聊天，沒人停下腳步，對身旁任何商品提起興趣購買。

左彎，百貨公司長廊盡頭遠處，為轉動不停的手扶電梯，它扶搖直上戲院區。

林先生見機，要是再不開口，就會錯過時機，於是詢問朱先生：

「改天，你幫我在一張紙上寫英文數字 1 到 10？」

朱先生悶聲不解，這麼簡單，幹嘛找他寫？暗中自問：「為什麼？」

林先生：「房東漲我房租，六佰塊錢漲到七佰塊錢，我很生氣。我跟他吵了一架。一直以來，我都付現金給他。拿現金，他可以不報稅，為他好，省錢。現在，為了建立信用，又怕他賴帳，我想以後寫支票付房租。」

朱先生此刻還是認為對方在開玩笑，測試一下，唸出英語發音的數字"1"，

林先生隨口拼出字：「O—N—E」

接著唸英文數字"2"，

林先生：「T—W—O」

當準備繼續張口唸"3"的時候，林先生搶著招供：

「其他英文數字，我就不會拚寫了。以前，在成人學校上英文課的時候，還會寫。現在，忘光了！」「我以前在台灣，只有國中畢業。」

朱先生明白後，答應下來：「沒問題！」

後來，走進戲院，進場時，眼前年青男女員工正在清掃地毯走道。

林先生又語：「他們年輕人讓我想起我女兒，家中排行老大，高中畢業，繼續升學，就讀 **De Anza College**。她也曾經在戲院掃地，前後半年時間，表現很好，升任掃地領班。她帶我跟我太太去她的戲院看電影。」「那時候，老二是兒子，唸高三。有天，對我說，爸爸，我這個兒子不錯吧？沒有去吸毒！我回答，我很高興，你沒學壞！」「兒子那時候，算一下，

前後已經交了四位女朋友。聽說，他現在已經和一位大陸女孩結婚。」「我女兒也和一位台灣人結婚了！」

朱先生：「你該當阿公了！」

林先生沒有像常人般露出兒孫承歡膝下滿足表情，朱先生猜想可能是無緣參與，故無從感受。對林先生而言，天倫之樂，如此遙不可及，僅存於思念與奢望之間。

「我相信，我太太會把兒女、孫子，照顧得很好。」講完這句話，林先生臉上才露出欣慰又滿足神情。

朱先生：「你怎麼知道？又是別人轉告你的？」

林先生：「沒有。我瞭解我太太。她很會照顧家人。」

稀奇地洩露鮮少為人知曉家庭狀況話題後，林先生切換話題：「我們現在房東兩個女兒，老大不小了，還沒結婚，這是報應。真不瞭解房東投資開家酒店營業，竟然由小女兒擔任公關經理！」

「你晚上九點多下班後，再趕去房東開的酒店幫忙當廚子，累不累？回來睡覺都快凌晨兩點了。薪水待遇怎樣？炒些什麼菜？」朱先生問。

「目前，還可以撐得下去。房東開的酒店一個月工資，一仟塊錢，分兩次給。每兩個禮拜發一次錢。我炒台灣小吃，台灣菜，比方說，三杯雞、大腸炒豬血、蒜炒A菜、空心菜、沙茶牛肉啊！」

不多時，放映師開始播映熱鬧的預告片時，兩人才停止交談，專注於大銀幕裏百態人生。

看完電影，走在夜街上，林先生想到蔡小姐，整理出思緒：

「她蠻有心機！自己得不到，就要全燬，沒有人得到！」「蔡小姐還沒搬走的時候，她明知道我喜歡可可，卻在五點半做完幫傭工作回來，不馬上做飯。一直等到我晚上十點左右下班回來，她才湊熱鬧，跟我一起在廚房做飯，講話，互動。這樣，不但可以氣可可，同時間，似乎也向室友們炫耀她人氣不差吧！」「現在回想，那時候，可可公開抱怨，我常燉一大鍋排骨湯，不放進冰箱裏，偏要放在她的門前餐桌上。尤其夏天天熱，讓鼻子靈敏的可可聞到肉臭味，更生氣。於是，我把湯鍋放在離可可房間較遠的冰箱上。有天，我發現，怎麼湯鍋天天被移位到可可房門口的餐桌上？忍不住，問蔡小姐。蔡小姐承認，鍋子是她移動的。」

原來鍋子確實被蔡小姐動了手腳，朱先生恍悟，這可不是林先生瞎指控，並開口：「我知道，你以前跟蔡小姐很好，一直到她搬走至今，這中間，也有好長一段時間了！」繼續：「王哥告訴我，說，有天，蔡小姐跟他講，你像她前夫，不但都是廚師，而且愛喝酒、好賭。那時候，蔡小姐還要王哥轉告你，她不喜歡你常在她面前唱〝妳在等我嗎〞和〝明天嫁給我〞。她還對王哥說，有天，她好心剝榴槤給你吃，你竟然搭她肩膀，她摔掉你的手，說，她不喜歡這樣！」

林先生聽聞，喊冤：「我承認，那時候，有搭她肩，但是，沒有其他意思！」

朱先生：「蔡小姐還沒搬走，有天，趙太好奇問蔡小姐，她到底和你兩人男女關係有發展的可能嗎？她回答，林先生，做朋友，還可以。當老公，太糟糕了！」林先生聽後，相當震驚，不語。

走在夜街上，朱先生笑說：

「你喜歡可可。但是，蔡小姐和王哥都希望，蔡小姐能跟你能走在一起。目標雖一致，兩人卻各懷鬼胎。蔡小姐，她把可可當情敵。至於王哥，他老人家自己也喜歡可可，把你當情敵。可可會幫王哥做菜、洗被單，所以，王哥當然怕你搶走可可。」再說到張小姐：「她過去常罵蔡小姐，這是大家知道的事。為了報復蔡小姐，張小姐努力撮合你跟可可在一起，好傷害蔡小姐。關於這一點，王哥有次告訴我，他同時認為，張小姐撮合可可跟你一起的另一個原因，是不希望可可再繼續為王哥燒菜。」

九七

十一月十二日，星期三。

這一天，王哥獨自一人悶在房間內擔憂：「房東會不會被我經常打電話提醒他，別忘了載我去救世軍拿蔬菜，漸生不耐煩？因此，最近房東故意不接我電話？」

「就連昨天，十一號，星期二，救世軍的長者午餐，房東也都沒來。」

「房東會漲我房租？」

「房東會叫我搬走？」

一連串疑問盤據在王哥心頭上。

以前，擔憂張小姐，因為「常被她罵怕了！」

現在，卻怕房東不高興，「怕他嫌我煩人。」

當初，愛美麗就是不願去救世軍登記低收入戶。因為，小女兒嫌來回接送老父親太麻煩。沒想到，房東挺身執意要陪王哥去救世軍登記：「我沒事。我載你去。」另外，裝假牙這件事，愛美麗不贊同，也是房東主動熱心聲稱，會先墊低收入民眾自費部分四〇〇元，拔牙根、做模型、裝假牙醫療費用。

此時此刻，老人心情忽上忽下：「以前房東對我好！現在對我冷淡下來了嗎？」

忽左忽右心緒纏繞著老人家心頭。

九八

十一月十四日，星期五。**Palo Alto** 市老人中心營養午餐的供應，朱先生和其他義工忙得天昏地暗，直到下午一點鐘。法國裔皮耶善意邀請外出吃漢堡，朱先生因此沒留下來吃午餐。開車到皮耶鍾意漢堡店，朱先生點了起士漢堡、奶昔和一杯冰水。等待食物送到眼前的空檔，皮耶透露，曾經車禍差點喪命，醫生動手術裝置鋼架支撐他的脊椎骨。

吃喝期間及回程途中，皮耶追憶童年被父親虐待、毒打。

例如九歲那年，貪睡，父親用小桶冷冰塊砸他臉。深知父親一度經歷戰爭陰影。年紀稍長，他鼓起勇氣告訴父親：「不要對我這樣！我和戰爭無關。」

輪到自己娶妻生子，婚後沒多久，走上離婚之途。幼兒隨著前妻落戶波特蘭市。從此，皮耶與兒子多年沒見。這期間，自認未盡身為父親之責，發現自己也成為憤怒的人。「今年，兒子已經三十二歲了。不久之前，有個機會父子團圓。見面的時候，兩人擁抱哭泣。」

三十多歲兒子失業，其未婚妻在一家有機超市上班。未料，年輕男女忽然想搬去聖地牙哥。皮耶不解而苦勸：「輕率遷居，會帶來巨大不安全感，尤其還沒有任何工作著落的時候。」幸好，年輕人暫時取消搬遷計劃。

「兒子每次打電話給我，就是要錢。上次，跟我要一千塊付房租，否則租屋不保。」皮耶又表示：「有錢人家，少擁抱，少愛。」

提到年長母親，皮耶對她印象最深刻是青少年時期一段往事：「我父親是法國猶太人，母親是法國天主教徒。有天，我和白人富家子弟、黑人、亞洲人一幫朋友在屋外，忘了為何事爭吵起來。母親喝令，小伙子們全被召進屋內，關上門。轉身，怒問不同膚色的青少年：你們每個人回答我，要是被割傷，流出來的血是什麼顏色？結果，統統回答，紅色。我母親馬上說，這就對了！有什麼好吵的？」

這天下午，皮耶不但請客吃漢堡，更讓朱先生感受到人與人之間拉近距離那份親切感，緣自於皮耶的坦誠、自然。

第二天，星期六。張小姐好奇：「房東剛才來幹什麼？」

王哥：「他來換鎖。」

張小姐問小趙，要不要參加由國民黨主辦「馬英九視訊連線演講」自助餐餐敘，每人繳十元。

來自廣東的小趙不捧場，張小姐轉邀王哥。

王哥：「背痛。」

張小姐：「怎會？」

王哥：「天氣一潮濕就背痛，好像氣象台一樣。台灣以前有賣五骨風濕酒，在美國有賣嗎？我希望早點好，就可以去參加元旦升旗典禮。國家國旗，我都尊重。」復言：「哪個黨？誰執政？都無所謂。但是青天白日國旗要還在。如果換了國旗，就不參加元旦升旗，就不關我的事了。不管民進黨還是國民黨當總統，現今與我無關，因為我現在是美國公民，只對歐巴馬醫療健康保險關心。」

「我有一瓶紹興花雕酒，中國塔牌出的，酒裏頭有中藥，可以賣給你。原價七塊九九，加上稅，八塊五賣給你。這酒對你的背痛可能有幫助。」張小姐說。

王哥：「OK！」

「起頭喝的時候，多喝一點，讓身體暖和。」張小姐建議著。

王哥回房拿錢給張小姐後，捧著酒，老人無端地想起年輕過世的大女婿：「他有家傳糖尿病，不好好照顧自己身體，又愛酗酒，沉迷大麻，肝，當然壞掉！」

九九

幾天前，王哥掛念著十月底前，千萬不能錯過救世軍排定好的低收入戶資格審查。同時，十一月十四日前，得登記完畢，好領取感恩節二至三磅重的免費火雞鮮肉。

王哥還巴望今年和去年一樣，救世軍會發放感恩節五塊錢禮券、聖誕節二十塊錢禮券，這樣，可以跑到洋人超市買些食物飲料。

王哥如願。過節前，一張 Safeway 超級市場面額伍塊錢儲值卡在手。

一〇〇

十一月十七日，星期一。

黃昏六點，朱先生欲去洗手間之際，王哥剛好前來敲朱先生房門，專程來道歉。

因爲昨晚煮飯時，朱先生十分生氣王哥。老頭子怎麼主動開起玩笑，向老李在廚房逗趣朱先生閃躲袁小姐一事，大有朱先生隨意指控「那位變態老處女」盯人行徑之舉，有點像天方夜譚。因為，一般旁觀者總覺得哪有女人會對男人這樣？昨晚當場，朱先生怒視，粗聲回頂老人：「你覺得很好笑？」並心想：「平常待你老頭子不薄。你訴苦，我都耐心陪伴傾聽，好心安慰，熱心幫著獻計。不忍心你受委屈，不管是來自兒女，還是室友。把你的事，當做一回事，從不當成笑話看！死老頭，你今兒個倒主動向他人提出來，邀請別人共同拿我窮開心？忍心把我推進尷尬局面？沒水準！白活了！枉費活了一大把年紀。完全沒有老人家應有的慈善胸懷！沒良心！幼稚！」狠狠瞪著老頭好一會兒，不顧身旁剛搬來不久老李任何想法。

今兒個，王哥既然願為昨晚的事道歉，朱先生馬上原諒。

王哥這時神情明顯地鬆懈下來，以一種補償口吻：「袁小姐現在洗完澡，等一下她會進房間。不會再出來！你可以出來煮飯了！」「平常，她就算煮東西吃，很多時候，就煮個冷凍水餃來吃。有時候，煮它六個，簡單得很。吃完，去洗澡，洗完澡，進房，就很少露面了！」

才上完廁所，朱先生選擇相信且篤定袁小姐如王哥所言，一時不可能再露面，會靜待在自己房間裏。想不到，朱先生準備踏進廚房從微波爐拿出溫熱好的地瓜湯時，瞄見袁小姐竟然出現在廚房內，以及眼角餘光，也留意到王哥無奈地看了朱先生一眼。朱先生只好掉頭，走回房間，寧可不去拿地瓜湯。瞬間，朱先生針對袁小姐莫名怒氣再度被挑起。王哥識相地親自把地瓜湯拿去朱先生房間。

幾分鍾後，朱先生猜測袁小姐已回房，才再重回廚房燒菜。這時，僅小趙待在一旁忙著洗菜、切菜。

小趙對朱先生揭露：「袁小姐故意的！聽到你用廁所的聲音，藉故出來，用微波爐熱一杯水。她剛才明明煮開一大壺熱開水，而且裝滿熱水瓶，帶進房間去。」

朱先生向小趙敘述自己被袁小姐偷看荒唐事跡，附加肢體動作示範一下：

「兩天前，星期六，黃昏，差不多做晚飯時間到。我才開門，袁小姐聽到動靜，原來在廚房，她轉身，竟然走來樓梯口，往我看了一眼。」「往二樓的樓梯這頭，只住了我、老李、張小姐，三個人。大家都知道，今早，張小姐出門，會晚歸。她每星期六，都是這樣。至於老李，星期六，大家都知道，他都會開著工程車去工地做裝潢工作。此時此刻，只有我會待在屋裏。」

還有兩次，「幾個星期前，也是星期六，下午兩、三點。我要小便。一開房門，袁小姐，長髮披肩、黑色長袖襯衫、黑色長褲，她站在樓梯口，往我的門一直呆望著出神。她萬萬想不到我突然開門出來，她這才匆忙轉身離去。」「另一次，王哥敲門找我聊天。怕她聽到我聲音，會故意走出來。所以，我打手勢，叫王哥到前院去聊，好規避她。聊著聊著，王哥往花圃那邊看，是不是該澆水了？我們兩個人左右分開，隔空再聊一下之後，我決定回屋內。往大門方向走的時候，我發現袁小姐站立大門口的紗門後面，兩眼直視戶外正在跟王哥講話的我，黑溜溜眼珠盯著我的方向，不放！」

一〇一

十一月十八日，星期二。

早上十一時，張小姐對小趙說：「國民黨，這次縣市長選舉，一定完蛋！」王哥出現廚房，張小姐對王哥重複該論調。

王哥回應：「我現在只關心低收入戶的政府補助金、醫療保險、牙齒換假牙保險、救世軍救濟食物，和房租不漲價。其他，不管。我現在是美國公民。」「元旦，會參加升旗典禮。腦袋裏和心中只有那面國旗。未來，如果換了台獨國旗，或換成中共五星旗，那麼，元旦升旗，我就不參加了！」

下午兩點多，沒吃中飯故肚子餓，打完臨時工的袁小姐敢緊燒水煮水餃吃。見機，王哥探問有輛汽車代步的袁小姐，可否載他「去救世軍拿食物？」

袁小姐未首肯。

袁小姐端著熱騰騰水餃回房途中，小趙剛好要進廚房洗菜。廚房內見到王哥，小趙隨口問王哥：「袁小姐燒東西給你吃？」

王哥：「你作夢！」

約三點鐘，王哥、小趙和朱先生輕鬆自在地聊天。

王哥：「可可比袁小姐有趣多了！跟可可在一起比較有趣。」王哥回憶，以前，老谷跟林先生曾私下向張小姐抱怨：「老王黏著可可！」結果，有天，張小姐在大華 99 超市門口對王哥戲曰：「不要黏可可了！他們兩個男人在吃醋！」王哥對曰：「我是她父兄輩，有什麼醋好吃？如果喜歡，我去買鎮江醋、日本醋請他們吃吧！」

另一方面，王哥回憶年輕婚後歲月，繼續說下去：「年輕的時候，和父母同住。」「太太對我說，她媽提醒，男人錢包滿，就會出外找女人尋樂！所以，那時候，我錢包會被太太搜刮光。」「早起，我爸爸看見我怎麼睡起沙發來，不在臥房裏睡？我媽對我爸說，兒子錢包又被媳婦給掏空了！怒氣未消，所以兒子睡在沙發上。」「找女人？年輕的時候，不需要有錢，我照樣有不少機會可以找女人！以前，開過計程車，也開過公路局金馬號。漂亮酒家女和金馬小姐，可不少。」

一〇二

十一月二十七日，星期四，感恩節。全美各地，無不歡欣鼓舞地用電視現場轉播花車遊行、觀賞足球賽、瘋狂購物來慶祝外，並享用火雞、烤蜂蜜火腿、地瓜泥和南瓜派。

感恩節當天，王哥早上九時左右起床。留在自己房間內觀看電視現場轉播聖母大學美式足球比賽。坐觀戰況，心情輕鬆，因為史丹福大學隊沒進場。多少年來，王哥心目中只惦記史丹福隊的輸贏。

從廚房傳來張小姐跟袁小姐兩個女人談話聲。

按耐不住，疑惑著，今夜到底可有感恩節家庭飯局？王哥決定起身，用手機打電話給小女兒愛美麗，但無人接，於是留言：

「喂！今天你們家有沒有感恩節聚餐？有的話，叫人來接我。叫麗莎來。如果沒有 party，我就要把雞腿拿出來解凍。」

不久，小女兒回話：「有！我們家今天有 party。我剛才出去買東西。下午四點鍾，麗莎會去接你。」

中午，王哥給自己弄了碗鹹菜鴨沖泡麵。除了撕開鴨油包，也加入一些新鮮洋蔥切片。吃完麵，繼續觀看電視轉播球賽。

下午約一點鍾，王哥正和老李在前院講話，講著講著，眼看一輛大型麵包車迎面開來。王哥探頭，果真是可可從大陸探親六十天結束後返回加州，內心雖然興奮，但王哥假裝以平常口吻：「妳回來了！」

「嗯，回來了！」

「妳胖了！」

「當然，天天吃吃喝喝。」可可微笑回應。

司機幫忙把兩個旅行大箱子搬近門口前，放下。王哥見其中之一為輕便箱子，順手將它搬進屋。看在眼裏，可可心存感激之情，邊安頓行李，邊主動開口跟王哥聊：

「我不想回去，但是三年沒回去了。回去一趟，光是準備禮物，就叫人頭痛。親戚又會相互比較收到的禮物。回去，人人搶請客，我就得送禮。」

可可來到多日不見房間門口，王哥搶功：「我把妳的信、雜誌都塞在門下。」

「謝謝大哥！」

可可咳嗽聲接二連三。看在眼裏，聽在耳裏，王哥獻上關切：

「我看妳回來感冒咳嗽，趕快買藥吃，或者去看醫生。我把暖氣打開了。因為妳生病，如果有需要，妳就開暖氣吧！」

老李進屋，未向可可打招呼，如先前。

事後，老李向王哥解釋，他為何不理會可可：

「男女關係，省得麻煩。你年紀大，可以，如父兄。」

記得，老李搬進來那天，八月一日，正是王哥從復健療養院回來的日子。尚且，兩個男人都會說上海話，可算老鄉親。

當壁鐘指向四點左右，大女兒麗莎依約開車來載老爸去愛美麗家過節。

不久，麗莎幫忙愛美麗在廚房裡張羅大餐。洋女婿帶著外孫、外孫女在前院花園，喜氣洋洋地已開始裝置聖誕節彩燈。

王哥坐在沙發上獨自看電視。身邊，年輕人談年輕人的天。

冬夜七點不到，眾人紛紛入座享用感恩節大餐。

餐桌上，擺出火雞、生菜沙拉、馬鈴薯泥、水果沙拉、南瓜湯等，甜點是自家烘焙巧克力蛋糕。

飯後，愛美麗當夜邀請來一位年輕女客人聊起，原本在蘋果電腦公司工作，因為太忙、太累人，所以換跑道換工作，跑去谷歌公司任職，錢雖少，但比較輕鬆。女客人和王哥的妹妹兩人又講訴移民美國種種點滴。眾人聊天時，王哥仍在一旁看電視。

王哥的妹妹因眼力欠佳，餐後，愛美麗留姑姑過夜，免得夜間開車回聖馬刁住處太危險。

八點半，大女兒送王哥回家，回到自己熟悉住家環境、氣味、感覺，王哥心情自在地打開電視機，舒適地收看第八台所播放中文電影。

至於朱先生，則被受邀至洋人教友家過節。主人家料理整隻火雞肉是晚餐焦點。主人家中一位風趣老祖母，不慌不忙地，挑明講了一段終身伴侶臨終最後幾天情況：

「老伴臨終前幾天，兒女都回家並且和我坐在廚房裏，似乎在等待什麼？那時候，我們當中總有一個人起身走進臥室，查看臥床老伴是否聲息俱在？有次，輪到我起身進去看看。我把毛毯拉高到老伴脖子上，又用手整理一下他的頭髮。這下子，老伴努力地想說什麼，但我聽不清楚。因此，我側耳專心聽，因為，心想，人們在最後氣息，講最後一句話，常常感人或動人！聽了幾次，確認，終於聽清楚！老伴對我說的人生最後一句話是，不要輕拍、撫摸我！你讓我緊張起來！」接著：「萬未料到，老伴留下大筆錢給我，希望夠我用。」葬禮一、兩個星期後，「我買了套新傢俱、添購一些家用品。」然後笑問感恩節在場賓客、家人：「我像不像一位歡樂寡婦？A merry widow？」

當晚，互道晚安告別之際，幽默開朗老祖母獲得每位面帶笑容賓客一個深情擁抱。

一〇三

十二月一日，星期一。

早上九點半，照舊，林先生在廚房用鍋子燒水。

朱先生拿著褲子準備到後院水槽去洗時，被林先生叫住。兩人有默契地步入後院，因為深怕講話聲被袁小姐聽到，那位老姑娘會故意出現。

林先生關切：「我聽到可可咳嗽的聲音。你去告訴她，用深薑熬湯，喝熱薑汁，可以有效治咳。」林先生房間緊鄰著可可房間，男女隔牆而居。

朱先生：「真巧！日前，王哥告訴我，他關心可可咳嗽聲不斷。所以，當可可晚上下班回來，王哥立刻把浴室內的暖氣打開，還勸可可要吃藥。得到的回報是，可可對王哥說，大哥，謝謝關心！」

聽畢，林先生私下奢望，可可也能回饋他對她的關心，開口，謝謝他，打破兩人長久以來的僵局！

一〇四

十二月三日，星期三早上十點多，可可打扮好後，出門上班，被王哥瞧見且忍不住默思：「鑾漂亮的！」

早晨，朱先生留在室內悠閒看報、整理房間，準備下午再出去。

聽到朱先生在廚房沖水張羅吃喝聲音，王哥緩緩走進廚房，找人搭訕：

「小趙他們最近買平板電腦。房東上次開車送我去救世軍拿罐頭的時候，我跟房東提起。房東說，他們有錢了，要漲他們房租。」

黃昏，老李從舊金山下班開車回來，照舊，先洗澡，再做晚餐飯菜。炒菜時，白天悶了多時的王哥出現在他身旁，天南地北談天。或許年紀大吧！王哥再度老調重彈：「你剛來的時候，我知道林先生向你抱怨過，說，是我破壞他和可可兩人的好事。」不待王哥繼續，上海老鄉老李善解人意：「林先生怎麼這麼不自量力？可可怎麼會看上他？這傢伙，頭空空！」聽在王哥耳裏，十分受惠，這就是他想聽到答案。王哥隨口表達遠慮：「怕老林會跟可可借錢開餐廳。」

夜幕低垂，九點半，林先生騎單車下班回來，撞見朱先生上完洗手間剛走出浴室。他招手，輕聲對朱先生：「雨天，餐廳生意不好，油鍋工作閒著無聊。今天上班的時候，餐廳生意比較閒，不是唱歌就是發呆。今天，有點靈感，寫下歌詞。你幫我看看。」說完，遞交一張紙頭。朱先生點頭：「好！我拿進房，看好後會敲你門。」

坐定書桌邊、暈黃燈光下，朱先生默唸：

「走吧走吧妳我倆牽著手
走到天涯海角也不算久
不管天長地久我們死也不分手
因為妳是我的知己我所愛的人
我怎能捨得離開妳」

幾分鍾過去，朱先生猜測林先生現在準是等待回音心情，將心比心，事不宜遲，於是輕敲林先生木門。目光接觸，朱先生右手指點室外方向，發出啞語：「到外頭。」濕冷天氣大地，兩個男子慢走在寬闊住宅區巷道間、稀疏街燈楓樹禿枝下，揚聲交談闊論。朱先生笑呵呵建議：「歌名乾脆叫它，天長地久永不離。」

林先生竟然十分滿意，這倒讓朱先生嚇了一跳，因爲他只是瞎起鬨、逗趣而已。

林先生趁著興頭，整個人興奮起來：

「我要請我朋友的太太譜曲。她是學音樂的。你見過她。」

「怎麼可能？」

「上次她和我朋友吵架，早上九點，她氣不過，跑來找我抱怨，還是你應門的。忘記了？」

「這麼一提，沒錯，見過。」

林先生熱頭上：「要不然明天上班，先找大廚，叫他譜曲看看。」

朱先生有點不放心：「找大廚譜曲？」

林先生：「三十歲大廚很聰明，平常工作不忙，也愛哼哼唱唱。有時候，聽他即興胡編一些歌曲，聽起來還不賴。」

朱先生「噢！」了一聲。

濕冷夜，月下。

林先生微調語調，從方才興奮洋溢變成猶豫低盪，開始低語心中女神可可：

「她是按摩女。」

朱先生不止一次聽聞，但仍問：「你確定？」

對方回應：「你沒搬進現在的房間之前，住的是老谷。老谷有次對我說，他以前住在別處的一位女室友認識可可。可可曾對她說，自己做按摩的工作。還有，今年五、六月，記得從上海來的阿曼達搬進來嗎？有天，碰巧休假，午睡後開門上廁所。無意間，聽到兩個女人在牆壁另一頭廚房講話。我親耳聽到可可告訴阿曼達，自己是做按摩的。」林先生接著輕輕拋出一句：「她有沒有做黃的？沒人知道！」

當下，朱先生未置一詞。

林先生：「可可，沒胸部。」

朱先生：「什麼？你怎麼端詳這麼仔細！」

林先生：「她沒胸部，老王也知道。」然後接著：「可可禿頭，額頭高，頭髮少。汽油直桶腰，沒有身材可言。只是她有一雙狐狸眼。」

朱先生：「狐狸眼？細細長長的嗎？」

「你下次仔細看，狐狸的眼睛很漂亮！」林先生繼續：「只是她熱情待人。她有男人緣。」最後：「她是十年來，唯一陪我喝酒喝茶的女人。」

朱先生平靜語氣：「如果可可做按摩，是真的，我更佩服她。」「想想看，一個女人，英語不太靈光，又離婚，獨自一個人為了在美國生活，辛苦打拚，忍受委曲。不但把自己安頓下來，還要供養遠在大陸的兒子、老母親一家人，定有辛酸一面。況且，她樂觀，努力。」「不瞞你說，就算有做黃的，絲毫不減損我對她的佩服！」「起碼，回歸到日常生活，她是一位又熱心，又溫暖、解風趣的人。」「哪像袁小姐，看似正常。表面上，接受大學教育，講話動不動，就是，請問？對不起！不好意思啊！不離口。其實是個精神分裂、欺負老實人的惡魔。對無辜旁人，總是傷害。」「蔡小姐，同樣也不做按摩，也不做黃的，看似正常。私底下，粗魯，像個紅衛兵，但欺善怕惡。」「比較過蔡小姐和袁小姐之後，對於我，不管可可目前的工作性質是什麼，我佩服可可！喜歡可可的為人。」

一經朱先生這麼一席感言，林先生轉個彎，回想過去是如何真心對待可可，重提某晚，當老谷和王哥這兩個老男人趁著可可正在淋浴，老谷故意在走廊牆上用手敲打，惡作劇，王哥則在老谷身旁竊笑。洗完澡，怒火中燒的可可踏出浴室破口大罵。林先生說，當時，雖然事不關己，但甘願背黑鍋。於是，自告奮勇跑去跟可可道歉。林先生此番用心良苦，都是袒護可可，免得她被老谷羞辱。因為「我擔心可可叫罵聲，要是激怒老谷，老男人回敬一堆不堪入耳髒話。」「老谷上次跟張小姐吵架，他就把張小姐罵得有多難聽，就有多難聽。」還有，林先生說，那天晚上，他害怕被激怒的老谷會抖出可可是位按摩女的底細。

林先生又切入另外話題，有關房東女兒妮可在自家經營酒店擔任公關主任。他說，之前，還待在酒店幫忙當廚師，曾目睹酒店內小姐不夠時，「妮可也會親自下海陪客人喝酒。我當時親眼看到她用手指摳口，催吐喝下的酒精。看在眼裏，我實在無法理解為何要這樣？」又說：「房東經營的酒店，主要以賣酒為主，利潤都來自於酒。下酒菜，只是應景陪襯而已。」

末了，林先生向朱先生訴苦：「實在不暸解，為什麼旁邊的人，男男女女，都要來醜化我？摧毀我？」嘆息曰：「連老婆也誤會我，把兒子女兒帶著離家出走，一直到現在。」當初要是妻小沒遠走，怎會落得今晚漫遊暗巷，迷惘於冬街？他說。

朱先生不知何從安慰起？或許，當個聽眾，本身已經算夠義氣、夠朋友！

留白幾秒鐘，林先生默然。

朱先生為了打破沈默，輕巧岔題，微語，加州政府運輸部為了改善交通，減少事故意外，提交 **Burlingame** 市議會一份計劃報告可惹惱議員們。因為將有十四棵老桉樹擬將被砍，這些珍寶古蹟眼看流逝！於是，市議會通過市長署名緊急要求州政府另思方案的公函。又提到，美洲獅被人發現在紅木市西邊一座公園和自然保護區附近，夜間，那頭美洲獅獨自漫遊著。

一〇五

第二天，一早六點半，朦朧之中，朱先生想起床又不願。馬上念思：「推翻意志消沉念頭，告訴自己，偏要快樂地面對每個日子，莫上魔鬼大當。」起身，禱告。跑到後院寬深白色水槽用雙手清洗衣服，免受投幣洗衣機時好時壞所帶來挫折感。房東說，除非機器不動，才會找人來修復；房東說，非得三個人以上投幣後，洗衣機仍然毫無動靜，才退錢。他的理由是，為什麼有些使用者就沒問題？表示個人技術欠佳！怪誰？焉有退費之理？基於上述，日前，朱先生念頭一轉：

「既然如此，回歸用雙手清洗衣服，未嘗不是活動筋骨好方法。」

懶得和室友口中「死要錢、土匪房東！」講理。卻倒也落得清心不少。回房拿衣架途中，約七點半，趙太剛好走進廚房準備早餐。

朱先生說聲：「早！」她沒有回應。當拿著衣架默默地再走經廚房，這時，趙太開口：「袁小姐昨晚神經病。」原來，那時八點多，袁小姐從外面回來，一進屋，用完廁所，用力摔廁所門；進了自己房間後，她再重重地把房門一摔。「她很少這麼做。」突然，袁小姐敲趙家夫婦的木門，劈頭就歇斯底里吼叫：

「我最討厭人家塞東西給我！」

趙太想起，兩個星期前，跑到朋友家樹上摘了不少新鮮水果柿子，好心分送給所有室友，當然包括袁小姐。當時，袁小姐還欣然收下，道了謝！誰知，今兒個卻翻臉！所為何來？實在莫名奇妙！接著，袁小姐又抱怨吼道，晚上一點鐘，從趙家夫婦房間傳出重大聲響，吵到她。趙太想起，由於老公半夜一個沒留神，從床上摔倒在地。

趙太面對無理取鬧、罵街的長髮潑婦，爆罵回去：

「我下次再也不會給你任何東西！半夜聲音，是我在摔東西。神經病！」然後把房門重力給帶上。

更絕了，趙太在木門內聽到木門外走廊上，袁小姐立刻轉身，輕敲正對門王哥房門，輕聲細語：「王先生在嗎？」

趙太驚訝，方才瘋婆子爆吼欺人狀，怎麼可以馬上變成溫柔有禮？簡直落差太大！王哥沒有應門。接著袁小姐不但又是摔門回房，還傳出袁小姐在自己屋內大聲摔東西、自言自語咒罵聲、雙手大力搖晃桌子聲以及哭泣聲，聲聲入耳。

今天下午三點半，小趙、王哥、朱先生三人湊巧同時擠在一起做飯。

小趙：「袁小姐向我道歉！」
王哥：「好了！你只要這樣想，房東租給一個神經病，就好了！」
小趙轉頭向朱先生證實：
「以前，你說，袁小姐她有神經病，我不信！現在，我相信了！」
這時，老李正在後院聚精會神地看中文報紙。
王哥還是熄事寧人態度：「算了吧！」
小趙難得反擊：「她不找你王先生，可是她找上別人，就會造成傷害！不是每次來道歉，就了事！袁小姐幻想、幻聽。」
朱先生也不以為然王哥一向本著姑息、鄉愿且事不關己態度，故轉頭對王哥說：「你有被虐待狂，沒問題！我們可沒有被虐待狂！」
王哥不語。
王哥因而回想一下，昨天晚上。當時，他喝了張小姐賣給他的紹興酒，八點多。迷濛中，首先聽到第一次敲門聲，誤認是敲自己門，開門，瞧見袁小姐背影，原來她正在敲趙家夫婦的房門且兇吼：
「趙太！趙太太！」
王哥一看，不關已事，關上門。隱約中，聽到門外兩個女人對話。
當袁小姐回房用勁關門聲響時，王哥起床了。開門，邊走邊說：
「這麼吵！又有事情發生了。我怎麼睡得了覺？」邊嘆口氣。
走出大門，戶外，回望，老李正在屋內看電視。前院，王哥坐在由三塊紅磚砌高而成花壇邊，看月亮，數星星。待了一會兒，覺得屋內氣氛平靜下來，無聲息，才自言自語：「現在可以回房了！」

一〇六

十二月五日，星期五。

早上五點半起床。七點鐘，522 巴士花了半小時抵達 Palo Alto 城。朱先生先走進咖啡店找個依窗靠街座位，聽著播放流行音樂，吃早餐三明治、喝咖啡，閱讀早報。九點鐘，才進入老人中心擔任營養午餐義工。朱先生忙完擺放刀叉匙杯及餐巾、擺出一份份沙拉和點心，直到十一點十五分正式開放給六十歲以上長者顧客。接下來，一邊打招呼寒喧，一邊送上茶水、咖啡，忙到十二點半，才收工。坐下來，輪到自己吃鮮魚、水煮蔬菜。沙拉盤內還放有幾片黃橘、幾粒石榴。少不了一杯熱咖啡。

下午，朱先生回到公社，門前留有一張王哥手跡字條：「老大回來，去找我。」

原來，王哥今天出門拿一堆食物回來給朱先生：

「我乾孫女，安潔莉卡，今天開車陪我去救世軍拿菜，多拿一份給你。」

盛情難卻，只好收下，放進棕色紙袋內是兩束西洋芹、兩顆洋蔥、幾根胡蘿蔔。後來朱先生在廚房洗菜時，發現不少芹菜的根莖斑斑黑點，趙太：「這些菜，已經放太久了！」

晚間，林先生下班回來，敲門，找朱先生出去談談。

心情略帶沮喪：「可可爲什麼迴避我？」

朱先生真不知如何回答。

一〇七

十二月六日，星期六。

乾旱多時，灣區難得過去一個星期陰雨天氣之後，今晨，陽光出現。

周末早上，張小姐在家渡周末，愛講話如她只要打開話匣子，常常滔滔不絕：

「去房東經營的酒店，前後三次，生意差。我帶朋友去捧場，沒別的客人，就我們。生意清淡。」「我們房東自己兼跑堂。下午，房東還要自己開車去買菜給酒店的廚房用。」「聘的廚子，是一位高大東北人，做台菜。」「未出嫁女兒也加入，擔任工作人員。荒郊野外，鐵道旁，近高速公路。而且，附近有家加油站，那兒曾經治安不佳，所以，夜晚，加油站也打烊。房東應該多雇些男保鑣來保護他女兒！」「有一次，我去消費，點杯普通飲料。房東偏送上昂貴拾伍塊錢的酒！」「不久之前，房東重新裝潢酒店，花了不少錢！現在，每天損失五佰、一仟美金，因為客人少。未來，可能會把酒店賣給大陸富豪，做個投資移民，他們好拿美國綠卡。」

不知何時，王哥走出房間，想來到廚房湊熱鬧。

張小姐見到王哥，則曰：「房東生意不好，你應該去幫忙。」

王哥一聽，未回應，掉頭，再緩緩走回房間，暗想：「張小姐這麼說我，是要挖苦房東。因為現階段，她和房東兩個人在投資事業上較量！」

人在廚房，張小姐繼續講給身邊室友們聽：「房東，在台灣，警察背景，包山包海。所以這次酒店在灣區開張前，該打點的，該打通的，都辦妥，才會開張行動。」「年輕男女來打 waiter，waitress 服務生的工，都打不下去，因為店裏沒有客人。他們哪有小費可賺？怎麼可能養家糊口？」「有幾次，晚上，我故意開車繞過酒店。停車場上，只有五、六部汽車。

那些都是員工的車子。」「房東開的酒店，最低消費額三十塊錢。山景城大街上，有大批年輕工程師男女族群，夜燈閃爍，街道熱鬧充滿活力，怎麼是房東那間冷清酒店可以相比？而且，山景城市區，他們最低消費只要十塊錢、十五塊錢。」

晚上，林先生下班回來，燉排骨湯時見到朱先生，叫住朱先生，堅持要送他一個從華人超市買回來中國大陸進口的世紀梨。

一〇八

十二月七日，星期天。

午后歸來，朱先生吃完中飯，去後院洗衣、晾衣服。

之後，人轉往前院透透氣。感覺到身後王哥來找他，但是裝模作樣好像在巷中探頭，觀賞鄰居庭院所佈置聖誕節彩燈，沒有當場回頭主動向王哥打招呼。無法迴避，兩人還是聊了一下。不過，一待袁小姐也從屋內跑到前院來，朱先生被嚇到，閃躲於隔壁鄰居花園。

原來，袁小姐聽到王哥和朱先生在聊天，她從房間跑出來，找王哥當面對質：

「張小姐叫我到她山景城委託行去顧店，她告訴我，你和趙家夫婦說我神經質？」王哥一概否認：「她常說謊！」

待袁小姐回到屋內房間，朱先生才閃進自己房間。

老李在煮飯，王哥立於一旁，找人聊天。

袁小姐突然間出現在廚房，當面詢問兩位男士：

「我有神經質嗎？」

兩男立即否認，且安慰她幾句。

「噢！謝謝噢！」袁小姐這才滿意地回房間去。

這時，王哥向老李提到，朱先生因為曾經親眼目睹袁小姐病態似的抓狂飆罵王哥和小趙，而看不起袁小姐欺負老人。王哥繼續：「我告訴朱先生，夫妻之間都會吵架！」言下之意，沒啥好打抱不平的。

今夜，越暗，越冷！

一〇九

十二月八日，星期一。早上十一點，房東過來拿取林先生置入支票專用信箱內的租金，順道帶來聖誕裝飾品：像是兩串小燈炮、大片白色塑膠雪花、雪花剪紙、兩位手撥豎琴一站一飛的天使、英文「新年快樂」字聯，房東把這些統統交給王哥：

「掛起來！過完新年再卸下。」

房東走了。王哥開始忙碌地將聖誕及新年飾品掛出。包括應景花圈亦高掛在大夥進進出出的大門上，至於毛絨布紅色長襪則掛在自己房門上。

下午一點半，房東再次開車來胡同接王哥，齊赴聖荷西，獅子城一旁牙科診所做假牙模型。醫師檢查口腔內，發現上端兩根白白尖尖牙骨突出。先打止痛針，然後，取得牙床模型。麻藥發作時，牙醫撥開牙肉好磨平突出牙骨，如此，模型才能套上假牙。麻醉藥失效後，王哥感覺疼痛。護士稱，等待傷口結疤，又模型做好時刻，會通知回診，試戴假牙。

房東追問護士是否可將原價四百元自費磨牙部分，減半？「王老先生沒幾顆牙好磨，加上沒錢！」幫忙討價還價。假牙部分一仟六百塊錢，沒問題，因為有政府低收入戶健保給付。

王哥向房東提到：

「聖誕節的時候，我妹夫每年都會給我一佰塊錢。那時候，先還你一佰。」

房東：「有了假牙，可以吃肉，可以消化食物，對身體健康有益。」

回程，車子上 Fremont 的公路，旁邊為灣區捷運路線。汽車多，停停走走。車窗外，王哥看到高架上捷運列車來回穿梭。當汽車再跑到 680 公路上，交通警察把通往舊金山四線道戒嚴。警車群聚，因為一位年輕人扶著 680 公路陸橋欄杆表態，要往下方 101 車水馬龍的公路跳墜。結果，往北道路全面戒嚴。警察指揮駕駛民眾改走另一條路。夜幕下，走小路，兩旁，住宅區平房或樓層住宅的聖誕燈飾亮眼。車子回到 280 公路，經過華人超市，再轉兩個彎，王哥終於返家。掛鐘，時針已指向九點。

王哥喃喃：「下午四點鐘，其實，牙齒就弄好了。因為房東又開車去 Fremont，找另外一位牙醫看他自己的牙齒。來回耽擱，才挨到九點回家。」

方才路邊聖誕燈飾，讓回房歇腳的王哥，想起有年聖誕節前夕。張小姐插了三根應景大型塑膠棒棒糖在王哥窗前泥土上，欲添節慶氣氛。蔡小姐為了歡慶節日，買回一棵聖誕樹。看到彩色，紅白綠三色相間，艷麗棒棒糖，動了心，問終日待在屋內王哥：「誰的？」

「可能是張小姐的。」

「我剛帶回來一棵聖誕樹。正愁著沒有東西裝飾它。」蔡小姐心中盤算。

蔡小姐屋前屋後召喚室友一陣。老谷用兩塊長方形板塊，交叉，然後和小趙通力把樹固定在交叉架子上。一棵漂亮聖誕樹站立在前院草坪上。

這兩塊板子發揮極大功能，蔡小姐滿意極了，但好奇是從哪裡弄來的？

「我從大華帶回來的。」人在大華超市當綁菜工的老谷回答。

蔡小姐這時未加思索，一個箭步上前，雙手拔起院中一根大棒棒糖，然後將它插在聖誕樹旁草坪上。

當時，蔡小姐和張小姐正處常吵架階段。

張小姐開車回來，怒見一根棒棒糖竟移位，不問青紅皂白，進屋，右腳猛踢蔡小姐房門：「妳偷人家的東西！」

蔡小姐開門：「我認為是老王的。」

一一〇

十二月九日，星期二。

早上十一點，王哥興緻勃勃地向朱先生獻寶：兩枚一九九〇年第十一屆亞洲運動會紀念幣，幣上吉祥物是熊貓；數支鑰匙圈上分別印有戴安娜王妃圖片、大峽谷風景、鹽湖城摩門教堂；中華民國建國七十年紀念幣；二〇〇一年美國九一一紀念幣，還有兩大冊花花綠綠集郵簿。

過沒多久，朱先生、小趙、王哥，三人各忙各的午餐。小趙認真且平靜口吻：「一個人在，整棟房子氣氛搞得很不好，陰陽怪氣的。」聽者心知肚明，該號人物，乃小趙夫婦隔壁鄰居神經婆，袁小姐也！

黃昏，王哥敲門，邀朱先生出門，來到前院觀賞一下他所裝飾聖誕窗景。

五點左右，天色暗。由於王哥早把電源開關打開，因此銀白小燈炮明亮著，不但照明了一對金色天使掛飾、塑膠綠葉、白色雪花紙板，同時也點明聖誕紅和鏤空剪紙雪花。此刻，朱先生依舊擔憂袁小姐會偷窺，而左顧右盼。

禮貌性應對一會兒後，朱先生準備去煮義大利麵晚餐。同時，難免擔憂：

「袁小姐會在用廚房嗎？」

「放心！我剛才看她在水槽洗碗盤，她吃過飯了。已經進屋，一時間她不會再出來。」王哥根據以往經驗，拍胸脯保證。

進門處，走廊燈暈黃亮著，另一邊廚房黑暗，螢白日光燈未開。

朱先生默思：「廚房沒開燈，也好。要是袁小姐故意出現，我的臉不被她瞧見，同時，黑暗中要閃躲，也方便。」思忖後，連忙拉開通往後院的玻璃門，以備拔腿撤退之需。

黑暗中，走近玻璃門，偶而回來探查火爐上清水煮滾否？烹煮過程，來回踱步，等待。當再次轉身欲走近爐檯，驚見走廊暈黃光源處，沒鼻沒嘴，僅一頭長髮的額頭及一雙眼睛露在矮牆上方，且目不轉睛盯著朱先生看。他被正在偷窺的袁小姐給驚慌嚇逃了，並丟下一句：「見鬼！」

耳聞張小姐晚上開車回來動靜。張小姐進了屋，正準備要進入房間，朱先生及時出現眼前，示意張小姐出去外面，有事相告。

聽完袁小姐兩眼暗中偷窺而嚇到人一事，張小姐說，有次她有事無法出席教會所舉辦的活動，因此邀袁小姐參加，且叮嚀教友代為招呼。下次見面，教友透露，當晚，一位姊妹認出袁小姐，這位教友原先和袁小姐一樣同屬真耶穌教會。在真耶穌教會，眾教友知曉袁小姐罹患嚴重精神疾病。張小姐結論：「她 DNA 遺傳到恐怖的精神疾病。不敢告訴你醫學英文全名，怕你會嚇壞了！」同時表達同情：「袁小姐也可憐！陪她媽媽，照顧媽媽，她自己也受影響，類似有精神分裂狀態。」

三

十二月十一日，星期四。

睜開迷濛睡眼，瞄一下牆上掛鍾，七點。雨勢仍舊不斷：「夢中，雨落就沒停，怎會這樣？有意思！」由於窗外雨水聲這完美藉口，索性再睡，直到九點半。醒來，雨意未歇。聽聞，此乃灣區五、六年以來最龐大降雨。朱先生整天沒出門，因為日夜暴風雨交加。

灣區受豪雨侵襲，老居民王哥：「住了三十九年，沒見過這麼大的風雨！」又對朱先生笑談：「我跟老李說，冬天夜裡下雨，雨打在停車棚塑膠板屋頂上，他就可以聽交響樂了。雨落在走廊屋簷，跟地面的聲音。我怎麼知道像聽交響樂一樣？我以前住過他那間房間啊！老李說，他開車去三藩市上班，發現三藩市雨下得更大。」「還有，電視新聞報導，聖荷西低窪地區的路面上，有人划獨木舟。101公路，汽車涉水，慢慢穿過。」

大風吹垮大樹，樹木壓倒停在路邊的汽車。幸虧沒有像其他地區大規模停電，或遭遇土石流。朱先生回應王哥：「昨晚半夜開始，大雨伴隨著大風。手機突然警報響起，警告民眾注意安全。」居民經歷五年以來最強風暴。

哪兒都沒法去，朱先生留在廚房餐桌區樂得和可可兩人天南地北愉快地瞎扯。王哥偶而加入談話，然後識趣地離開，免得可可反感，深怕得不償失，傷害了好不容易可可才放棄冷漠，重新與王哥交談互動。近黃昏，王哥調侃語氣對朱先生表示：

「昨天下午和今天早上，你都和天使快快樂樂在講話。現在，我回房，看看窗戶外面袁小姐的紅車開回來了沒有？我幫你看魔鬼回來了沒有？」言畢，王哥邁著一貫緩慢步伐離去。

星期六，晚間十點剛過，林先生敲門，問朱先生，有沒有時間到外面聊聊？想必對方心事重重，朱先生趕緊穿上長褲、毛衣和襪子，戴上毛帽，陪林先生出外聊天。憂鬱來自於今晚可可態度驟變，見到林先生，冷漠不理他，即刻轉身回房避他。以前，即使男女無互動，但起碼可可不會刻意迴避林先生。

「是因為昨天晚上我放了一段白天在餐廳上班午休的時候，錄下三首尤雅台語老歌。回來，邊吃蘿蔔排骨湯配油煎鮭魚，邊聽台語歌？」繼續委屈地說：「不喜歡？她可以告訴我。我可以停播。用不著刻意摔碗表達不滿。說出來，我可以改正。害我今天心情不好。」

走過濕溚溚馬路及草地，來到月光下公園，各人用自己攜帶黑傘當作墊子，兩人安坐在公共野餐區濕淋淋木板椅上聊天。

當然，最多時候，朱先生極力安撫開導一番。

朱先生難免微覺「可惜！」前天，朱先生不是才將林先生送的華人超市附贈新年彩色月曆轉贈給可可時，而且用心良苦、重複強調：「這是老林給我的。因為我有兩份，多出來的，妳留著用吧！」可可欣然收下，還邊講：「上次我買壹佰多塊錢的菜，他們結帳出納員都沒送月曆。」次日，遇到林先生，將此事相告，尤其聽說朱先生故意在可可面前提起林先生三兩回，又可可最終收納月曆，這可讓林先生深感欣慰。

誰知，今晚可可和林先生關係又搞砸！

下雨，快一星期了！加州居民十分樂見。

一三

十二月十三日，星期六。

趙太向朱先生告狀：「昨晚七點半，老王躡手躡腳把打開才三分鍾的暖氣，偷偷給關上，替房東省電。屋內冷颼颼！昨晚，冷到雙腳冰冷，我要蓋三條棉被來保暖，才行。」

趙太沒停：「以前，林先生每天晚上從餐廳下班回來，都會帶菜給王老頭吃。那時候，老頭一聽到林先生回來，就走出房門。」隨即再補充一下：「相處不好的時候，老頭就會經常在背後講人家壞話。」

早上十一點四十分，趙太走進後院查看曬衣架上待晾曬的衣物時，又碰到朱先生。她輕語：「袁小姐現在怪怪的！常開著房間門縫，站在門後，偷聽廚房裡面室友們談話內容。」

很巧，下午四點鍾左右，朱先生在廚房燉棒棒雞腿、洋蔥和馬鈴薯鍋湯，王哥湊在一旁找朱先生閒話：

「我和小趙也注意到袁小姐，最近常開著門縫，兩眼注視門外，注意任何動靜。尤其，兩個月前，你還去我房間舉啞鈴做運動的時候，你路過袁小姐門前，她都會開一道小門縫偷看你。」「幾天前，我直接問袁小姐，妳在看什麼？」

王哥又對朱先生耳語：「你現在躲避袁小姐。我都會提醒你，她回來了，或是在附近。所以，我們現在扯平了。你是我的心理醫生，我是你的氣象雷達和魔鬼雷達。」「做為氣象雷達，我會提醒你天氣陰晴或需要帶傘出門。魔鬼雷達，會跑去告訴你，袁小姐剛出門，你自由了！或者是，大聲喊，魔鬼回來了！你敢快躲進房裏。」王哥再言：「我也是你的報時器，什麼時候敲你門，午睡該起床了！跑去通知你，該做飯了！」

首先，朱先生回憶，心理醫生，這個稱號源自於林先生有幾回晚上下班後，心煩，敲門：「你有時間嗎？我們可以出去聊聊嗎？」時間點上，大抵都是夜間十點半左右的事。因為，林先生從中國餐廳打工回來，洗澡，忙做菜燉湯，吃飽喝足後，對一般人而言，已經時候不早了！兩位室友散步於長長的巷頭巷尾，邊走邊聊，走它幾回。朱先生嫌腳痠，走到巷頭一戶人家花壇邊，隨性地停下腳步：「我們坐在這個矮石磚上聊聊吧！走得腿都痠！」鄰居青蔥花園裏幾盞腳前柔和夜燈，在夜空下，倒也適合朋友之間閒話家常。好巧不巧，張小姐幾回夜歸，汽車左轉進入巷道，前燈強光照射出去，照在林先生和她隔壁室友朱先生的身上，兩位男子正高談闊論。有次，林先生對朱先生說：「喂！剛開過去的車，是張小姐。」

朱先生：「怕什麼？我們又沒做什麼虧心事！」

明日，王哥去廚房，聽到張小姐提到：「晚上看到老林找朱先生出去訴苦，他把朱先生當成心理醫生！以前，老林找我們訴苦。現在，沒人理他，所以，老林找上朱先生。」王哥後來對朱先生提起這段，笑曰：

「你也是我的心理醫生。我常常找你講話！不同的是，老林都是掛急診。我屬於一般門診，只要你有空，我就掛號。」

至於魔鬼雷達，先說魔鬼這部份。當朱先生不但意識到袁小姐偷偷盯著人看，且目睹到袁小姐不是一般常人生氣發飆，更如精神病態如魔鬼再世時，眾人則避之唯恐不及，彈跳逃生般。好幾次，朱先生原本和王哥好端端在講話，開門聲初響，朱先生會當機立斷：「是袁小姐。」掉頭閃躲開，丟下王哥。王哥笑稱，朱先生直覺反應，好像見到魔鬼。而朱先生見到可可，笑瞇瞇，好像見到天使。

雷達部份，一般來說，王哥注意到袁小姐每天黃昏五點左右、或是出門歸來，這段期間，都會洗澡，花上二、三十分鐘。每逢如此黃金時機，王哥會敲朱先生門告知：「喂！她在洗澡，你趕快出來煮晚飯吧！」

要是袁小姐開車有事出去、或外出準備打最近才找到半職工時，王哥亦會敲敲門：「她剛開車出去了！你可以出來聊天、做事。解放了！」

的確，王哥房間窗外，巷道邊，正是袁小姐天天停車位置。只要王哥瞄到袁小姐歸返，正把車子駛向路邊準備停車，老人透過敞開房門，朝向廚房方向喊著：「她回來了！」朱先生這時，匆促收拾手邊家事工作，兵慌馬亂一陣，疾步返回屋裏，然後關上門。如果朱先生原本就待在房間內聽音樂、看閒書雜誌什麼的，忽然間，王哥看到袁小姐開車回來，王哥加緊腳步跑來敲門相告：「她回來了！」這下子，根據最新雷達偵測，朱先生心中有數，則選擇少出房間為妙。朱先生極力避開袁小姐，他對王哥常言：「她是一位精神不正常且故做假正經狀、實則性飢渴的魔鬼。免得被她出神地偷看，渾身不自在到令人發毛！」另一方面，「換是年輕姑娘的話，那另當別論！」

一一三

十二月十五日，星期一。王哥在朱先生早晨出門前，叮嚀要帶雨傘：「這星期，除了星期四和周末不下雨，其他日子都會有陣雨。」事實上，另有一個暴風雨，周三將抵灣區。

晚間六點半，袁小姐從 **T. J. Maxx** 商店打完臨時工回來，推開大木門，走進屋內，逕自喊道：「我回來囉！」

王哥剛好在廚房內煮棒棒鷄腿胡蘿蔔湯，簡單回應這一天陰雨天氣。袁小姐則略帶撒嬌語氣：「早不下，晚不下，下班才下雨！」

王哥不加思索哼著一句歌詞：「窗外下著濛濛雨……」

袁小姐隨後哼著自己瞎編曲調：「下雨了！下雨了！……」

王哥走回自己房間。

這時，老李走出自己房間，來到廚房煮飯時，見到剛下班的袁小姐，拋出第一句話：「辛苦了！」

「哪個人不辛苦？」袁小姐立刻回應。

「又拿剩飯出來熱？這鍋飯吃幾天了？」老李一付關心狀。

「三天！」袁小姐回答。

「吃那麼少？」

「減肥啊！一次煮兩杯米的飯，分三天吃啊！」

「不新鮮！每天吃多少煮多少。」

王哥聽到男女講話聲，再走出房間，湊熱鬧地加入聊天。這時侯，王哥早已經吃完晚餐，不甘寂寞而已。講悄悄話般，王哥和老李有默契地使用上海話交談。

王哥家鄉話上口：「她頭腦有問題。」

聽到無法聽懂的方言，袁小姐旋即機靈疑問：「你們在說什麼？」

老李：「我們在說妳很好。」

袁小姐如釋重負「噢！」了一聲。

公社內人聲漸稀，意味著夜幕深垂。

想起上周，幾乎整個禮拜，襲擊灣區和北加州暴風雨，尤其部分地區降雨量難得高達八吋。尤其上周四，十二月十一日，強風暴雨。不過，雖然已為連年乾旱而水庫早已乾涸、地下水儲量銳減的南灣帶來充沛雨水，但是面對歷經三年嚴重乾旱歲月，解旱僅稍紓解，仍顯不足！

房東沒許可，沒開暖氣機。近來，夜裡晚上睡覺，眾室友們冷得雙腳冰冷。

北加州冬夜雨滴聲不歇。

一一四

十二月十六日，星期二。黃昏，天空飄雨。

今兒個，王哥找朱先生閒話家常，依舊天馬行空，想到哪兒，談到哪兒！

王哥語重心長：「元旦升旗，僑委會主辦，我年年參加。心中只有這面國旗，青天白日旗。」「升旗典禮那天，順便拿新月曆、春聯一對。」還勾畫著：「裝上假牙以後，要去中國餐館吃六塊九毛九的特價午餐。現在得等上兩、三個月，牙肉長好，再裝假牙。」

王哥依舊記得：「可可的兒子，十六歲，想學廚藝。」說到林先生：「以前，蔡小姐曾經對我說，她不喜歡老林，因為他像她前夫，都是在中國餐館當炒鍋。全身油膩膩，而且兩個人都常咳嗽。咳嗽，我想這和廚房工作吸入太多油煙有關。」老人把話題繼續圍繞在林先生身上，重提：「我以前曾叫老林去看中醫，吃點中藥，好止咳化痰。現在，我才不管他！不常運動，晚上睡前才吃晚飯宵夜，消化不良，常放屁，屁放得這麼響，像是放禮炮。以前，我便秘，小女兒愛美麗買李子汁給我喝，有效。可是，我不告訴他這個秘方。還有，最近，不知道是不是寄給他的駕照？多了一個英文字母e，我都退回去。」

最後，王哥善意表示：「我要送你一條圍巾。」

朱先生：「你自己留著用！」

王哥：「我多出來的，是救世軍送的。還是新的，我沒用過。」

盛情難卻，朱先生收下，翻閱一下，說：「真是一條新圍巾。還是義大利貨。」標籤上註明：「Violette，Italy，Milano」。

一一五

十二月十七日，星期三。可可今天沒上班，窩在屋裏休息，哪也不去。約正午，朱先生靜靜聽著可可閒話：

「張小姐，台大畢業，拿美國兩個碩士學位，但是生活得像咱們大陸鄉下農村婦！收破爛似的，什麼空盒空罐，都要留著。堆一大堆無用雜物，像是杯子裏裝棗子，棗子都生蟲了，也不管。衣物掛在後院，颳風下雨，都不管，放在外頭一個禮拜。昨天下雨。過去一、兩個星期下雨，我提醒她，她也不管，不把衣服收進來。還有，她買新鮮食物回來，捨不得吃，放進冰箱，塞得滿滿的。有時一擱，好幾天，有時，她自己都忘了。她常吃隔夜食物。有次，食物都已經有臭味，我都聞到了，她照吃。」「除了過期腐壞發霉食物，其他像是空瓶空罐、髒衣服、成堆舊雜誌、紙箱堆積得像垃圾山，害我們這裡蟑螂橫行。」

聖誕節前，可可，是朱先生聽到第三位室友抨擊張小姐髒亂，上一次，是六月，阿曼達和袁小姐兩位室友先後表達批評的言論。

可可接著提到：「我不要讓自己生活在解放前窮日子。趙太、王哥，怕房東漲房價或者被趕，都盡力配合房東關燈、關暖氣。我告訴他們，在美國，房東有義務要為房客提供室內溫度七十到七十五度，否則，違法！比方說，每個月原本五〇〇度電費，讓房東習慣。如果大家聽話，省電。一但降到三〇〇度，房東就會不許，也不能容忍度數上升。房東他不會因為我們為他省電，就降房租或不漲房租。等到隔街 **Apple** 蘋果公司總部蓋好，他肯定會扁起來，房租照漲。」

王哥昨天對張小姐說，紹興酒對背痛有效。今晚，張小姐下班回來就幫王哥帶了一瓶紹興酒。王哥付錢後，張小姐叮嚀：

「好好照顧身體！要撐到元宵。因為灣區僑委會有聚餐。想參加的話，每人繳二十塊錢。」

王哥默想：「這些日子，她對我態度好像好多了！」是不是「上次，她當著我的面大罵國民黨的時候，我跟她說，藍綠與我無關！我心中只有一面國旗，青天白日！」還有，「我有天告訴她，以前言多必失，報應，所以摔了一跤，住院。居然沒死掉，萬幸！」

入夜，人靜。朱先生想到：「林先生住在公社裏，好像沒什麼人與他友好。」加上，「老婆孩子離棄他，也多年過去！」心生同情，並微嘆，人與人之間恩恩怨怨，何時了？

一一六

十二月十八日，星期四。

王哥來敲門，遞給朱先生一份中國超市送的新年月曆。月曆上色彩繽紛海鮮、肉品、百果鮮，以及圍爐火鍋。另外，一份僑委會所贈送充滿台灣風土人情月曆。

王哥又語：「政府發放的老人福利金，從一月開始，會多給十二塊錢。」

朱先生搞不清楚：「現在每個月總共有多少？」

王哥解釋：「目前，領八佰七十七塊錢。但是從明年一月開始，八佰八十九塊四毛錢，這當中，包括加州政府給的一佰五十六塊四毛錢。」

冷夜。朱先生跑去王哥房間問：

「洗澡水不太熱，因為電水爐的關係，需要等久一點，水才會熱起來嗎？」

王哥經驗談：「今天晚上，太多人洗澡！熱水很快用掉！等久一點再洗，水還會再熱起來。」並抱怨林先生：「他昨天晚上兩、三點鐘，還在洗澡！」

朱先生淡淡地幫可憐、沒什麼人緣的林先生講話：

「我們有時候也會啊！誰說得準？諒解吧！不挑剔！」
朱先生默默想著：「如果連我都去傳話給老林，尤其是負面的耳語，那麼，老林一定會覺得在這屋子裏，完全被孤立，而無趣？去傳話，某種程度，認同放話者的觀點。將心比心！畢竟，任何一個人如果沒有了希望，他就沒有任何東西可以給與了？」題外，王哥對朱先生吐露近日觀察心得：「袁小姐有點喜歡老李！」
朱先生呼應：「趙太說過，袁小姐聽到老李聲音，都會開門出來，找話題跟老李講話！」晚間約九點四十分，林先生下班回來開門聲，朱先生出來打招呼。延續昨夜同情心，朱先生提醒對方，如果要洗熱水澡，最好等一下，水才會熱。同時提醒：「我把今天看完的中文報紙塞進你房間。」
林先生叫朱先生在他房門外等待片刻。林先生推開門，蹲下，拿起一大盒內含六個淡褐色韓國超大水梨。拿出兩個梨，遞給朱先生，曰：
「一個給你，一個代我給可可。」
這時，可可剛好就在附近廚房內煮甜酒釀蛋花湯。
基於想讓林先生仍不覺得活著無趣，朱先生爽快答應下來，但說明：
「我不敢保證她會收下。放心，我會幫你試試看。」且徵求意見：「你要我現在送給她？還是等一下，你出門去和老闆、同事喝酒的時候，我再代你送給可可？」
林先生選擇後者。朱先生想，這樣也好，免得尷尬場面發生。
林先生出門前，朱先生笑著示意：「我會盡力完成你交待的任務！」
去找可可，朱先生大力慫恿：「收下梨吧！不要跟美食過意不去！況且，妳以前對老林也不錯啊！他不是什麼壞人，只是少根筋！」

任務達成。朱先生樂想，林先生肯定心情會好轉些。

一一七

十二月十九日，星期五。

今天載王哥去救世軍拿食物的駕駛，不是房東，十分難得，是乾孫女安潔莉卡。返抵公社，已是黃昏五點多。爺孫倆下車時，王哥發現張小姐也剛剛駕車回來，方抵家門口。見狀，王哥提醒安潔莉卡：「別跟她講話，否則，張小姐講不停。」

張小姐主動先開口向王哥解釋：「要陪高伯伯喝酒，回來拿酒。」

兩位男女老人聊會兒高伯伯，以及出去喝酒一事。

樓上溫蒂下樓來問王哥：「王先生，你有沒有收到我的包裹？」

「沒有！」

可是，返回房間，王哥發現包裹已經放在電視機旁邊。急忙再走出房間，登上二樓，敲門，喚著：「溫蒂！」

溫蒂開門。

王哥說：「抱歉，剛給張小姐搞糊塗了！其實，有妳的包裹。」然後將棕色包裹袋遞交給她。

溫蒂臉色不太好，沈默不語，收下郵包。

王哥猜測：「小ㄚ頭最近因為樓上新搬來的隔壁鄰居，半夜搬家具的碰撞聲音，被吵到，忍不住發飆大吵！心情受影響，所以臉色不好。」王哥邊下樓邊想：「溫蒂以前都和顏悅色。自從她上次跟樓上緊鄰隔壁室友吵完架，她現在變得什麼話都不愛說。這次，收下包裹，馬上關上門。」

年輕溫蒂，張小姐不喜歡她。如果翻舊帳，起緣於她以前常陪張小姐的死對頭蔡小姐和小夥子小張，三人會結伴出去吃飯。

可可不悅溫蒂，也已有一段時日。追溯到「前面大門口停車問題」！溫蒂總把車停在門口遮雨棚下，日子久了，好像那就是她專門停車位。有天，可可採購回來，卸下買回的菜肉和礦泉水，沒立刻把車開回馬路邊停車。想不到，溫蒂敲可可門，說，把車子開走，她回來了，要停車。這可惹惱可可：「誰規定大門口停車位，只有她可以停？」

次日早上十點左右，都屬有車階級的可可和袁小姐舊事重提停車空間，此刻，可可又大加抱怨溫蒂獨佔大門口停車位。袁小姐搧風點火，且加碼怪罪溫蒂罵走新房客，房東卻不追究，故語出：「房東為何包庇她？」

王哥：「房東認為過去就過去。再找房客吧！」

可可：「房東虧本了！不講了！」

袁小姐轉身離去，回房。剩下王哥和可可在廚房。

王哥對可可進言：「下午三點鐘以後，我們自己回到自己房間，不要講話。老林下午會回來休息半個鐘頭，這期間，不要讓他撞見我們在講話，否則老林會不高興。他認為妳是他的。他會吃醋的。」

一一八

再四、五天就要過聖誕夜。這天，朱先生被廚房傳來張小姐粗厚講話聲吵醒，約早上八點半。

張小姐對朱先生、趙太說，房東女兒妮可在自家經營酒店陪酒、陪客人聊天。張小姐邀朋友前往酒店捧場那天，當著妮可面不解地問：

「黃家大閨女還來做這事？」

張小姐轉述，妮可騙那些前來夜總會消費的男客人說，她有老公、兩個小孩。

妮可對張小姐笑曰：「來這裡大都是男的，不是女的。」

張小姐笑著回道：「當然啦！賣酒風情好，女人比酒更迷人！」

妮可爆料，有天，酒店遭黑道勒索要錢，指控說：「你們開黑店。」

妮可回應那些中國人、越南人幫派份子：

「不給。我們只賣酒、卡拉OK，不做色情。」

至於白人混黑道份子，妮可稱，尚未上門來。

張小姐聽聞，立刻對妮可說：「他們不想想妳爸以前是幹什麼的？他可是有台灣警察界背景！」繼續：「你們現在雇用年輕女學生穿白上衣、黑長褲是對的。而不是露這，露那兒的。」

今早，張小姐接著對人民公社裡室友們說：

「房東家的酒店最低消費，晚上六點到九點要十五塊錢，十點到凌晨一點要三十塊錢。開玩笑！山景城大街五、六家酒吧，最低消費五塊、大不了十塊錢，喝酒跳舞好快樂！誰會花冤枉錢去房東那個沒幾隻小貓的夜總會地方？」沒一會兒工夫，又說：「現在他們兼賣小火鍋，點蠟燭燒的那種火鍋，生意好些。現在做得起來，大都靠國民黨歌友會。」

最低消費額方面，朱先生暗地想到林先生曾評論過：

「去房東家的酒店消費，比去聖荷西看跳脫衣舞還貴！」

朱先生回房拿盒巧克力出來，欲請張小姐、王哥和小趙嚐嚐。一出房門，見張小姐剛好也在廚房裏請周邊人嚐嚐甜甜圈和鮮橙。

王哥示意朱先生進他房間，有事相告，然後走回房間。

不久，朱先生進入老人房內，王哥執意要把昨天救世軍發放食物包括一包米、一包斑豆、一包義大利通心粉給朱先生：「米，昨天我乾孫女才載我出去買。我有了！這包米，你拿去吃。另外兩包東西我都不吃！」

下午一點多，可可外出辦完事開車回來。她喝口熱咖啡，對朱先生說，上次回大陸四川老家，看看三年未見已經十六歲的兒子、臥病老母親、親戚朋友，當然包括以前在光學儀器工廠老同事們。先說兒子，從小就住可可的爸媽家裏，也就是外公外婆家，老小相依為命。兒子喜歡烹煮，現在就讀專校烹飪科。外婆現今終日臥床行動不便，外孫幫忙料理餐食。只不過，兒子連擀麵條基本功都談不上紮實細緻，爲母者難免嘮叨幾句：「既然對烹飪有興趣，就得放入熱愛、熱情。一道菜不論擺設、顏色、刀工、味道，甚至器皿選擇，都是藝術。將來學西餐料理，少油煙，福利待遇也不錯。你還是放棄學中餐念頭吧！」

可可心想，千萬別像胡同裏老林這般不長進，刀工和手藝還不如她。怪不得，多年混下來，在灣區飯店只配做炒鍋或油鍋，炒炒菜、炸炸東西什麼的，當不上大廚。

人在大陸，因爲講了兒子幾句，青少年較難領情母親一片苦心。男孩倒還是嚮往長大後，能來美國與媽媽團圓並求發展。

獨子的生父，即可可第一任前夫，也住在四川老家同一個村子。這點，讓可可聊表欣慰。回憶，當初兩人年輕且共事於光學儀器工廠，相識相知相愛，共組家庭。緣盡後，再嫁給第二任丈夫，乃基於親上加親和嚮往美國，遠嫁到美國聖荷西。這樁妹夫介紹的跨海婚姻，起源點，妹夫姓吳，男方也姓吳，同姓，親上加親。飛越太平洋，抵達加州，住進聖荷西山丘上一棟夫家當初以四十萬美元購買的住宅。可可建議台灣丈夫小倆口單獨住在一起，無奈，男方願與家人同住：父母住一間、新婚夫婦一間、未婚姐姐妹妹兩人一間、兄嫂及兩子四人一間，共十人。第二任丈夫不是台商，只是在陽光谷城一家電子廠工作。新丈夫於生活方面死摳門兒，例如帶可可外出吃飯，都吃幾塊錢不到十塊錢的飯菜。這還小事，最叫人受不了則是身處大家庭中，得處處承受來自婆婆的冷諷熱嘲：

「像個客人！」嫌可可少做家事。

至於大姑小姑，則怨可可倒垃圾欠細心，還會無聊到檢查垃圾袋，挑可可麻煩；另外，毛巾要是沾上口紅，她們都怪可可。當可可做家事，什麼事都做不了主，不能決定晚餐吃什麼？這一切，全由嫂子掌廚做菜，可可沾不上邊。每天中午吃泡麵，可可吃不飽，嫂子才加點豆芽青菜。所受委屈，枕邊人竟沉默，可可怒道：

「你爲何不做聲？不保護我？你是不是男人？」

此刻，丈夫依舊不願搬離！

「日子過得比四川還糟！」忍氣吞聲，還不是爲了綠卡？

可可居留美國身份確定後，雙方在離婚協議書上簽字。

好了，今年九月下旬返中國探親，多事高中女同學擬撮合回國的可可和當年班上第一名男生。男生進入中年男子時期，身材完全變樣，靈氣全消，加上被前妻拋棄而離婚，變得沒自信，早年神采竟消失得無影無蹤。同學會，不就是大家相約吃飯、唱卡拉 OK。原本歡樂氣氛濃厚，無奈，老同學起鬨要介紹男女朋友，反而弄得男女雙方當事人尷尬不已。更扯之處在於，美國感恩節，十一月二十七星期四前一天，可可返加州的日子。而那場好笑相親卻安排在二十日，一星期不到，男女感情哪有發展可能呢？

王哥緩步走近坐在餐桌邊正談笑的可可和朱先生，插句話：「房東早上來電話，聖誕夜那天二十四號，他要開車載我去裝假牙了！」

一一九

十二月二十日，周末早上八點多，趙太用黑醋泡水一臉盆後，坐著泡腳欲治療腳根的骨刺。房東難得一大早出現眼前，卻帶著急促口吻趕人：「你們都進房裏。進去！進去！我帶人來看房子。」趙太知趣地結束泡腳，端著塑膠臉盆閃躲回房間。一轉身，房東此時訝異地見到王哥現身。王哥因為一分鐘前，忽然間瞄見紗窗外停著房東賓士車，不知情地想衝出房間來個熱絡招呼。怎知，竟換來房東緊張短促、命令般口氣：「進去！進去！」見狀，略微挫折，王哥加緊腳步回房，儘速消失。

公社住久了，漸漸明白，每當有陌生人來看住房環境，決定是否要承租，成為房客時，房東都會叫眾多住戶即刻從人間蒸發，躲進房裡。原因在於，第一，不知怎的？搬進來住下居民，看在年輕人眼裏，百分之九十以上均為五十歲起跳的老先生老太太。想想，六十五歲老頭，卻被室友喚爲：「小趙」，可見老人胡同一斑。另外，留下來一堆老弱者臉龐、脖子、手腳上，和經歷無情歲月焠煉摧殘的眼神，鮮有賞心悅目。再者，無人現身，可讓前來觀屋者多了想像空間，其中包括對不同性別住戶其年紀、背景、婚姻狀況等情況揣測。

曾有一位年輕男大學生來看房，那天，七十多快八十歲的王哥、六十出頭的張小姐、五十剛出頭的可可，三人都現身。男學生看到公婆輩，暮氣沈沈住宿情境，立即被嚇走。事後，張小姐對朱先生嘆曰：

「可惜了！那個小男生高高帥氣，我和可可都覺得他的確長得漂亮。」

還有，感恩節前搬走，住在大雜院不到三個月、失婚多年的陳太太，天天咳不停且是三代同堂外婆之尊，卻私下告訴大聲婆、大嘴巴張小姐：「想交男朋友。」這下子，弄得屋內無人不知，更把傾吐者自己弄得尷尬。

房間空著一段時日，袁小姐表示：

「最好租給男的。」

樓上未婚、三十剛出頭溫蒂，關心地問王哥：

「昨天上樓看房子那對父子，他們要租嗎？」答案，頗令溫蒂失望。

一二〇

十二月二十一日，星期日。

樓上年輕李小姐昨天搬走了，因爲跟樓上年輕印尼華僑女房客溫蒂大吵特吵一架。樓上兩位年近三十歲女人吵架，肇因李小姐凌晨三點半搬進來，沒有輕手輕腳，吵到需要充足睡眠好應付第二天上班的溫蒂。隔日，寧靜凌晨一點左右，李小姐再犯，搬東西進屋的噪音擾亂到隔壁溫蒂，終於爆發兩個女人驚天動地、互不相讓口角之戰。搬來沒三、兩天，李小姐當機立斷，決定不租了！昨日，星期六，晚上七時，搬走隨身家當。

王哥跑去前院看熱鬧，免不了問東問西。

李小姐：「不租了！因為樓上小姐好兇，跟我吵架！」

王哥：「噢！」了一聲，接著問：「妳跟房東講過要搬家？」

李小姐「有！」

沒幾天後，房東帶人進屋看房子時，見門口停車場上擺了一大堆東西，以為樓上李小姐尚未搬清。陌生人看完住家環境後離去，房東亦駕車返家。因此，當李小姐打電話給房東想約今天下午一點鐘來拿押金時，房東說，不給，因為東西都還沒搬清。

李小姐訝異：「東西都搬走了啊！」

即時，房東撥王哥手機號碼想問個清楚：「前面院子一堆東西是李小姐的？」

王哥對曰：「是張小姐的。」

至此，真相大白。房東再打電話給李小姐，請她下午返回大雜院一趟。李小姐於下午一點半準時抵達人民公社，等房東，要拿回押金。

王哥向李小姐道歉，害她被誤會一場！

近黃昏，朱先生從外返家，進入房間前，見一紙條放在門口：「朱老大回來後，請來房一下，有好東西給你。　王老弟」！

「什麼事？」朱先生暗猜。

雙方見了面。

「喂，我叫小趙用可可的長刀把救世軍送的火雞切成幾塊。四分之一的火雞裝袋，放在冰箱裡。走，我去把它拿出來給你。」王哥熱心十足。

「火雞你自己留著吃。別客氣！」

「我哪吃得了那麼多？喂，我冰箱裡面還凍有一整隻之外，另外還有一大包雞肉，是愛美麗上次買給我的。聖誕節那天，還要到我女兒愛美麗家吃火雞，你忘了？」

「慢慢吃。自己留著！」

王哥臉一沉，作狀：「你不要？我就把它丟到垃圾桶。」

盛情難卻，收下一包火雞肉，十分感動。

打開，內裝三塊火雞大肋骨沾些肉以及一根完整雞腿肉。

晚餐後，朱先生拿著一盒丹麥牛油餅乾送去給王哥：

「謝謝你的火雞！這是給你的聖誕禮物。」

說完，趨前，洋人方式輕輕擁抱並輕拍王哥肩膀，表達謝意。

二二

隔天下午，十二月二十二日，星期一，三十歲未婚男子前房客，小王，打手機給王哥：「現在好不好？我今天有空。等一下來看你。」

「好啊！一年不見了。」

「半年沒見吧！上次去你們那兒，順道還幫朋友看一下你們那邊的房子。」

朱先生回來，約兩點四十五分。

王哥聽到開門聲，猜想是朱先生。果然如他所料，忙對朱先生說：

「你和我，我們兩個人等下要吃樣東西。」

「吃什麼東西？為什麼？」朱先生摸不著頭緒。

「今天冬至，要吃湯圓。我去超市只能買到桂冠的紅豆湯圓，芝麻餡兒全賣光！」說完，王哥接著提到，方才手推四輪推車在街道行進間，接到房東手機電話詢問：「張小姐把東西雜物從大門前都移走了？」

王哥：「還沒。她說明天。」

「那我明天再帶人來看房子！」房東無奈地更改日期。

午時三點半左右，小王開輛紅亮汽車從聖荷西前來陽光谷探望王哥，還帶給王哥一包看似精緻小餅乾及一隻大棒棒沾黏巧克力屑的甜餅。

王哥敲門，叫醒正在短暫午休的朱先生，前去加入他和小王聊天行列。

「每年聖誕節，來這兒聊一會兒天。去年，帶來的禮物，是一個頭戴美國星條旗顏色的毛絨玩具。」說著，年輕來客瞄了一眼緊靠白色牆壁的鐵架上那隻美國老虎，甚感滿足：「就是那隻。」

王哥：「以前，我和小王住在門對門。我們一起散步，去看附近鄰居院子裏裝飾的聖誕燈。我們還到公園那兒打籃球。他搬家的時候，他和他姑姑，還有蔡小姐來我房間吃魚喝啤酒。」

小王也回憶片段：「去年農曆年，我們兩個人去吃上海館子。老闆還送碗粥！」

王哥善念，笑著代朱先生向小王請教增胖強身之道：「朱先生，他太瘦了！」

身穿水藍色醫生制服薄料衣褲、目前擔任私人中醫診所針灸師的小王笑道：

「是太瘦了！臉色還沒有王哥紅潤。紅棗補血，桂圓補氣。如果少了點勁兒，力量不夠？紅糖、紅棗加桂圓龍眼水煮，喝湯。上午，可加入幾片深薑，提升氧氣功能，暖胃。下午晚上不用深薑。冬天乾旱，吃蘿蔔湯，蘿蔔順氣。晚上，可以燉牛肉、牛腩。中午下午，吃紅薯地瓜當零食，但是晚上少吃，免脹氣。如果怕放屁，地瓜連皮一起吃。如果不做體力工作，適當鹹菜，例如榨菜、泡菜，要少量吃，即可，防止胃食道逆流。足夠睡眠，六到九小時。失眠的話，睡前，泡溫水腳十分鐘。」

眼前年輕中醫針灸師又轉個頭，鼓勵王哥：

「一個人缺少交流說話，會抑鬱、消極、灰暗，生病。調整好心態，多交流。」

針灸醫師聊起故鄉吉林省會，常春市，因為被朱先生問到老家何處？以及常回鄉探親否？

「很少回大陸，霧霾厲害。加州天氣太好了！」又說：「大陸老家，夏天，你們可以去淨月潭國家森林公園玩，有山有水。冬天，到蓮花山滑雪勝地。溥儀的偽皇宮，值得參觀。長春，是文化名城。」

聊八卦。王哥提到張小姐：

「小王，你以前叫她大聲婆。她最近把開張沒多久的委託行給收了，歇業不幹。日前，她主動爆料，山景城小店面房租三個月共一仟八佰塊錢，只賣出四十塊錢的東西。現在，她把商品寄放在另一個叫大光明的委託行寄賣，賣出一件商品，對方拿百分之二十佣金。」

王哥又說，袁小姐有次向他抱怨，張小姐竟然遊說袁小姐，將其任職 **T J Maxx** 商店顧客，幫忙推薦到張小姐開的委託行去消費。袁小姐婉拒：

「我怎麼可以這麼做？對不起我老闆、顧主啊！」

王哥又說，可可以前常收到郵寄來的時裝目錄雜誌。自從張小姐開店後，張小姐拿去參考，不還，害可可都沒看到那些廣告。

搞不清袁小姐打工職場是一家何等商家？朱先生提問。

小王解釋：「**T J Maxx** 打折商店，專賣大公司送去的季節過期或季尾貨，不是最新款，但起碼都是新貨。**Ross** 連鎖店，性質類似。但是款式、顏色來講，**T J Maxx** 比 **Ross** 好。**T J Maxx** 店裏還賣些名錶、玩具、家具用品、奢侈品例如項鍊戒指。」「**Goodwill** 店嘛，賣二手甚至三、四手舊貨，廢物再利用。」

如今，經小王說分明，朱先生對袁小姐目前臨時打工職場才略微瞭解。

王哥切換話題：「小王以前交的女朋友，我都記得。有位小姐是小王當中醫學校助教時候的學生。後來，小王從這裡搬走後，跟新房東的女兒交往。對不對？」笑看小王以求證。

「你記性真好！女學生搬到別州。房東女兒，在聖地牙哥當兵。現在沒有女朋友。你們幫忙介紹。」

朱先生聊到可可：「她也是大陸人，剛從大陸探親回來。她非常不習慣四川空氣污染厲害，待久了，鼻腔濃黑。她還驚訝，有好幾位親友因癌症過世，猜測，準是環境品質惡化造成的。回美國後，大讚加州空氣清新，十分可貴，多活幾年，就像小王先前所說的。」

一聽，姑娘名字，小王難耐好奇探問：「可可，她多大歲數了？」再聽，可可已幫今年十六歲兒子申請綠卡，且年屆五十多歲，小王因而打消剛燃起一絲浪漫念頭。於是，瞬間明亮起雙眼珠再度回歸平常光澤。

王哥告訴小王：「每天看電視氣象報告，會提醒朱先生，要帶傘。我是他的氣象雷達。」王哥學會看電視上氣象雷達圖表，依不同顏色，標示高低氣壓流動分佈。

林先生目前絕對是王哥眼中釘，而小王當然還記得林先生。

王哥提到：「老林拿不到駕照，因為有不良記錄。」王哥故作神秘，像似洩漏底細：「有犯罪行為記錄。」

匡正視聽，朱先生立刻切入，以免被過度渲染：

「他已經拿到駕照了。我親眼看到那張卡片。」

最後，三人約好下次出去吃飯：「選在農曆新年期間也不錯！」

近五點鐘，王哥和朱先生送小王出門，送客，天色尚未暗下。

小王走向停在路邊楓樹禿枝下那輛紅亮汽車，半途中，張小姐駕車歸來。

她打開車門，下車，喊曰：

「小王，你來啦！現在變帥了！我下次找你看病。現在自己有開診所嗎？」

小王未曾停留腳步，僅轉身邊回答：「張阿姨，我下次帶名片來。」接著，鑽進車內，駛離。

王哥悄話：「小王怕張小姐，快溜！跑了！」

朱先生面無表情，裝著什麼都沒聽見。

二三

昨夜，頭昏腦脹，無法入眠。王哥擔憂今兒個一早面談能否順利？能否繼續領到老人福利金？還擔心萬一付不足房租，可能落得無處棲身！

早上十一點多，愛美麗開完蘋果電腦公司的會議後，駕車到僅隔一個巷道，幾分鐘車程，就停在王哥住處前面。然後心情愉快地接走王哥，父女齊奔社會安全局參加面談，好保留住政府撥款老人福利金。

政府辦公大樓周圍四處，人人洋溢在歡樂氣氛中，明天是聖誕夜！

「二十四號還是二十五號吃飯？」老人問。

二十五號，小女兒輕鬆回應。

王哥：「我們住在屋裡的人，都有錢了！都買了蘋果平板電腦，可照相。六百塊錢一台。他們常跟大陸親友連繫。」

愛美麗靜默不語。

走進政府機關大樓，人們魚貫拿號碼牌後，等候叫號。來函原訂十六日下午兩點半面談，但十二日王哥才收到郵差捎來的通知單。難題為十三、四兩天周末，十五日星期一，愛美麗要上班開會，沒空。況且，事前還得到銀行申請過去四個月帳戶結單證明書一份。太匆促，加上公務繁忙而排不出時間，因此愛美麗幫父親延後一星期。換句話說，今兒個，得依序排隊抽號碼牌，等候面談，沒辦法像上次，如果依約準時到場，就可以直接與官員代表面談。

小女兒拿出方才在駕車途中購買的兩份墨西哥牛肉卷餅，父女各一份。

由於抵達時間近午餐時光，十二點多，辦事員休息吃飯。抽到的號碼為191號，可有得等。肚子餓，但買回捲餅不能在公家場所吃，警衛人員聲稱民眾僅能下樓去室外噴水池邊享用。怕跳過號碼，父女忍餓。下午一點半開始，來辦事的民眾增多，漸漸擠滿黑壓壓一片人頭。

看出女兒煩躁，王哥責之曰：「今天等這麼久！」「我不是叫妳早點來？」

她立刻回嘴：「我要上班啊！」

漫長等待，愈發不耐。愛美麗：

「煩死了！這次面談完畢，一有來信通知，就打電話給我。我要搬到別州去！」

老爸：「政府老人年金的來信，或者是醫療保險的來信，室友說，找女兒看。我沒辦法，英文看不懂啊！」馬上體諒小女兒：「妳這幾天買聖誕禮物，太忙了！所以火氣大。但是，我也沒辦法！」

「不是你的事？難到是我的事？我不管你！」女兒哇哇叫著。

老父：「那麼我叫誰管？親屬要管的。」

眾目睽睽，旁觀者眼神中傳遞驚訝：「這個女兒怎麼對爸爸這樣子啊？」

愛美麗變得有點不自在，起身，走出去，避人耳目。

直到下午三點鍾，才終於被叫到號碼。

等得不耐煩，愛美麗向辦事員抱怨：「等太久了！」

面談官員：「妳父親拿政府老人津貼，就是要等啊！」

王哥見狀，敢緊伸手向非洲裔辦事員說句英語：「聖誕快樂！新年愉快！」對方也伸手互道祝福。接下來，由於語言限制，女兒全權上場，充當翻譯。

愛美麗掏出駕駛執照，官員將上面姓名、住址等資料都鍵入檔案中：

「妳是他女兒。未來，如果有需要跟妳父親連絡，也方便。」

不一會兒，官員轉頭問王哥：

「你有沒有別的收入？」

「沒有。」

「每個月八佰多塊錢夠花嗎？八佰塊付房租，剩下沒多少錢，怎夠？」

「救世軍每個月提供兩次蔬菜、一次吃免費中飯，月底一次發放罐頭、米、早餐玉米片。住的地方，室友們有空，也會多燒點菜請我。」

「你有提出申請低收入戶老人公寓嗎？」

「有！已經申請了陽光谷、庫比提諾，這兩個城市老人公寓。」

「你有何要求？」官員問道。

「繼續收到政府津貼。」

「現在你每個月會多領幾十塊錢。」官員接著對王哥說：

「祝你好運！能早點分配到老人公寓。」

歸途。

小女兒：「以後不載你來這裡面談！」

王哥：「這不是我的事。」

「不是你的事，難到是我的事？」愛美麗把自己那盒午餐遞給父親：

「這盒也給你。」接下來：「煩死了！我以後不管你了。」「你講電話，聲音太大聲了！」

「你一有他們的來信通知，就打電話給我！」

王哥慰之曰：「好啦！以後不煩妳！」繼續：「那天沒摔死！」又說：「以後，妳三個禮拜打次電話給我。問問，有沒有重要信？如果有，妳再來我這裡拿。這樣，就不煩妳了。

只要我不打電話給妳，讓妳打給我，這樣就不會嫌煩。我怎麼知道妳在煩？妳在忙工作？」

愛美麗對父親長年心生不滿，埋怨未停：「你不像姑姑、姑爹那樣好好養育兒女，提供好的照顧。你也不像我先生的爸爸媽媽那樣扶養孩子。你沒有照顧我。我十二歲就燒菜給你吃，一直到我十八歲讀大學。你這麼煩，我以後搬去別州。」

王哥：「我晚上常常想，我也想跟爺爺奶奶一樣，搬到百齡園去！那是永遠的居留地。

不再麻煩別人了！心想，有人煩得想自殺，那是因為事情太煩。我一個人，打電話給女兒，女兒罵我。政府要我這樣，要我那樣。妳和政府都不來煩我。百齡園，永久居留地，每個人將來都會去住。在那裡，不怕下大雨。刮風下雨，火燒，地震都沒關係。」微嘆：「六月摔跤，有人可能會摔死，但是老天沒要我去，我也沒辦法！我也對妳非常抱歉，煩妳。我真想像爺爺奶奶一樣。」

愛美麗開著車，不發一語。

百齡園，在聖馬刁市 San Mateo，真是風水福地。王哥默想：「背山面海，景色怡人」。家族墓園，它提供全套殯儀服務，王哥靜思：「我不喜歡麻煩別人。死後，簡單。很好啊！」

汽車彎進巷道。快下車前，老父謝曰：「辛苦啦！麻煩啦！」

小女兒催促：「快點下車！」

王哥下車，隨手關門。愛美麗開了車，揚長而去。

晚上，王哥待在自己房間裏自言自語：「中午，女兒講氣話。她肚子餓了！」

陳舊沙發邊的茶几上，放置一幅房間內唯一小相框，裏邊，王哥和外國人模樣、亭亭玉立的乾孫女安潔利卡，老少倆笑盈盈地並肩合影。